千駄木
東京メトロ千代田線
千駄木駅
菊寿堂いせ辰
谷中本店
Biscuit
GOAT

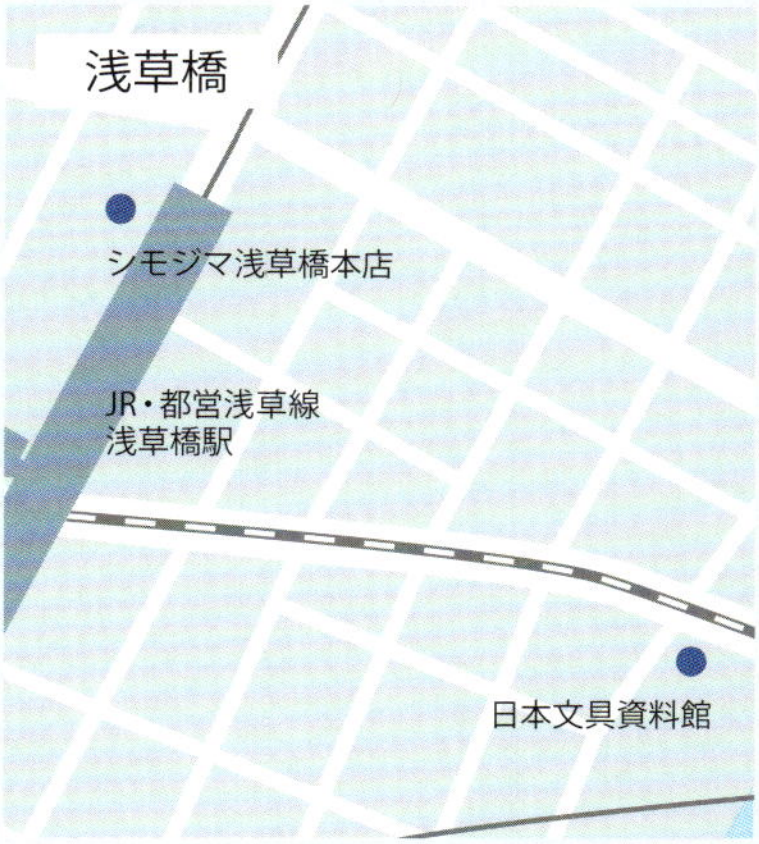
浅草橋
シモジマ浅草橋本店
JR・都営浅草線
浅草橋駅
日本文具資料館

神保町
東京メトロ東西線・南北線・
半蔵門線・有楽町線・
都営新宿線・三田線
神保町駅
神田金ペン堂
和紙 山形屋紙店
竹尾　見本帖本店
美篶堂ショップ

おわりに

世界でも有数の、文具・雑貨店があふれる街、東京をテーマに綴ってきた160ページ、この本を手にしてくださった皆様に、心より感謝を申し上げます。

旅鞄いっぱいシリーズ第５弾として、東京本を出版できたのは、辰巳出版の湯浅勝也さん、撮影とデザインを担当してくださった西田栄子さん、編集担当の東海林美佳さんをはじめ、快く取材にご協力くださった皆様のおかげです。

今回お気に入りのお店を、あらためて取材し驚いたことは、あらゆる場所で世界各国の観光客を目にしたこと、そして、彼らが、「東京ほど、進化した文具・雑貨とヴィンテージものが、これほど豊富に揃っている街はない」と口々に話していたことです。

つまり、東京に来れば、メイド・イン・ジャパンのものだけでなく、世界中の文具・雑貨に出合えて面白いと。

そしてありがたいことに、「翻訳本を楽しみにしている」と…（笑）。
文具・雑貨をテーマに切り取る東京の楽しさは、海外の方々は、すでにご存知のようでした。

今回、東京本を出版するにあたって、お店やスポットを絞り込むのが本当に大変でした。まだまだニッチで個性的なお店はたくさんあります。

今後も、雑誌の連載やブログなどで、文具・雑貨、カフェを切り口に、とっておき情報を発信していきたいと思っています。

最後に、東京を散歩する皆様の「心の旅鞄《トランク》」が、とっておきの思い出でいっぱいになりますように！

精一杯の感謝を込めて

堤 信子

堤信子（つつみ のぶこ）
www.nontsutsumi-net.com

フリーアナウンサー、エッセイスト、（株）ノートルメルシー代表取締役社長。
昭和女子大学、青山学院女子短期大学、法政大学、他　兼任講師。

福岡県生まれ。福岡県立修猷館高校から青山学院大学経済学部を卒業後、ＦＢＳにアナウンサーとして入社、その後フリーに。

ＮＴＶ「ズームインスーパー」ＴＢＳ「はなまるマーケット」など朝の情報番組でレギュラーを長年務め、ＴＶ、ラジオ、講演、司会などで幅広く活躍中。またエッセイストとして、長年の趣味でもある文具・雑貨の旅をテーマにした著書を旅鞄（トランク）シリーズとして出版するなど趣味本にも力を入れ、ＷＥＢや紙面で連載中。

また文具プロデューサーとして、三越伊勢丹とサントリーのコラボ万年筆、日めくりカレンダー、包装紙デザインなど、文具関連の企画プロデュースも手がける。

著書『堤信子のつつみ紙コレクション』『旅鞄いっぱいの京都ふたたび』『旅鞄いっぱいのパリふたたび』『旅鞄いっぱいのパリ・ミラノ』『旅鞄いっぱいの京都・奈良』『「ありがとう」の届け方』『堤信子の暮らしがはずむちょっといい話』『100人中99人に好かれるありがとう上手の習慣』など。

TOKYO文具・雑貨散歩
旅鞄（トランク）いっぱいの東京

発行日　2019年9月1日　初版第1刷発行

著　者　堤信子（株式会社ノートルメルシー）
発行者　廣瀬和二
発行所　辰巳出版株式会社
〒160-0022　東京都新宿区新宿2丁目15番14号　辰巳ビル
TEL　03-5360-8960（編集部）
TEL　03-5360-8064（販売部）
FAX　03-5360-8951（販売部）
URL　www.TG-NET.co.jp

印刷・製本　大日本印刷株式会社

ISBN　978-4-7778-2281-2　C0026

企画・進行　湯浅勝也
販売部担当　杉野友昭　西牧孝　木村俊介
販売部　辻野純一　薗田幸浩　亀井紀久正
平田俊也　鈴木将仁
営業部　平島実　荒牧義人
広報宣伝室　遠藤あけ美　高野実加
メディア・プロモーション　保坂陽介　FAX　03-5360-8052
Mail　info@TG-NET.co.jp

編集　東海林美佳（合同会社ワレワレ）
デザイン・DTP　西田栄子（有限会社クールタイガー）
撮影　西田栄子
東海林美佳（P1 古書・万年筆, 18, 30, 34, 72, 152, 160）
校正　西郡幸子
地図制作　安部彩野
写真提供（同ページ内は五十音順）
TRAVELER'S FACTORY 中目黒（P14）
HAGURUMA STORE 東京表参道（P48 機械）
丸善 日本橋店（P128 インクボトル）
東京国立博物館（P136, 137）
21_21 DESIGN SIGHT（P138）
慶應義塾大学、早稲田大学（P147）
吉川紙商事株式会社（P150）
プラチナ万年筆株式会社（P152）
特別協力（五十音順）
株式会社ケープランニング
サントリーホールディングス株式会社
株式会社デルフォニックス
プラチナ万年筆株式会社
株式会社満寿屋
吉川紙商事株式会社

歴史家ミシュレの誕生

――歴史学徒がミシュレから何を学んだか

立川孝一

藤原書店

歴史家ミシュレの誕生

目次

終章　現代に影響を及ぼすミシュレ…………311

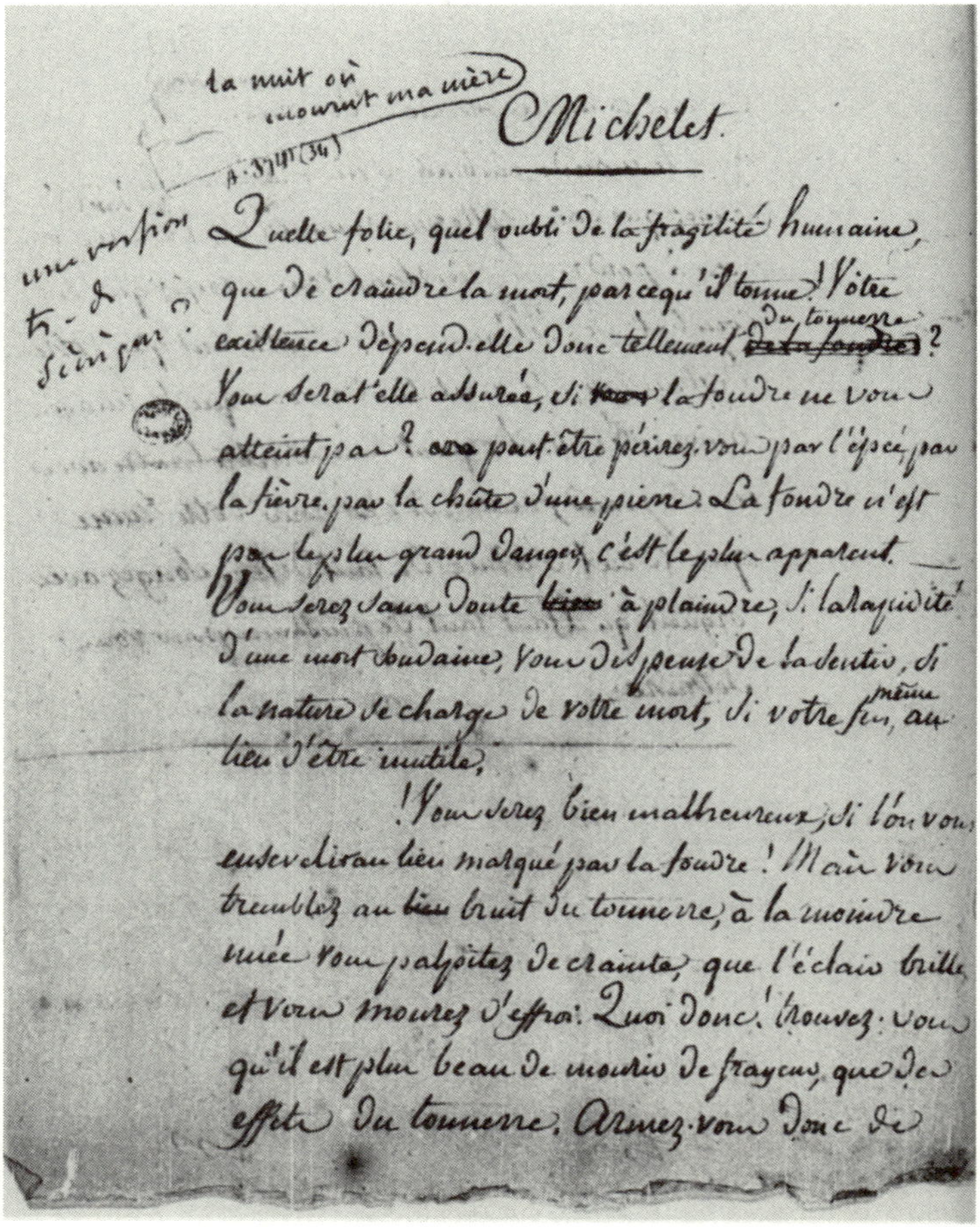

セネカの翻訳（ミシュレ自筆原稿，1815 年）

1815 年の 2 月 8 日は，カーニヴァルが終わる灰の水曜日にあたっていた。コレージュの休暇も終わり，翌日から学校が再開するミシュレは，宿題を仕上げるため夜おそくまで机に向かっていた。それは，古代ストアの哲学者セネカの翻訳という，そういった夜にふさわしい――そして気が滅入るほどに陰鬱な――仕事だった。少年が時おり机から離れ，寝ている母の顔をのぞきに行くと，母は息子にもう寝るようにと言った。「朝，目覚めると，父が涙を流していた。《お前のお母さんは死んだよ》と言った」（『メモリアル』）。

（第 1 章「青年ミシュレ」から）

原稿の上の空欄には，« la nuit où mourut ma mère »（母の死んだ夜）という書き込みが見える。ミシュレはまだ 16 歳の少年だった。

歴史家ミシュレの誕生

——歴史学徒がミシュレから何を学んだか

はじめに――私とミシュレ、私とフランス革命

ミシュレとの出会いは決して早くはない。『フランス革命史』がミシュレ青年期の作ではなかったように、私がミシュレの真価を理解できたのは四〇歳を過ぎてからだった。大歴史家の人生と私の平凡な人生とは比較すべくもないが、それでも私はある時期から、彼の中に私の生き方が予告されていたかのような錯覚に捉われることがあった。もっとも長生きをすれば、人はどこかで似たような体験をするもので、そこに時代や国境を越えた人類の普遍性があるということなのかもしれない。

本書は「序章」にも書いたように、ミシュレはなぜ、もっと若い時期に『革命史』を書かなかったのかという問いから出発し、その理由を彼の幼年時代にまでさかのぼって考察し、さらに青年期の代表作『フランス史』(中世)を取り上げて分析したものである。

『フランス史』については大野一道氏と共同でその全体(二〇巻)を――抄訳ではあるが――六巻

にまとめて藤原書店から出版することができた。そのため私自身のミシュレ論はあとまわしになったが、中世から一九世紀（ナポレオン）までを通観した壮大な『フランス史』のすべてに目を通し、それを編集し、翻訳し、注を付け、解説を書いたことは大いなる財産となった。本書の方は、大学での勤務の合間を縫って書き続けた論文を一冊にまとめたもので、『フランス革命史』については「序章」で触れるに留め、全体としては幼年期から四〇歳代はじめ――彼の関心が中世からフランス革命に移る年代――までを扱っている。『フランス革命史』を論ずるとすれば、これと同じくらいは書かなければならないから、とりあえず私のミシュレ論の前半として出版することにした。

私とフランス革命

私とフランス革命との出会いは、ミシュレとの出会いよりは早く、大学受験の直前、一九六七年の二月一二日、すなわち第一回の「建国記念日」の翌日に始まっている（この日、友人の一人が私あてに遺書を書き、生命を絶った）。入学試験までの約三週間、私はなぜか教科以外の本を読んでいた。レーニンの『帝国主義』は経済学の本としては分かりやすかったが、この人が革命家だったという実感はなかった。他方、ロマン・ロランの『フランス革命劇』（『愛と死の戯れ』など八作）はさすがに文学なので、ダントン、デムーラン、ロベスピエールといったおなじみの人物が登場してくる。その中で、有名人はいないものの、戦線における軍と革命委員との緊張関係を描いた『狼』という小品は、愛国心（革命の利益）と正義（人道）とが真正面からぶつかりあう問題提起のドラマで、私はとまどい、茫然としてロランの問いかけに答えることもできず、いわば生きることの謎という大きな壁にぶちあたったまま、人生経験に乏しい自身の無力を感じるほかはなかった。

大学に入学してからは岩波文庫にマチエの『フランス大革命』があるのを見つけ、これをむさぼるように読んだ。マチエはロベスピエール主義者だったから、私もそれにかぶれた。当時北海道大学の助教授だった遅塚忠躬先生の翻訳したクセジュ文庫の『ロベスピエール』(ブゥロワゾォ著)も熱心に読んだが、訳者序文の中で先生は次のように書いておられた。「終戦後数年間における日本社会の激動期にはじめてひととなったわたくしは、いつしか大きな歴史と小さな人間の姿についてとりとめない思いをめぐらすようになっていた」。

まずここまでは戦後生まれの私であっても「想像」することはできた。だが、それに続く数行の意味はかなり難解だった。「しかしながら、この訳稿を終えた今日この頃(中略)もはやわたくしは何等の媒介もなしに『人間』に思いを馳せることをしないであろう」。「媒介」とは氏の専門とする社会経済史的な視点のことか。それとも東大の柴田三千雄氏が『バブーフの陰謀』で展開した政治史の論理を指しているのか。

だがいずれにせよ、学部の学生にとっては学界の先頭を走っていた学者たちの議論はまるで雲をつかむようなものだった。私は相変わらずロベスピエールの「人間」にこだわり続け、井上幸治氏の『ロベスピエール――ルソーの血ぬられた手』を手がかりにしながら、ヴァルター、マッサン、アメルなどフランスの研究者による伝記を読んでいたが、卒論のしめきりも近づいた秋になって法学部の図書の中に偶然、オラールの『フランス革命政治史』とマチエの『革命礼拝の起源』を見出した。とりわけ後者は「フランス革命は宗教だった」と大胆に主張するもので、しかもデュルケムの宗教社会学の理論（「集合心性」）を応用したりしていて迫力があった。そこでマチエが引用していたデュルケムの論文「宗教現象の定義」（『社会学年報』一八九九）も読んでみた。その結果、卒論ではロベスピエールが提唱した「最高存在の礼拝」に焦点をあて、彼の政治思想を宗教と道徳から読みなおすという方針に切り換えたので、論文の流れは思わぬ方向に脱線することになったが、それなりの達成感はあった。

フランス革命史研究において「革命礼拝」というテーマは「非キリスト教化」——現代風に言えば「政教分離」（ライシテ）——の問題とも関係している。フランス革命は王政を打倒しただけでなく、その精神的支柱だったキリスト教（カトリック教会）をも否定しようとしたが、さらに踏み込んで自らの政治体制（共和政）を「神聖」なものにしようと企てた。もっとも歴史家オラールはそれを「政教分離」のレベルで捉えていたのだが、「一九〇五年の世代」（この年に政教分離が実施された）に属するマチエは共和政に「世俗国家」以上のものを求めたのである。

だが国家に「それ以上」のものを期待したのは一八世紀の革命家たちだけではない。一九六八年五月のパリの学生も、「文化大革命」を叫んだ毛沢東や紅衛兵もそうだったのだが、私を驚かせたのは一九七〇年の三島由紀夫による自決事件だった。革命的ロマン主義は左翼ばかりでなく右翼においても生き続けていたのだ。かつて読んだR・ロランの革命劇の問いに対して明快に答えられなかったのと同様、私は三島の皇室崇拝を笑って否定することもできなかった（右か左かは別として、私自身もある種のロマンチストだった）。ならばフランス革命はどのようにして過去（伝統）と袂を分かったのか。政治家（議会）のレベルに留まらず、一般庶民の「心性」においても断絶は生じていたのか。それとも古い信仰は生き続けていたのか。いや、そればかりではなく、古い信仰が「革命化」することもありえたのか（ソブールが取り上げたマラー礼拝のように）。こうした問題は、大学の図書館にこもっていては解決できないものだった。やはり現地に行ってみなければならない。

その機会は大学院に在学中に訪れた。フランス政府の給費生として南仏エクスの大学で研究することになったのだ。指導教授は『一八世紀プロヴァンスにおけるバロック的信仰と非キリスト教化』の著者ミシェル・ヴォヴェルである。エクスでの最初のミーティングにおいて、彼は二つのプランを用意していてくれた。ひとつはフランスと日本にメキシコを加えた革命の比較研究、もうひとつは一次史料を使ったプロヴァンスの革命史である。留学前に提出していた私の研究計画にはフランスの革命礼拝と日本の天皇礼拝についての比較が含まれていたので、ヴォヴェルは最初のプランを選択肢として提案してくれたのだろう。だが、わざわざフランスの南のはてまで来て、その土地の史料を使わずに研究するのでは意味がない。私は即座に「史料」を使って研究がしたいと答えた。その時ヴォヴェルの目にかすかな微笑が浮かんだ。

「祭りにおける連帯」としてのフランス革命

プロヴァンスの革命祭典については『フランス革命と祭り』（筑摩書房）で書いているので、ここではミシュレとの出会い（きっかけ）についてのエピソードに触れるに留めておこう。それは史料調査を始めて一〜二年たった頃だったと思うが、マルセイユ、エクス、アルル三都市の革命祭典についての史料がかなり集まり、その分析を始めていた時のことだ。私はかつて読んだマチエやデュルケムの方法を応用して、革命祭典に関するデータから儀礼と象徴に関する要素を抽出し、それを一定の基準に基づいて分類していく。それをさらに時系列的に並べていけば、ひとつの都市における祭りの変化が辿れるし、同時に三都市の比較もできるはずだった。

カードは日毎に増えていったが、要素に分解された祭りはまとまりを失い、全体としてのイメージは杳として浮かび上がってこない。たまたまヴォヴェルは一年ほどアメリカのプリンストン大学に出張していて、代わりに私の論文指導をしてくれたのは、カミザールの研究で知られるPh・ジュタール氏だった。彼は私の報告を黙って聞いていたが、さほど感心していないことはその表情からも見てとれた。そしてひと言、「あなたはミシュレを読んだことがありますか」と言った。

私はそれまでフランス革命を研究するのに今さらミシュレを読む必要があるとは思っていなかった。現代の歴史学にとって、あれはひと時代も、ふた時代も前の歴史家ではないか。だがジュタールによれば、ミシュレはフランス革命の同時代人と言ってもよい歴史家で、多くの生き証人から直かに話を聞いていたので、彼の歴史には革命の息吹が感じられるというのだ（ジュタール自身が聞き取り調査によってカミザールの記憶を再現したということはあとになって知った）。要するに、ただ史料に目を通し、それを人為的方法で分析するだけでは、歴史の生きたイメージは浮かんでこないということなのだ。

それでは、と早速本屋にかけつけ、ガリマールのプレイアード版『フランス革命史』二巻を購入し、一読すればたちまち謎は氷解するかといえば、世の中も研究もそんなに甘いものではない。ミシュレを本当に理解するためには、私の方にもそれなりの歴史体験がなければならなかったし、そもそも研究とは自力でなされるべきものなのだ。

悪戦苦闘は続き、留学は四年目に入り、年内にはどうしても論文を完成させなければならない。私は五月から猛然と書き始めた。A４の紙にボールペンで一〇枚、月曜から金曜まで週に五〇枚、月に二〇〇枚、五月、六月、七月の三カ月でノートは六〇〇枚になった。それをフランス人の友人たちが手分けして文章を直し、タイプに打つ。出来上がった原稿を章毎にヴォヴェルの所にもっていく。彼は親切にもそのすべてに目を通して鉛筆で直しを入れてくれた。それをさらに印刷屋にもっていく。印刷所の女主人は、ヴォヴェルの紹介だったが、小きざみの仕事はやりにくいとこぼしながらも、原稿を立派な冊子体に仕上げてくれた。私はその中の一冊をパリにいるA・ソブール教授に郵便で送った。すでに一一月、審査は目前に迫っていた。とにかく、私は六カ月の突貫工事で博士論文を仕上げたのだ。

思えばそれは私だけの力によってなされたものではなかった。地球の反対側からひょっこりやってきた外国人を南仏の人々は快く迎えいれてくれた。私はエクスのプラタナスの木陰で一人原稿を書いている時も、自分が決して一人ではないこと、友人たちに囲まれて生きていることを強く感じていた。青年期において決してそうではなかったのだけれども、私はこの世に生きていることを、それも様々な人間と共に生きていることを実感し、それを肯定できるようになっていた。もしそうでなかったら、たとえ論文という形ではあっても、「祭りにおける連帯」などということを真面目に、臆面もなく書いたりできただろうか。

もともと人の輪の中に入ることが苦手だった私も、南仏の空気を吸ううちに変わったようだ。四年目の冬にはカーニヴァルを見るためにわざわざスイスのバーゼルにまで出かけている。この祭りが始まる前には、街中の灯がいったん消えて闇となっていた。しかしその静寂も束の間で、祭りの開始を告知するかのように街は再び光をとりもどす。街の中央を流れるライン川の両岸には天の河のように何千、何万という窓の灯が闇の中から現れた。――そこにはまた同じ数だけの何千、何万という人の生活がある。人があって祭りがあり、祭りがあるから人は生きるのだ。

その年の夏（七月一四日）、私は友人たちとエクスの大通り（クール・ミラボー）にいた。夜の街はカフェも道路も群衆――おそらく大半は学生――で埋めつくされていた。それは「革命記念日」「国民の祝日」であるよりはむしろ、彼らにとって最後の出会いの場だったのかもしれない。七月は学年末である。特に外国から来ている留学生にとっては、これが最後のフランスとなるかもしれない。

それは底抜けに陽気で限りなく騒々しい祭りであった反面、どこか哀しく、真夏の夜の夢のようでもあった（広場のステージで何時までも繰り返されていたのは、ラ・マルセイエーズではなく、サンタナの「哀愁のヨーロッパ」だった）。

カーニヴァル（フォークロア）と「七月一四日」（市民祭典）、この二つの祭りは由来は異なるけれども、時の経過とともに差異よりも共通性の方が目につくようになっている。人々に愛される祭りには共通の性格がある。それは「自然に」人が集まってくるということだ。ルソーは言っている。祭りをするためには特別の仕かけはいらない。広場に一本の棒を立てなさい。人がいれば、そのまわりに踊りの輪ができるだろう、と。どうやら人間には集まりたいという本能があるらしい。それを歴史の中に再発見したのがミシュレの『フランス革命史』の大きな功績のひとつである。

日本の近代化とフランス革命

だがミシュレに進む前に、日本におけるフランス革命史についても触れておかねばならない。私がフランスから帰国し、論文を発表するようになり、さらにフランス革命二〇〇周年に備えて東京や京都で研究会が開かれるようになった一九八〇年代、日本の革命史をリードしていたのは柴田三千雄氏と遅塚忠躬氏の二人だったが、絶対王政の研究者だった二宮宏之氏も新たに社会史の方法と問題意識をたずさえてそこに加わっていた。

日本の革命史研究は、大塚久雄と並んで「戦後歴史学」の代表者と目される高橋幸八郎によって

「国際レベル」に近づいたと言われている。彼はフランス革命を――マルクス流に――封建制から資本主義への転換点とみなす明快な解釈を下して、すでに「修正主義」の批判にさらされ始めていたソルボンヌの歴史家たちを驚かせ――そして喜ばせて――いたのだ。そうした当時の状況をヴォヴェルの回想（一九八七年の初来日における講演「フランス革命史研究の現状」遅塚忠躬訳、『土地制度史学』一一七）から推しはかるに、フランス革命を近代化の視点から捉える「古典的」な革命観は本国フランスよりも、戦後民主主義における日本の学界においてむしろ健在であったようだ。だがF・フュレの『フランス革命を考える』（原著一九七八、邦訳一九八九）に代表されるように、様々な角度から革命を相対化する動きが欧米諸国では始まっていた。高橋説に近いはずの遅塚氏ですら、フランス革命が政治的には「民主主義」を徹底したものの、経済的には小農民の存続が資本の集中をさまたげたことにより、フランスは資本主義の発展という視点からはイギリスにくらべて「相対的後進国」の地位に留まってしまったという評価を下している（「フランス革命の歴史的位置」『史学雑誌』一九八二）。これに対して柴田三千雄氏は社会経済史から政治史に力点を移し、『バブーフの陰謀』（一九六八）や『パリの革命』（一九八八）では直接民主政を志向するパリのサンキュロットの意識と行動を描き出したが、この「民衆世界」は決して自己完結的なものではなく、革命派ブルジョワジーの「指導」を受け容れることによってジャコバン独裁を実現させた（「指導と同盟」の関係）。さらに加えて、権力闘争の外側には、ウォーラーステインの提唱する「世界資本主義」の圧力がそれを取り巻いている（『近代世界と民衆運動』一九八三）。こうした重層関係（民衆世界、革命的エリート、世界システム）の中では、日本の近代化はフランスのそれとは同じではありえないと柴田氏は言うのだが、ただ変わらないのは柴田氏がその比較史の中で保ち続けている「変革の主体」という政治的視点である。民衆運動もしくは民衆文化がこの規準から外れた時、柴田氏にとってそれは意味をなさないものになる。これに対して私は『史学雑誌』（一九八五）に書いた新刊紹介（リューデ著『イデオロギーと民衆抗議――近代民衆運動の歩み』）の末尾を次のように締め括ったのだが、それはおそらく柴田氏を苦笑させたにちがいない。「リューデの民衆運動史は（中略）専ら民衆の政治的成長の軌跡に沿って展開されたという印象が強く残る。著者によって触れられることのなかった、民衆の政治化されざる心性の世界を裏面に想い描くことは、高名な革命史家に対する冒瀆であろうか」。

絶対王政の研究者であった二宮宏之氏においても権力（王権）が重要なテーマだったことは当然だとしても、氏の場合は国家から民衆世界へ、政治史から心性史へと、アナール派の影響を受けながら、その視点は多様化していったように見える。それはまた、彼より若い世代における「社会史」の流行を先取りするものでもあった。

「愛するものの死」と歴史家

私が当時研究対象としていたのは「祭り」――フランス革命の祭典――だったが、それは政治的メッセージを伝達する儀式であると同時に、一種の娯楽、つまり「遊び」でもあった（ホイジンガの『ホモ・ルーデンス』はこの領域での古典）。しかし祭りにはアクシデントがつきもので、あまりに熱中しすぎると脱線し、死者を出すこともある。とりわけ革命中の祭りには政治的な遺恨が絡むから、記録の中に暴力行為（喧嘩口論、殺人、リンチ等）が記載されることも珍しくはない。考えてみれば、フランス革命の歴史は血まみれの歴史だったのだが、研究者というものは死者たちをあたかも実験動物であるかのように、ただの数として処理してしまう所がある。だが「死の歴史」で有名なPh・アリエスがそうだったように、歴史家自身にも死は訪れる（病院における孤独な死を批判したアリエスは、病気の妻を自ら自宅でみとったのだが、そのあと一人残された彼自身は病院で死を迎えるほかはなかったと聞いている）。たしかに歴史家は「己の死」を書くことはできないのだが、「汝の死」（愛する者の死）は誰にでもやってくる。

個人的な話になってしまうが、「汝の死」はフランス革命二〇〇周年の年にやってきた。私は、恩師のヴォヴェルが国際コロークの委員長だったこともあり、そこで報告をするつもりだった。だがその矢先に、札幌の父が病いに倒れたとの知らせが届いた（当時、私は広島にいた）。歴史に忙殺されていた私は、父がまもなく八〇歳になろうとしていることを知らないわけではなかったが、「その時」はもっと先のことだとタカをくくっていたのだろう。だが、病室で会った父はすでに別人だった。医師はせいぜいもって三カ月だと言う。私は指を折るように計算した。父は自分がパリに行って帰ってくるまでもつだろうか、と。

これは苦い思い出だ。私がパリに行けなかったからではなく、息子がコロークと父とを天秤にかけたという意味においてそうなのだ。ミシュレという歴史家が生身の人間として身近な存在になったのはこの頃からだ。私は広島大学にいる頃からミシュレについて講義しているから、ミシュレの妻ポーリーヌの一件についても知っていたはずなのだが、私はそれを自分のこととして見てはいなかった。だが、「個人的な体験」が私を変えただけでなく、ミシュレを見る私自身の目もまた変わった。死に接した歴史家がどれほど変わるものなのか、私はあらためて彼の作品を読みなおし、そこに逆説的ではあるが「生きた歴史」と呼べるものを発見した。

「生きた歴史」とは何か。『アナール』の創立者L・フェーヴルは、かつてミシュレも教えたことのあるパリのエコール・ノルマルの教壇に立った時、学生たちに向けて次のように語りかけている(『歴史のための闘い』)。

「ミシュレがその権威と、情熱のこもった言葉と、そして天才の光輝をもって試みたことを(中略)私も諸君に対して試みようと思っているのです」

「歴史を研究するためには、決然と過去に背を向け、まず生きなさい。生活に没頭しなさい。(中略)荒れ狂う海に生じていることを、岸辺から物憂げに眺めるだけで満足してはならない」

アナールの手法は二宮氏によって紹介され、よく知られるようになった。しかし、その精神を理解するためには、フェーヴルやブロックの指針となったミシュレにまでさかのぼる必要がある。歴史家とは何か。ミシュレ自身に尋ねることにしよう(『フランス史』序文)。

「書きながら自らを消そう、存在しないことにしよう（中略）、背後から同時代の年代記をたどってゆこうと試みるような歴史家は歴史家ではないのだ」

「対象の中に入り込んでゆけばゆくほど、それが好きになるし、したがっていよいよ興味をもって眺めるようになる。感動した心は透視力をもつようになり、無関心な人々には見えなかった多くのことが見えてくる」

「見えなかった多くのこと」とは何だろうか。ミシュレ自身の家庭生活に関して言うなら、妻ポーリーヌの孤独もまたそのひとつであったろう。ミシュレもまた妻に対しては「無関心な人々」の一人だった。ポーリーヌの心が見えてきたのは、不幸にして彼女が世を去ったあとである。まさにその時、彼は後悔し、その欠点をも含めて彼女を愛していたことに気づく。そして私生活にはヴェールをかけたまま、その真情を「歴史」の中で吐露するのだ。その時ミシュレは、中世末期の暗い歴史——シャルル六世の発狂とオルレアン公ルイの暗殺——を書いていたが、その叙述はまさに「感動した心」によってしか得られない「透視力」を持っていた。ミシュレにおける「対象との一体化」もこの時期に始まると言ってよいだろう（本書の第6章「歴史上の個人をどう描くか」を参照）。そのあとに書かれる『フランス革命史』が生き生きとした描写によって永遠の古典としての生命を保っているのも、まさにミシュレが「死」と直面し、それを全力で乗り越えていったからに他ならないと私は思っている。

ミシュレの文体と『フランス革命史』

ここで彼の『革命史』についても触れておきたい。ミシュレの歴史はしばしば「想像力の歴史学」だと言われる。たしかにミシュレは想像力の豊かな歴史家だったし、加えてすぐれた文章力の持ち主でもあったから、彼の歴史書を文学作品として鑑賞することも可能である。だがそのことはミシュレが単なる想像だけで歴史を書いたことを意味するものではない。にもかかわらず、そうした印象を与えるのは彼の手法にも原因がある。つまり、彼はリセの教師であった時期に、幼い生徒たちに歴史を分かりやすく理解させるためには難解で抽象的な概念を教えこませるよりも、具体的な象徴をつかって説明するのが効果的だと経験によって気づいていた。この手法は『フランス革命史』でも存分に駆使されていて、叙述に具体性と躍動感を与え、読者の想像を刺激することになる。例えば七月一四日のバスチーユ襲撃では次のような情景が提示される。

「この一四〇フィートの高さからの眺めは、さえぎるものもなく、すさまじいばかりだ。通りも広場も民衆でいっぱいだ。兵器廠《アルスナル》の庭は武装した男たちでふくれあがっている。（中略）だが、目を他方〔東〕に転ずると黒い大群衆が前進してくる。（中略）フォブール・サンタントワーヌの住民だ」

「司令官は青くなった」

ミシュレにおける「象徴」は個人であったり、集団であったり、時としては建物や街路、広場であったりするが、ミシュレの「空間」描写はきわめて客観的である（それだけに一層印象的だ）。バスチーユから見下したフォブール・サンタントワーヌの大群衆はまさに「民衆」そのものであり、時として無気味なまでの存在感を発散している。しかもパリで生まれ育ったミシュレは、パリで起こった事件については常にその場所を事細かく具体的に記述してくれるので、読者は出来事が目の前で進行しているかのごとく実感できる。『フランス史』でも、前に触れたオルレアン公の暗殺事件などは事件の舞台がパリ北東部のマレー地区で、ミシュレが通ったリセ・シャルルマーニュもその一角にある。現在では高級ブティックが居並ぶフラン＝ブルジョワ通りも中世には人気《ひとけ》のない街はずれだったらしく、そのコントラストが事件の暗さを余計に際立たせている。フランス革命期に発生した、より陰惨な事件としては、いわゆる「九月の虐殺」（パリ住民による監獄の襲撃）の顚末が詳しい。ミシュレの記述をテュルゴーのパリ地図（一七三四）の上に移しかえていくと、さながら四人馬車を追って革命期のパリの街路を群衆と共に走っているかの感に襲われる。「虐殺」の舞台となったアベーイ監獄と、それに関わったと疑われるコルドリエ・クラブ（マラー派の本拠地）とはブシュリー通りでつながっているが、ブシュリー（肉屋）という名称が連想させるように、この街区は中世以来、職人や小売商の居住区だった。

ミシュレにおける「民衆」の概念は、マルクスやルイ・ブランのような社会主義者とは違って、パリ生まれのミシュレが中世以来の社会構造を保ち続けたパリの下町の住民を通して理解していたものである。歴史学ではこれを「小ブルジョワ」「独立小生産者」あるいは「サンキュロット」などと呼んだりしているが、ミシュレの言い方はきわめて具体的で、例えば「九月虐殺」の容疑者については、パリ警視庁の調査記録を引用しながら、次のように書いている。「近隣の商人。あらゆる職種、すなわち時計屋、レモネード屋、豚肉屋、果物屋、靴直し、木箱つくり、パン屋など。肉屋はたった一人、仕立屋数人」。

事件の性質によって参加者の職業構成は変わるのだが、原因が食糧問題となると女性の関与が目立ってくる。その典型例が一七八九年一〇月に起こったヴェルサイユ行進である。そこでは七〜八〇〇〇人の女たちが参加していたが、イニシアチヴをとったのは中央市場で働く女性労働者(特に魚売り)だった。ミシュレはそこに民衆本来の正義感と連帯感とを見出している。「群衆の中で最も霊感に富んでいるもの、それは疑いもなく女たちだ」「市場の女たちは飢えに苦しんでいたわけではない。(中略)けれども誰よりもそれを間近に見て感じとっていた」「このような女たちは、自身のためではなく、他人のために心を痛めている」。それは誰かによって指示されたのではなく、全く自然発生的に始まった運動で、中世から現代に至るまで、どこの国にでも起こりうる食糧暴動だったかもしれないが、ミシュレはそれをあるがままのものとして肯定し、余計な政治的意味を付け足したりはしない。たしかに国王一家をヴェルサイユからパリに連れ戻したことは、後に重大な政治的結果（一七九二年八月一〇日の王宮襲撃）をもたらすことになるのだが、それは女たちの関知せぬ所だった。ミシュレは女たちに次のように言わせている。「パンがない。王様を連れてこよう。王様が私たちと一緒なら、パンの欠乏など起こらないように手配してくれるだろう。パン屋〔国王〕を連れてこよう」。

ミシュレの「民衆」はフランス革命という歴史的枠組を突き抜け、何時の時代にも変わらない人間の本源的な生き方を示しているように見える。社会主義者のようにそれを階級闘争という枠組に押し込めたりはしない。戦後日本の歴史学のように「変革の主体」をそこに捜したりはしない。すべては人間の中の「自然」に帰ってゆくのだ。

これ以上『フランス革命史』に深入りする必要はないだろう。「序章」で述べているように、私が本書で問いたかったのは「ミシュレはなぜ、もっと若い頃に『革命史』を書かなかったのか」ということだった。逆の言い方をするなら、「青年ミシュレ」には『革命史』は書けなかったということを言いたかったのだ。貧しい家庭に生まれ育った少年はがむしゃらに勉強し、学校の教師になってからも馬車馬のように前だけを向いて働いた。コレージュ・ド・フランスの教授に選ばれようとして書いた『世界史序説』では、歴史は「自然に対する人間の闘い」「宿命に対する自由の闘い」だと言い切った。近代的な「意志主義」の背後には、孤独な青年の立身出世主義が隠れている。だが明治の「近代化」以来、私たちの祖父もまた欧米人に対して激しい闘争心を燃やし、富国強兵の道を突っ走ってきたのではないだろうか。敗戦後の日本もまた――スローガンこそ変わったけれども――同じようにあくせく前だけを見つめて働き続けてきたのではないだろうか。

「青年ミシュレ」と近代日本の知識人とは、多くの点で共通性がある。だがある時点からミシュレは近代化のコースから逸脱してしまう。変化はなぜ生じたのか。私はこの本の中で「ポーリーヌの死」という全く個人的な私生活上の出来事を大きく取り上げた。たしかにそれは「史学史」的な見方ではなかったかもしれない。しかし、この事件を契機にしてミシュレの歴史学が変わり始めたこともまた紛れもない事実なのだ。「心の底では愛している者をこのように投げ捨てねばならないとしたら、芸術や学問は何と非情で、自然に反していることか」（一八三九年の日記）。これが、自身の前半生に対してミシュレの下した判決だった。ミシュレはもはや「近代人」ではない。上ではなく下、前ではなく後に向かって彼は歩み始める。

ミシュレにおける時計の針は逆に回転し始めた。二一世紀を生きる私たちもまた、この奇妙な時間の中に飛びこみ、今まで気づかなかった「もう一人の自分」に出会えるとしたら、それもまた悪いことではないだろうと私は思う。

序章　「家族劇《ファミリイ・ロマンス》」としての歴史

ミシュレはなぜ、もっと若い頃に『フランス革命史』を書かなかったのか。コレージュ・ド・フランスにおいて革命史の講義を始めたのが一八四五年、『フランス革命史』第一巻が出版されたのは一八四七年。ミシュレは一七九八年の生まれだから、この時すでに五〇歳になろうとしていた。従って、『フランス革命史』（一八四七—五三）は、青年の革命的ロマン主義から生まれたものではなく、さりとて老大家による研究の集大成というものでもない。一八四五年から一八五四年までの一〇年間を除けば、ミシュレはフランス革命についてはほとんど何も書いていない。ミシュレ七六年の生涯において、革命史は突然変異のように誕生し、消えていったかに見える。

一八四五年以前におけるミシュレの代表作と言えば『フランス史』六巻（一八三三—四三）がある。彼の作品年表をさかのぼっていけば、『世界史序説』『ローマ史』（一八三一）、『プルタルコス論考』（一八一九）というように、テーマはますますフランス革命から遠ざかる。他方、『フランス革命史』第七巻（一八五三）出版後、『革命の女たち』（一八五四）を最後に、ミシュレはもはやそこに戻らない。『鳥』（一八五六）、『虫』（一八五七）、『海』（一八六一）、『山』（一八六八）といった一連の自然史（histoire naturelle）がミシュレの晩年を彩り、これに『愛』（一八五八）、『女』（一八五九）、『魔女』（一八六二）のような異色の女性論が加わる。このように、晩年のミシュレは「歴史」からすら離れ、「自然」と「女性」に向かって深くのめりこんでいったかに見える。

では、革命史にあけくれた一〇年はミシュレにとってどんな意味をもっていたのか。そもそも彼は何故四〇歳を過ぎてから革命史を書こうと思いたったのか。ミシュレの伝記的研究は、こうした疑問に対する答をいくつも提供してくれる。しかしわれわれは、『フランス革命史』の読者として、まず何よりもミシュレの作品の中に解答への鍵を捜し求めるべきであろう。『フランス革命史』の中にまず入りこみ、ミシュレとともに革命を生きたそののちに、彼の伝記的側面に立ち戻ることにしよう。

1　フランス革命とミシュレ

一八三三年から一八四三年までの一〇年間、歴史家ミシュレの主たる関心は『フランス史』(中世)に向けられていた。この間、エコール・ノルマルの教授からコレージュ・ド・フランスの教授へと彼の社会的地位は目覚ましく上昇していった。だが、ひとつの事件——妻ポーリーヌの死(一八三九)——を契機にして、ミシュレは変わり始める。それまで書斎の人、勤勉なる教師、思想穏健なるカトリック教会の擁護者と目されていた『フランス史』の著者は、にわかにポレミックな煽動者となってコレージュ・ド・フランスの教壇に立ち現れる。『イエズス会』(一八四三)、『聖職者、女性、家族』(一八四五)、『民衆』(一八四六)、そして『フランス革命史』(一八四七)。この時、二月革命(一八四八)は目前に迫っていた。

イエズス会批判(一八四三)に始まるミシュレの政治行動は、ルイ・ナポレオンへの抵抗によって終了する(一八五二)。帝政への宣誓を拒否したミシュレは、コレージュ・ド・フランスの教授職を含めてすべての公職を剥奪され、ナントに移住する。『フランス革命史』は第七巻をもって終了する(一八五三)。

ミシュレを政治の世界へと駆り立てていった動機は何か。私の主たる関心はこの点にあるので、ここでは『フランス革命史』全七巻の中、一八四八年の二月革命以前に出版された第一巻と第二巻のみが考察の対象となる。二月革命を体験したのちに書かれた他の五巻については、機会をあらためて論じることにしたい。とりあえず、『フランス革命史』全七巻の出版年月と、各巻で扱われている革命史の年代とを以下に確認しておく。(1)

第一巻(一八四七年二月)　一七八九年四月―一七八九年一〇月
第二巻(一八四七年一一月)　一七八九年一〇月―一七九一年六月
第三巻(一八四九年二月)　一七九一年六月　―　一七九二年八月
第四巻(一八五〇年二月)　一七九二年八月―一七九二年一二月
第五巻(一八五一年三月)　一七九二年九月　―　一七九三年六月
第六巻(一八五三年八月)　一七九三年六月―一七九三年一二月
第七巻(一八五三年八月)　一七九三年一二月―一七九四年七月

第一巻は、共感と想縁力によって歴史を蘇らせるミシュレならではのポエティックな序文で始まる。歴史的事件としては七月のバスチーユ事件も詳しく描かれていて興味深いが、一〇月のヴェルサイユ行進の叙述と分析が出色。

第二巻では、著者自身が「我が生涯の最良の日」と形容する連盟祭の運動が生き生きと描き出される。全七巻を通読した読者は、革命史のピークが意外に早く、この第二巻にあったことを知って奇異の感に打たれることだろう。「理想の革命」は、一七九〇年七月一四日以降、転落の道を歩み続ける。

第二巻(一八四七)から第三巻(一八四九)までの間にやや時間的間隔があるのは、一八四八年の激動に著者もまた巻き込まれたためで、第二巻までの明るいイメージは後退し、ロベスピエールやマラーの陰鬱なプロフィール(第三巻)、九月虐殺のグロテスクな情景(第四巻)が現れる。一七九〇年の連盟祭が「理想の祭り」だったとすれば、一七九二年の九月虐殺は死の舞踏、「反＝祭り」だった。

第五巻(一八五二)が刊行された年の一二月、二月革命はルイ・ナポレオンのクーデタによって息の根をとめられ、一八五二年にはミシュレはコレージュ・ド・フランスの教授職の他、国立公文書館の歴史部主任の地位すら奪われ、ナントに移住する。第七巻(一八五三)がテルミドール九日で終わっているのは、そこでフランス革命が終わったからではなく、史料を持たない歴史家にとってそれ以上進むことが困難になったからだろう。とはいえ、子供の頃から反ナポレオンであった歴史家が、ロベスピエールの中に「独裁者」の偽善を見出し、これに「民衆の子」ダントンの純朴を対比したことは、ナポレオン三世に対する精一杯の抵抗でもあったことだろう。ダントンとロベスピエールの死をもって革命史が終了したことは、あるいはひとつの必然であったのかもしれない。

二月革命以後のミシュレの歩みについてはここでは触れない。革命の予感の中で書かれた『フランス革命史』の最初の二巻に立ち戻ることにしよう。

(1) 革命のモニュメント

「革命はわたしたちの中に、わたしたちの魂の中にある。そこ以外には、革命のいかなるモニュメントも存在しない。フランスの精神がわたしたちの中に生きていないとするならば、それをどこに見出すことができようか」

「革命の精神は生き続けている。わたしはそれを感ずる。毎年この時期〔七月〕が近づくと、講義も研究も気候も重くわたしの上にのしかかってくる。こうした時はいつも、わたしはシャン＝ド＝マルスに出かけて行き、乾いた芝生の上に座り、荒漠たる広場の上を吹き抜ける強い風の中でほっと息をつく。シャン＝ド＝マルス。これこそ革命が後世に残した唯一のモニュメントだ。帝政はその栄光の名残りを凱旋門に留め、王政にはルーヴル宮やアンヴァリッドがある。中世カトリシスムは今なおノートル＝ダムの上に君臨している」

「革命のモニュメントは……空虚(vide)そのものだ。そのモニュメントは、アラビアの砂漠のように広大なシャン＝ド＝マルスのこの砂だ」

「英雄？ それはイエナ橋を建造したあの男〔ナポレオン〕のことか。いや、そうではない。この巨大な空間を満たしたのは、あの男よりもっと偉大な、もっと強力な、もっと生き生きした存在だった」

シャン＝ド＝マルスの広場を革命のモニュメントにみたてたこの序文（一八四七）は、ミシュレの革命史の精華であり、ミシュレ五〇年の人生のひとつの決算書でもあった。シャン＝ド＝マルスには何もない。時の流れは、かつてそこに建てられた「祖国の祭壇」や「凱旋門」をあとかたもなく消滅させてしまった。革命の英雄たちもまた、ある者はペール＝ラシェーズの墓地に眠り、またある者はその行方も知れない。パリの墓地で遊び、消えかけた墓碑銘から在りし日の栄光に想いを巡らすことは、貧しかった頃の少年ミシュレにとっては現実から解放されるほとんど稀な時間だった。皮肉なことに、大人になったミシュレはたしかに貧乏からは解放されるのだけれども、「死」から解放されることはついになかった。妻ポーリーヌの死（一八三九）、愛人デュメニル夫人の死（一八四二）、そして父ジャン・フュルシの死（一八四六）。こうして「死者」との語らいの中で、ミシュレは彼自身の歴史学を作りあげていく。

序文の最後は今は亡き父への哀悼の辞で締め括られている。「四八年間、常に一緒であった父をわたしは失った。わたしに幾度も革命の思い出を語り、わたしにとっては偉大なる時代の似姿であり、生き証人でもあった父をわたしは失った」。妻ポーリーヌはすでに故人となり、愛する娘のアデールも結婚して家を出た。残る長男シャルルとは意思の疎通を欠くミシュレにとって、父の死はまさしく「家庭の崩壊」を意味していた。「わたくしの家庭が壊れていけばいくほど、わたしは祖国という家庭にしがみつく。そのようにしてわたしはこの作品に辿り着いたのだ」。

図１　連盟祭（シャン＝ド＝マルス広場）

バスチーユ襲撃後１年を経て挙行されたこの祭典によってフランスは国民の連帯を再確認した。ミシュレもまたこの日を「我らが生涯の最良の日」と記している。

「革命の精神」が何故にミシュレの心の中にあるのか、何故に強い確信をもってミシュレがそう言えるのか。その答は、妻ポーリーヌの死後、ミシュレが通過しなければならなかった「死」の体験に隠されているように思われる。あるいは、母アンジェリーク・コンスタンスの早すぎた死（一八一五）にまでさかのぼって検討すべきかもしれない。だが今は、「序文」に隠されているもう一つの鍵（「英雄？　それは……」）へ目を向けなければならない。

シャン＝ド＝マルスの英雄、それは一七九〇年七月一四日の連盟祭にこの広場を埋めつくした四〇万の群衆のことであり、イエナ橋を建てたナポレオンではない（セーヌ右岸とシャン＝ド＝マルスをつなぐ橋は革命期にはまだ建造されておらず、式典行列は船を並べた仮橋の上を通ってこの広場に入った)。

ミシュレのナポレオン嫌いは彼の幼児体験に始まっているが、『民衆』の序文にも書かれているのでここでは触れない(本章第二節を参照)。ただし、『民衆』の序文が書かれたのとほぼ同時期に、ミツキェヴィチにまつわる興味深いエピソードがある。一八四三年以来、ミツキェヴィチ、キネ、ミシュレの三人は結束して体制批判を行なってきたが、祖国ポーランドの解放を説くミツキェヴィチの講義は、彼の詩的天分にも助けられて、若い聴講者の間に革命への情熱を吹き込んでいた。だが、彼の革命的メシアニズムが次第にボナパルティスムに傾斜していくことにミシュレは一抹の危惧を抱いていた。一八四五年の日記の中で、ミシュレはポーランド人の同僚と自分自身との距離を明確に計っている。(2)「下から上へ、これがわれわれの方法であり、彼の方法は上から下だ」(二月二二日)。「一人の男が必要だ、とミツキェヴィチは言う。そしてわたしは言う。男たちが、数多くの男たちが必要だ」。「最後の英雄、それはナポレオンではない。それは革命だ」。「われわれはますます集合的になっていく。平等なる者たちの集合における統一(unité)、心の統一、自由な統一」(二月二三日)。「フランス革命を見よ。それはモデルも英雄も必要としなかった。英雄が現れた時、それは滅びるのだ。本能? そうだ、しかし、全体(tous)の本能だ」(六月三日)。

ミシュレの「自己」(moi)が「民衆」(peuple)と一体化していなければ、これほど断固たるボナパルティスム批判は生まれなかったにちがいない。ナポレオン帝政期に貧困を味わい、母を失った少年期の思い出がその背景にあることは言うまでもないが、貧しい家庭に生まれ育った者が皆「民衆の子」を自覚するわけではないだろう。「立身出世」してコレージュ・ド・フランスの教授という栄光をかちえたミシュレが、なにゆえ四〇歳を過ぎてからその原点に戻ろうとしているか。それにはそれなりのドラマがなくてはならない（これについては、本章第二節で触れる）。しかし、今は『フランス革命史』の中の事件に焦点を合わせよう。

（2）民衆（バスチーユ襲撃）

ミラボー、ロベスピエール、ダントン、あるいはマリー゠アントワネット、シャルロット・コルデなど、精彩に富んだ人物描写は歴史家ミシュレのもう一つの側面を示すものであり、彼の革命史は階級闘争という顔のない「民衆史」ではない。従って、宮廷、政府、あるいは議会のリーダーたちへも目配りがなされてはいるが、ミシュレはそこに革命を動かす原動力を見出さない。彼らはひたすらおしゃべりに明け暮れている。演説と哲学ばかり。悲しいかな、行動が伴わない。革命の節目節目において決断し、行動し、流れを変えたのは常に「民衆」だった。

「何の準備も出来ていないかに見えた民衆は、彼らの本能がきわめて信用できるものであることを証明した。選挙集会に招集された彼らに、教えることはほとんど何もなかった。彼らは発言し、彼らにふさわしい選挙人を指名する術を心得ていた」。

「群衆よりほかには、ひとりの発明家もひとりの英雄もいなかった」。　（三部会選挙）

誕生したばかりの国民議会に対する宮廷の圧力、武力クーデタの不安、そしてネッケル解任のニュース（一七八九年七月一二日）。ここでもまた、民衆は自発的に行動する。バスチーユ襲撃。

「運動は、司令も計画もなしに始まった」。

「ヴェルサイユは、組織された政府、国王、大臣、将軍、軍隊を持ちながら、精神の完璧なアナーキー状態の中で、迷い、ためらい、不確定だった。一方パリは動顚し、合法的権威から見はなされていたのに、表面的には全く安定し、完璧な統一を保持していた」。

「七月一四日は全民衆の祝日だった。この偉大なる日は人類の永遠の祝祭として留まることだろう」。（七月一四日）

G・ルフェーヴルの「複合革命」説、柴田三千雄の「指導と同盟」説に見られるように、民衆はその直接行動によってしばしば議会派ブルジョワジーを反革命から守った。バスチーユ事件がその後の近代的改革——封建制廃止の宣言や人権宣言——へと道を拓いたことは明白である。しかし、すでに引用したように、ミシュレの力点はそうした近代化路線の上にはない。ミシュレが讃美したのは民衆の自然発生的な行動——あるいは——本能そのものであって、政治的な帰結ではなかった。政治史の構図ではなく、祝祭の構図において、バスチーユ事件は記念すべき一日だったのである。

（3）女性（ヴェルサイユ行進）

民衆の自然発生的行動と連帯に女性が加わる時、祝祭的昂揚は更に一層高まる。一〇月五日と六日のヴェルサイユ事件は、その主役が女性であり、しかもより平和的なマニフェストであったために、これに対するミシュレの評価はバスチーユ事件にもまして高い。あえて繰り返し強調するが、ミシュレの評価基準は政治的な重要性ではなく、祝祭的な昂揚なのである。『フランス革命史』が他ならぬミシュレの作品であることを納得させるのは、おそらくこのヴェルサイユ事件からだろう（『フランス革命史』第一巻は、この両日を扱った第二編八章と九章で終わる）。

一〇月五日の朝にパリからヴェルサイユへと徒歩で行進を開始したパリの女たちは、深夜国王に会見し、翌一〇月六日、国王一家を伴ってパリに帰還する。この事件をミシュレは次のように要約している。「必然的で自然で合法的、全く自然発生的で予測もつかず、真に民衆的な一〇月六日の革命は、誰よりも女たちのものだ」（傍点は筆者）。「男たちがバスチーユを占拠し、女たちが国王を捕虜にした」。「一〇月一日、ヴェルサイユの貴婦人によってすべてが台無しにされたが、一〇月六日、すべてがパリの女たちによって償われた」。

この引用の中に、「自然」「民衆」「女性」というミシュレ歴史学のキーワードがセットになって登場していることにも注目したい。「民衆」の中の最も「自然」な存在、それは「女性」なのだ。

「一〇月一日、ヴェルサイユの貴婦人に……」とあるのは、この日、マリー＝アントワネット主催によるパーティで近衛兵たちが革命のシンボルである三色の帽章を踏みにじったことを指す。近衛兵ではなく、「貴婦人」と言い換えている所がいかにもミシュレらしい。「邪悪な女」は男を堕落させる。「素朴な女」だけが――ジャンヌ・ダルクのように――男たちを救う。

しかし、ヴェルサイユ行進のより根本的な原因は、政治的シンボルへの侮辱ではなく、パンの欠乏という物質的なものだった。「女たちにとって、現実的な原因は飢えに他ならなかった」。パン屋からパンが消える。「これは貴族の陰謀だ」と女たちは直観する。そしてただちに行動を起こす。「王様に会いに行こう」。「王様は民衆とともに生き、彼らの苦しみを知り、共に苦しまなければならない」。こうした直接行動は民衆的なものだが、とりわけ「民衆の中の民衆」である女性に特有のものだとミシュレは言う。われわれは、同じ表現が一五年後の『魔女』(一八六二)にも登場することを記憶に留めておこう。

女が男よりも行動的なのは、女がより多く苦しんでいるからだ。とりわけ食糧難の時代において、女は夫のため、そして何よりも子供のために泣く。「一人では生きられない、相対的な存在である女は、しばしば男以上に孤独だ。男は社会に出ていき、どこにでも新しい関係を作りだすことができる。女は、家族なくしては無だ。そして家族の重荷が彼女の肩にのしかかる。子供たちが泣いている……」。

一〇月五日の女たちは、「自立した女」ではなかった。ミシュレを惹き付けたのは、「女性の権利」を主張するフェミニストや、ブルジョワ家庭に育った女性活動家でなく、政治や哲学とは無縁な所で、ただひたすら家族のためにパンを捜し求める平凡なパリの下町女（とりわけ市場で働く女たち）だった。とはいえ、彼女たちは貧困にあえぐだけの弱い女ではない。行動を起こしたのは「自分自身のためよりは、他人のためにより多く苦しむ、広い心を持った強い女」なのだ。ここに、ミシュレ独自のフェミニズムが顔をのぞかせる。

妻ポーリーヌの死（一八三九）以後の日記を読んだ者ならば、「一人では生きられない、相対的な存在である女」という文章の中に、今は亡きポーリーヌに対するミシュレの自責の念を読み取ることができるだろう。「ほとんど一日中家に閉じこもり、縫い針をし、料理をしている哀れな女」、それはミシュレの脳裏に焼きついて生涯消え去ることのなかった妻のイメージではないか。夫には「社会」（学問）がある。「歴史が自分の愛人だった」とミシュレは告白する。激しい呵責の念を抱きながら、『フランス史』第五巻（一八四二）の中で、彼はジャンヌ・ダルクを描いた。限りなく自然に近い、民衆の中の民衆、そして何よりフランスの女を。

処女ジャンヌは、大人の女になって革命下のパリに再び現れる。レ・アール（中央市場）の女たち。「市場の女たちは、飢えに苦しんでいたわけではない。生活必需品を扱う彼女たちの商売の故に、他の誰よりも身近に貧窮を見ていたのだ」。早朝七時、招集のドラムが市場に響きわたる。イニシアチヴをとったのは魚売りの女たちだった。こうして市場の女たちは市庁舎へと行進する途中、町の女たちに呼びかけ、躊躇する者に対しては「髪を切るよ」とおどしながら、「町中の女すべて」をこの運動に巻き込んでいった。このように、「強制的」な面がなきにしもあらずではあるが、女

図2　市場の女たち
女は男以上に社会的な生き物である。

たちの「連帯」が一〇月五日のヴェルサイユ行進を生み出した。デモ隊が市庁舎広場からさらにヴェルサイユに向けて出発する頃には、その数は一万人に達し、その後を、優柔不断の将軍ラファイエットが彼の国民衛兵に後押しされるように付いて行った。

ヴェルサイユにおけるその後の事件の経過については省略する。一〇月五日と六日の革命は、『魔女』の表現を借りるなら、「胃袋の、身体の、女の革命」だった。『フランス革命史』第一巻の最後の二章は、革命史の形を借りた、ミシュレ一流の女性讃歌だったのである。

（4）自然への復帰（連盟祭）

『フランス革命史』第二巻（一八四七年一一月）は、第三篇（一七八九年一〇月—一七九〇年七月）と第四篇（一七九〇年七月—一七九一年六月）によって構成されている。

パリの女たちの抗議によって国王一家がパリに移り住み、国民的連帯が実現したかに見えたのも束の間、不協和音が再び聞こえ始める。ひとつはカトリック教会から、もうひとつは王妃アントワネットの背後に控えるウィーンの宮廷からである。だが、こうした軋轢は、そのあとにくるクライマックスの序奏でしかなかった。国民的連帯のメイン・テーマは第三篇最後の三章において畳みかけるかのように強烈に鳴り響く。

第三篇一〇章「新しい原理」においては、アンシャン・レジームとフランス革命とが二元論的に対比される。即ち、「旧」と「新」、「悪」と「善」、「虚無」と「自然」。

革命は「無秩序」を乗り越えて「新しい秩序」を創り出そうとする。しかもその秩序を形成する動きは、すでに幾度も見てきたように、上からではなく下から、政府や議会の指令ではなく、自然発生的に行動する民衆の本能——あるいは本性（nature）——から来る。ミシュレは目をパリから地方へと移し、バスチーユ事件後にフランスの各地で生じた秩序の解体（大恐怖）と秩序の再編（連盟祭）を見守る。一七八九年七月から一七九〇年七月までの一年間にフランスは一変する。恐怖は連帯に、暴動は祝祭に変わる。「精神の化学作用」が生じたのだ。

大農民反乱の中で孤立した地方の農村や都市は自衛し、近隣の都市と連帯し、連帯の和はフランス全土へと広がり、やがて一気に首都パリへと収斂する。これを「フランスの化学」と呼んで注目したのはR・バルトであったが(3)、「精神の化学作用」という表現は、バルトの発明ではなく、ミシュレの日記に幾度か登場するミシュレ歴史学のキーワードである。詳しくは第二節にゆずるが、すでに触れた妻ポーリーヌの死後、その死を重く受け止めながらも、なおかつそれを乗り越えようとミシュレはプロメテウス的な苦闘を続けていた。コレージュ・ド・フランスで「ルネサンス」の講義(一八四一―四二)を行なったのも、そうした心理作用の結果である。

「歴史=再生」「歴史=精神の化学」——激烈な個人的体験を呑み込みながら、彼はそれを歴史の上に吐き出していく。彼の個人的体験が歴史のなかで普遍化される一方、歴史は彼の個人的体験を通過することによって個性化される。「歴史は激烈な精神の化学作用だ。私の個人的情念は普遍的なものに変わり、私の普遍性は情念になる。民衆は私自身になり、私の自我が彼らを生き返らせる」(一八四二年六月一八日の日記)。

かくして、連盟祭の叙述は、客観的歴史叙述の枠組を乗り越え、一種の「ロマンス」となる。離れながらも心と心を通わせようとする男女の恋物語をロマンスと呼ぶならば、村から村へ、町から町へと連帯を呼びかける連盟祭の運動はまさしくロマンスであり、祖国フランスの統一の中に「失われた家族」の復活を見るミシュレ歴史学もまたひとつのロマンスなのである。(4)

「それはもはや、八九年のような、自由への漠然とした愛ではない。フランスは今や明確に、自身が何を愛しているかを自覚している。それは祖国の統一(unité)だ」。

「これらはすべて奇蹟だろうか。そうだ、最も偉大で、最も単純な奇蹟、すなわち自然への復帰なのだ。人間の本性（nature）は社会的結合（sociabilité）にある。人と人とが互いに結び付くことを妨げるためには、自然にさからった無数の発明が必要だった」。

「祖国へあてて送られてきた熱烈な報告書、それは恋文だ」。

一七八九年の「大恐怖」の混乱から立ち直った農民は、自警団を組織し、それは「国民衛兵」と呼ばれて革命フランスの土台を支えることとなる。この新しい社会結合は、ひとつの自治体（コミューン）を越えるより広い地域的なネットワークを作ろうとし、近隣のコミューンに呼びかけて連帯のための式典を行なった。それが連盟祭（fédération）である。ミシュレが取り上げた最も初期の連盟祭は一七八九年一一月二九日、南フランスのエトワールという小都市で行なわれた「連盟集会」で、そこではドフィネ州の一四のコミューン代表が集まり、相互の連帯と新しい国家への忠誠が誓われた。さらに同年一二月一三日には、エトワールからほど遠からぬモンテリマールでも連盟祭が行なわれ、旧ラングドック州とプロヴァンス州のコミューン代表が参加し、「もはや州は存在しない。祖国あるのみ」という誓約が交された。一七九〇年一月三一日には、さらに大規模な集会が南仏のヴァランスで行なわれ、数百のコミューンから約一万の国民衛兵が参加し、これに約三万の観衆が加わり、「フランスの統一」を誓った。北フランスでも同様な動きがあり、一七九〇年一月一五日には北西部の都市ポンティヴィでブルターニュ、アンジュー両州合同の連盟祭が行なわれている。興味深いのは、ミシュレがこの町を山奥の「孤立した小邑」として紹介していることで、ガリマール版『フランス革命史』の注釈者G・ヴァルテルによれば、ポンティヴィは八本の街道が交差する豊かな商業都市で、人と物との交流が頻繁な地方的中心都市であった。ヴァルテルの注釈が正しいとするなら、ミシュレはルソーと同様、「大空の下での村祭り」という幻想をそこに見ていたことになる(5)。

いずれにしても、運動は村から都市と拡大し、最後には首都パリへと向かう。一七九〇年の七月、おびただしい数の「連盟兵」――パリの式典へ招集された国民衛兵を指すが、それ以外にも多くの市民が招集も受けていないのに、自らの意思によって参加した――がパリに向かって歩きだした。ミシュレはこの運動を十字軍の遠征に比較し、パリへの行進を「巡礼」と呼ぶ。「巡礼者」たちは道すがら至る所で歓待された。「道中、旅行者に対する住民のもてなしは驚嘆に値するものだった。彼らは巡礼者を呼び止めて、偉大なる祝典について語り合った。また、巡礼者を家に招き、一夜の宿を提供するか、少なくとも酒をふるまおうとした。旅人も住民も今はお互いに余所者や他人ではなく、すべて血族だった」。

ミシュレは、この「パリ旅行」を契機としてフランス人の空間意識が一変したことを強調する。連盟兵は無論のこと、彼らと接触した住民にとっても、古い地理観は死滅するほかはなかった。異なる言語が飛び交う(当時のフランスでは、フランス語はまだ共通語としては定着しておらず、ブルトン語もプロヴァンス語も、方言 patois ではなく、国語 langue nationale とみなされていた)。しかし、「祖国」への共通の想いが言語の違いを乗り越えて旅人と住民をひとつに結合する。地理の死、国民の誕生。

図3　シャン＝ド＝マルスの会場作り

そこでは老若男女，あらゆる階級の人間が作業に加わった。それは公式の祭典以上に自然な祭りだった。

連盟祭へのミシュレの傾倒を知るためには、これまでの引用で十分だろう。シャン＝ド＝マルスを一週間にして祭典会場に作り変えた民衆の労働奉仕。その会場を埋めつくした四〇万人の参加者。一七九〇年七月一四日の連盟祭は、その規模において、そして何よりも全体一致への熱い想いにおいて、一年前のバスチーユ事件をしのぐ、フランス革命史上最大の事件だった。

ミシュレは、連盟祭をひとつのファミリイ・ロマンスとして描いた。「祖国の祭壇」に、一人の母親が赤子を捧げる。「フランスとフランスとの結婚」。「祭壇の上の子供は、すべての者にとって養子となった。フランスは祭壇の上の子供、諸国民の共通の子供だ」。ここでもう一度『フランス革命史』序文（一八四七）の最後の一節を確認しておこう。「わたしの家庭が壊れていけばいくほど、わたしは祖国という家庭にしがみつく」。『フランス革命史』は、歴史の世界に投影された壮大なファミリイ・ロマンスだった(6)。

「かくして我らが生涯の最良の日は終わった……。それは終わってしまった。これに勝る出来事はもはやわたしには二度と起こらないだろう。わたしは、これからは貧しく、小さくなっていくように思われる」。祭りのあとの淋しさか、あるいは不吉なる予感か。一八四八年六月の惨劇を目撃したミシュレは、『フランス革命史』第五巻（一八五二）の中で一七九二年の九月虐殺を書くことだろう。けれども、「死」を前にしてミシュレがひるんでいたようには思えない。何故なら、「生は、出産。死も、出産」（一八四二年四月の日記）なのだから。

2 歴史家の変容

「民衆」「女性」「自然」が『フランス革命史』のキーワードであることは、前節で見たとおりである。ミシュレは、自己の中なる民衆、女性、自然を再発見することによってフランス革命を内側から理解し、それがひとつの壮大な家族――祖国フランス――を再現する運動であったことを明らかにした。フランス革命は物質的でもあり精神的でもあるトータルな運動で、それを政治史、経済史、思想史などの部分に分割することにミシュレは反対する。フランスはひとつの「人格」であり、ミシュレの「人格」が分割できないのと同様に、フランスを分割することはできないのだ。「民衆」もまたそのようなひとつの人格、ひとつの集合体であり、社会主義的な革命史（ルイ・ブラン）が階級闘争の理論によって革命運動の担い手をブルジョワジーと労働者とに分けたことをミシュレは批判する（一七八九年四月のレヴェイヨン事件を参照）。

残る問題は、七六年のミシュレの生涯において、『フランス革命史』がどのような位置を占めるのか、より広い視野の中で検討することである。プロセスとしては、まず彼の主要な著作の中でこれを行ない、次に、生前には刊行されなかった彼の自伝、日記、書簡などを通して伝記的にこれに迫ることにする。

(1) 作品の中のミシュレ

ここでは、主として『世界史序説』（一八三一）と『魔女』（一八六二）を取り上げ、『フランス革命史』（一八四七―五三）との距離を測定する。[7]

『世界史序説』（一八三一）は、エコール・ノルマルの教師になって四年後に発表された歴史家ミシュレのデビュー作である。彼はすでにヴィーコの『新しい学』*Scienza Nuova* のフランス語訳（一八二七）を出版しているが、七月革命（一八三〇）に勇気づけられた青年学徒は、ここでは祖国フランスの再生を希望に満ちた文体で彩っている。とはいえ、青年らしい潑剌とした文体の中に、なにがしかの「堅苦しさ」が感じられる。『世界史序説』冒頭の有名なシェーマを検討してみよう。

「自然に対する人間の、物質に対する精神の、宿命に対する自由の闘争。歴史は、この果てしなき闘争の物語にほかならない」。

人間の意志が自然の制約に打ち勝って文明は生まれる。これは、ミシュレらしくもなんともない、きわめて近代的な歴史観だ。さらに東洋（インド）は宿命という「母」の手の中でまどろみ、西洋（ギリシア）は自由を求めて都市を作る。これもまた、現代では通用しない、時代後れの西洋至上主義だ。青年ミシュレにおいては、このように「自然」は「宿命」と同義であり、「人間」や「自由」とは対立する。『フランス革命史』における「自然」の意味内容とは大いに違う。

人間の自由意志を強調するミシュレ初期の歴史観が、ヴィーコの歴史哲学や一八三〇年の七月革命に影響されていることは疑いない。約四〇年後、『フランス史』第二版の序文（一八六九）の中で、ミシュレはオーギュスタン・ティエリの人種理論や地理的決定論を批判し、「フランス」を自由な結合体とみなす自説を擁護している。従って、「人間」「精神」「自由」の三位一体は、『世界史序説』（一八三一）から『フランス史』序文（一八六九）まで、一貫して変わらぬミシュレ歴史学の基調であったかに見える。

それでは、一八三一年と一八六九年との間には何の変化もなかったのだろうか。「自然」や「物質」は副次的な、あるいはネガティヴな要素に留まり続けたのだろうか。もしそうだとすれば、ミシュレに対するわれわれの関心はもっと違ったものになっていたかもしれない。「近代主義」の歴史家の一人として、その著作は図書館の中でほこりをかぶっていたかもしれない。

ミシュレが今日、歴史学だけではなく、現代思想の領域においてすら生命力を失わないのは、彼の「民衆」「女性」「自然」観が現代におけるフォークロア、フェミニズム、エコロジーの源泉になっているからだ。しかもそれらは、個々バラバラの思想ではなく、ミシュレという強烈な個性、トータルな人格の中で不可分に結合している。そこに、ミシュレ歴史学の魅力がある。

たしかに青年ミシュレは「自然」を運命的な束縛と感じ、意志の力によってそこから自由になることを欲していた。そうしたミシュレの自然観が初期の『フランス史』(一八三三―一八四四)においてはキリスト教会への共感となって現れていた。青年ミシュレは、ディオニュソス的な「生」の宗教を否定し、キリスト教的な「死」の宗教を肯定した。それ故、晩年に書かれた『魔女』の自然観に接すると、われわれはミシュレの変容に目をみはらざるをえない。

「中世は、反=自然の性格を示していた。中世流の考えに従えば、精神は貴族的で、肉体は平民的なのである」。

「精神的な悪行ほど不純なものはない。どんな物であれ、肉体的なものは清らかである」。

「魔女たちがおこなう最大の革命、中世の精神に反抗する逆さまの最大の一歩前進、それは、腹の、つまりさまざまの消化機能の名誉回復と呼ばれるべきものだ」。(篠田浩一郎訳)

『世界史序説』のシェーマと『魔女』のそれと比較してみるなら、両者のコントラストは歴然としている。

『世界史序説』　人間　＞　自然
　　　　　　　精神　＞　物質
　　　　　　　自由　＞　宿命
『魔女』　　　人間（男）　＜　自然（女）
　　　　　　　精神（キリスト教）　＜　物質（身体）

『世界史序説』において否定的、受動的な要素だった「自然」と「物質」は、『魔女』においては肯定的、能動的な要素に転換している。「女性」や「身体」に対するミシュレの共感が「自然」を復権させ、キリスト教や中世は、反自然、反民衆的であるが故に断罪される。このように、一八三一年と一八六二年との間では、価値の転倒が起こっている。では、それは何時、どのようにして起こったのだろうか。第一節ですでに見たように、「民衆」「女性」「自然」は『フランス革命史』のキー・コンセプトだった。とするならば、変化は一八三一年と一八四七年の間で生じたと考えねばならない。ここで、ミシュレの伝記的側面に目を向ける必要がある。

(2) ミシュレの中の歴史

ミシュレの手稿は現在、その大部分がパリの歴史図書館に保管されているが、自伝、日記、書簡など刊行されているものも少なくない。

ミシュレの死後、二度目の夫人であるアテナイスによって刊行された『私の青年時代』*Ma*

図４　魔女，あるいは反抗する女

身体は精神を打倒する。

（ウルス・グラーフ「アリストテレス」）

Jeunesse（一八八四）と『私の日記』*Mon Journal*（一八八八）が長い間ミシュレの伝記研究における基本資料であり、L・フェーヴルの『ミシュレ』（一九四六）もこれに依拠していた。だが、一九五〇年以降パリ歴史図書館のミシュレ資料が公開され、P・ヴィアラネらの調査が開始され、オリジナル原稿の校訂が進められるにつれ、ミシュレ未亡人の手になる自伝や日記がオリジナルと一致しないことがあきらかになった。そこにはおびただしい加筆や修正、あるいは編集の手が加えられていたのである。[8]

従って、ミシュレが生前に出版した『民衆』（一八四六）の中のキネにあてられた序文の方が、短いけれども、信頼のおける自伝であるとすら言えるわけだが、青年ミシュレが書いた『日記』（一八二〇―二三）と『メモリアル』（『私の青年時代』のオリジナル）とが、ヴィアラネの厳密な校訂の手続をへて一九五九年にガリマール社から出版され、伝記研究はようやく可能になった（そのほか『思索日記』『読書日記』など、青年期の草稿が収録されているが、その主要部分は近年、大野一道氏によって邦訳されている[9]）。以上を整理するならば、次のような順序になる。

（1）一八二〇―一八二三年　『日記』と『メモリアル』（ミシュレ直筆）
（2）一八四六年　『民衆』の序文
（3）一八八四―一八八八年　『私の青年時代』『私の日記』（アテナイス編）

アテナイスによる「改竄」をミシュレ研究者の多くは非難しているが、私自身は全面的にはそれに同意しない。二二歳にして書き始められた自伝や日記は、「歴史資料」としてはオリジナルであるかもしれないが、「自伝」や「告白」なるものの価値は必ずしも「事実」そのものの上にはなく、何が「真実」であるかは書き手の心理と無関係ではない。ミシュレが一八四六年に発表した自伝（『民衆』の中の序文）は、四〇歳を過ぎた男にとっての真実であり、一八八〇年代に刊行された『青年時代』や『日記』は半世紀をミシュレと共に生きた妻にとっての真実である（アテナイスは一八四八年にミシュレと出会い、翌年に結婚し、一八七四年に夫に先立たれた後も、彼の草稿を編集・出版しながら一八九九年まで生きた）。『青年時代』や『日記』は、たしかに一次資料ではないかもしれないが、一対の男女の語らいから生まれた共同作品だとも言える。

このように、書かれた時期も、性質も異なる三つの伝記的資料を比較対照しながら、統一的なミシュレ像を描きだすことは容易なことではない。従って、そうした作業は今後の課題とし、より均質性の高い別の資料――一八二八年以後の日記――に依拠しつつ、ミシュレの内面に迫ることにしたい(10)。

『日記』に目をとおす前に、ミシュレ七六年の生涯を要約しておこう。

（1）誕生から少年時代まで（一七九八―一八一二）――革命末期のパリに生まれる。父は音楽家の息子で印刷所の経営者となるが、ナポレオンの印刷統制令によって倒産。母は農家の出（一八一五年に死去）。

（2）学生時代（一八一二―一八二二）――一四歳の時、コレージュ・シャルルマーニュに途中編入。貧しさ故に学友の嘲笑のまとになるが、成績優秀、短期間に学士号と博士号を取得し、教授資格試験（アグレガシオン）にも合格、コレージュの教師となる。
（3）歴史学の教師（一八二二―一八三八）――一八二四年、六歳年長のポーリーヌと結婚（同年八月には長女アデール誕生）。イタリアの哲学者ヴィーコに傾倒、その翻訳が縁で哲学者クーザンを知り、さらにキネとも出会う。一八二七年にはエコール・ノルマルの教授となり、一八三一年には『世界史序説』、一八三三年には『フランス史』第一巻を著す。一八三八年、コレージュ・ド・フランスの教授に昇進。
（4）コレージュ・ド・フランスの歴史学教授（一八三八―一八五二）――一八三九年、ポーリーヌ死す。一八四〇年、デュメニル夫人との交際が始まる。一八四二年、デュメニル夫人死す。一八四三年、キネとの共同講義（『イエズス会』）。一八四六年『民衆』。一八四七年『フランス革命史』の出版開始。一八四八年、アテナイスの訪問を受け、翌年結婚。一八五二年、帝政への誓約を拒否してすべての公職を解かれる。ナントに移住。
（5）追放の時代（一八五二―一八七四）――『フランス史』（近代史）の完成につとめるかたわら、アテナイスと共同で「自然史」（histoire naturelle）の連作を書く。
すでに触れたとおり、ミシュレの少年期については資料上の制約があり、確定的なことは言えないのだが、これに関しては精神分析の手法を応用したA・ミッツマンの新しい研究が示唆に富む。(11)彼によれば、「弱い父」と「強い母」を持った少年ミシュレは、一種の女性恐怖症におちいり、それが自然への敵対感情をもたらした、という。ミシュレと母アンジェリーク・コンスタンスとの関係は、『メモリアル』を読む限り、さほど敵対的であったようには見えないが、息子が母を「理性的」で「気難しい」と見なしていたことは否定できない。音楽家の息子で、経済的には無能力であったが、性格的には明るい父に息子はなつき、父もまた子煩悩であった。

だが、ミシュレの学生生活は、勤勉な農民であった母方の生活態度に近い。ロレーヌ地方に住んでいた母の一族は、貧しいながらも土地所有者であり、信仰あつく、知的教養もあり、男子の中からは聖職や教職につく者もいた。マックス・ウェーバーの「ピューリタン的禁欲」とは違うが、フランスの農民的な禁欲が学生ミシュレを支えていたと言える。

ポーリーヌとの結婚については、ミシュレの日記や書簡を見る限り、ロマンチックな情熱をそこに読みとることは難しい。すでに恋人同志の関係にありながら、「なぜ結婚しないのか」という友人ポワンソの問いに対して、ミシュレは次のように答えている〔一八二〇年八月二四日の書簡〕。「障害は彼女ではなく、自分の方にある。結婚に踏みきれないのは、自分の将来に対してどうしても確信が持てないからだ」。だが、コレージュの教師となって自立への確信が持てたためか、あるいはポーリーヌが妊娠したためか、一八二四年、ミシュレはついに決断する。父は反対しなかったけれども、母方の親族は「戸籍も財産もない女」との結婚には猛反対だった。興味深いことに、二五歳のミシュレが三人のおばに示した結婚の理由は、彼女たちと同じくらい現実主義的なものだった〔一八二四年二月一五日の書簡〕。「パリでは物価が極度に高く、出費を大いに切りつめねばなりません」。「わたしたちが住んでいる寮〔当時、ミシュレの父はその管理人をしていた〕の経営者〔フルシ夫人〕が病気のため亡くなり、寮のきりもりは、長らく夫人の手伝いをしてきた年配の独身女性にゆだねられることになりました。この女性は、結婚しないならば、首尾よく寮を維持していくことができないでしょう。彼女は若くも、美しくもありませんが、身を固めることが大切だと考えている男にとって、この選択が間違っていないことをあなたがたは理解してくれると思います」。

ある意味で、この選択は間違ってはいなかった。よき主婦――むしろ、よき家政婦と言うべきか――を得た青年教師は、教育と研究に邁進する。ミシュレが猛烈な読書家であったことは、この頃の『読書日記』(一八一九―二九)を見れば分かる(*Écrits de Jeunesse*, 1959に収録)。濫読の果てに彼が出会ったのはヴィーコの歴史哲学だった(一八二四)。それは奇しくもポーリーヌと結婚した年のことだったが、若き夫は「第二の妻」である歴史学に心を奪われてしまう。ヴィーコの翻訳、『世界史序説』、そして『フランス史』……。

アルコールに依存するようになったポーリーヌの心理を、ミシュレの助手をつとめたこともある歴史家G・モノーは次のように説明している。「ミシュレは身のまわりの世話一切を父の手にゆだねた。教育と著述と寄宿生のことで頭がいっぱいだった彼は、ポーリーヌのことを思いやる暇もなかった」。「彼は父と同じ部屋で寝起きし、ポーリーヌを子供たちと寝かせた。彼は寄宿生のために朝の五時に起き、昼も夜も働いた。妻である自分よりも夫の近くにいる義父に、友人ポーレに、助手たちに、そして寄宿生たちに対して、彼女が嫉妬したとしても驚くにはあたらない」[12]。

ポーリーヌのアルコール依存症が日記の中で言及されるのは、一八三四年からである。「酒へのあともどり、たわいもない悪口、他の人間ならば罪のない悪ふざけで済んでいるのだが」（一八三四年一〇月二七日）。以来、旅先から妻へあてて出された手紙の中で、しばしば飲酒を控えるようにという忠告が発せられる。しかし、ミシュレにしても事態をさほど深刻に捉えていたわけではなかった。『フランス史』の執筆に追われる歴史家は、史料を求めてフランスの各地を旅し、その足はさらにドイツ、イタリア、イギリスへと国外へも伸びた。その間、二人の子供のために、妻はパリに留まらざるをえなかった。一八三九年の三月、ミシュレは一四歳の長女アデールを伴ってリヨンに旅立つが、四月に帰宅した夫は妻の変化に驚愕する。彼女の病状は悪化するばかりで、六月にはパリ郊外パッシーの療養所に移されたものの、健康はついに回復せず、七月二四日に世を去る。ミシュレ七六年の生涯における真のドラマは、一八三九年のポーリーヌの死から始まる。

（3）死と再生——精神の化学作用

妻ポーリーヌの死（一八三九）とデュメニル夫人の死（一八四二）が、ミシュレの私生活だけではなく、彼の歴史学をも大きく変えたことは研究者の多くが指摘している。G・モノーは一八三九年から一八四二年までの時期を「精神の危機」の時代と呼び、L・フェーヴルもまた、二人の女性の「死」から立ち直ろうとするミシュレの苦闘から「ルネサンス」という歴史の概念が生まれたと力説している。[13] そしてA・ミッツマンは精神分析の視点から「死」の意味を解明しようとする。彼の仮説のとおりであるならば、一八三九—四二年の危機を乗り切ったミシュレは、不幸から立ち直っただけではなく、根本から変わったことになる。では、ミシュレはどのように変わったのだろうか。

ミッツマンはミシュレとマックス・ウェーバーを比較し、ウェーバーの「父親殺し」にあたるものとしてミシュレの「母親殺し」に注目する。ウェーバーの父親はまさにフロイト的な「家父長」であったから、青年ウェーバーの父への反抗は、エディプス・コンプレックスの構図で説明することができた。しかし、ミシュレの父親はこのタイプでは全然なかったために、ミッツマンは母コンスタンスの役割に注目し、「強い女」(dominant woman)、「意地悪な継母」(stepmother)に対する青年ミシュレの憎悪が、母親に対する息子の恐怖心から生まれたものと解釈する。もっとも母コンスタンスは一八一五年、ミシュレ一六歳の時に病死しているから、ウェーバーのようなドラマチックな変化は生じえなかった。青年ミシュレの女性恐怖症――そして自然への敵意――はその後もなくならず、『世界史序説』や『フランス史』の随所に顔をのぞかせる。

一八三九年、妻を孤独に追いやり、病死させたのが自分であったと悔やむミシュレは、その時まさに「母親殺し」の罪悪感に囚われる(年長の妻ポーリーヌは、若くして母を失ったミシュレにとっては母の身代わりであったとも言える)。だがそうした精神の危機を通過することで、ミシュレは少年期の女性コンプレックスからようやく解放される。それまで異質と思われていたものがより身近になり、自分自身の内にさえあったことをミシュレは発見する。かくして「女性」はミシュレの敵であることをやめる。ポーリーヌは死ぬことによって、はじめてミシュレにとっての女となり、彼の心の中で生き続けることができた。彼女の死はミシュレを「女性」と和解させ、また自らが「民衆」の象徴となることで、ミシュレのルーツがどこにあったかを彼に想い起こさせたのだった。

　ポーリーヌの病状悪化のために中断されていた日記は、彼女が息を引き取った日（七月二四日）に再開され、堰を切ったようなミシュレの告白が始まる。それは彼の歴史書にも劣らず、想像力を刺激する緊張感に満ちたドラマである。日記はまず、ポーリーヌの入院（六月六日）の回想から始まる。「彼女はたしかに病んでいた。しかし、胸が冒されているとは、彼女も私も思っていなかった。彼女の性格は変わってしまった。彼女は私から隠れ、まるで別人になってしまった。その時すでに、彼女は私にとっては死んでいたのだ」。

　何故そうなったのか。それは疑いもなく自分のせいだとミシュレは告白する。彼はそれまで、馬車馬のように前だけを見て仕事してきた。『フランス史』、そしてコレージュ・ド・フランス。学問や栄光を求めてがむしゃらに進んできたその代償は何だったのだろう。「彼女を一人にしておいたのは私のあやまちだった。私は、自分が彼女を軽蔑しているのではないかと疑っていた。彼女は、自分が無視され、忘れられているのではないかと疑った」。「心の底では愛している者をこのように投げ捨てねばならないとしたら、芸術や学問は何と非情で、自然に反していることか」。

　学問は自然に反している。たしかにそうだ。一〇年前のミシュレもそう考えていた。歴史は、自然に対する人間の闘いなのだ、と。だが、その言葉の意味はまるで変わってしまった。ポーリーヌが病いに倒れる以前、ミシュレは自分が勝利者であることを疑わなかった。だが今や、立場は逆転する。「自然」のままに生きてきたひとりの女が立ち上がり、ひとりの打ちのめされた男を導こうとする。「子供のときから大切にあつかわれたことがなかったのに、彼女は生来の魅力——古きフランスの快活さ——を失わなかった。それは何にもまして、フランスの女、快活で気高いひとつの人格だった」。

自然のままに生きる快活で気高い女、フランスの女は、『フランス史』第五巻（一八四一）のなかではジャンヌ・ダルクとして、『フランス革命史』第一巻（一八四七）では市場の女たちとして、幾度も姿を変えては蘇ることだろう。

だが、「復活」するためには、まず死ななければならない。七月二四日から三日三晩、ミシュレはポーリーヌの遺体から離れない。子供たちは死者を気味悪がって逃げだしてしまった。三日目には、死臭がただよい始め、鼻が黒ずんでくる。夏ではなく、死体の腐敗がもっと緩慢であったなら、ミシュレはあと幾日でも妻のそばに居続けたことだろう。だが、別れを告げる時が来た。七月二七日、ポーリーヌはペール＝ラシェーズの墓地に埋葬される。ところが、九月四日のこと、ミシュレは何を思ったか再び墓を掘り起こし、柩のフタをあけ、妻のなきがらを凝視する。「ああ、私が見たのはウジ虫ばかりだった。動かぬ物質が生ける物質に生命を吹きこむ」。

これが「復活」のイメージだろうか。ポーリーヌはウジ虫に生まれ変わったのか。ちがう、「彼女はどこか別の所にいる」。しかし、ミシュレはもはや「来世」を信じてはいない。唯物論者でもなく、キリスト教徒でもないとしたら、ミシュレはどこでポーリーヌに再会することができるのか。われわれはここで、『フランス革命史』序文（一八四七）の次の一節を思い起こす。「フランスの精神がわたしたちの中に生きていないとするならば、それをどこに見出すことができようか」。ミシュレの歴史的想像力は、一八三九年に始まる危機の中で研ぎすまされ、確固たる信念となっていく。死者と語らい、彼らを蘇らせる、それは歴史家の使命であり、何にもましてミシュレに課せられた責務ではないのか。「歴史とは復活なのだ」。

「歴史は精神の化学だ」ともミシュレは言う。「死者」の声を聞き取るためには、歴史家もまた死なねばならない。無論、この場合「死ぬ」とは、精神的に変化するということであり、主体と客体、見る人間と見られる対象との区別を乗り越えることを意味する。歴史上の人物をあやつり人形に喩えるミシュレの日記が、歴史家の心理をうかがわせて興味深い。「儚いものにはうんざりする。私は自分のあやつり人形に退屈すると、それをテーブルの下に投げ捨て、このあわれな玩具が幾許かの生命を持つことがあったかと自問する。あるいは、これらの人形のそれぞれ異なる相貌の内側に、私と同じような心が隠されているのではないかと尋ねてみる。そうなのだ。そこにあるのは同じ心、私と同じ心なのだ。彼らが苦しんだように、私も苦しんでいる」（一八四一年四月四日）。

この日記が書かれた時、ミシュレはポーリーヌとは別の、もうひとりの女性の死に立ち会おうとしていた。デュメニル夫人との出会い、交際、そして死についてはもうここで触れる余裕がない。ポーリーヌの死の翌年に現れ、その二年後には去っていくこの女性は、「危機」の中の第二のヒロインである。ここではただ、ミシュレが二度死んで二度復活したと言うにとどめる。「自然は母なのか、継母なのか。もしそれが母だとするなら、何故に死があるのか。死はひとつの出産であるに

図5　ペール=ラシェーズの墓地（1829年）

旧市街の北東部にあるこの墓地は，子供時代のミシュレにとっての遊び場でもあったが，彼の墓もそこに建っている。

ちがいない。そうだ、母性の大いなる神秘が世界をつつみこむ。誕生とは何か。出産。生は、出産。死も、出産」（一八四二年四月）。

王政復古期（一八一五―三〇）に学生となり、その才能と努力によって社会的上昇の階段を昇っていった青年ミシュレを、われわれは『赤と黒』の主人公に比較したい誘惑にかられる。G・モノーの伝記によれば、青年ミシュレは自由主義者ではなく、彼の保護者の中にはカトリック教会の有力者など保守派も少なくはなかった。もしも「危機の時代」（一八三九―四二）を体験しなかったなら、ミシュレはコレージュ・ド・フランスの一教授としてアカデミズムの世界に君臨し続けたにちがいない。

けれども、家庭の団欒に背を向け、「人間としてではなく、本として」生きることにミシュレとて一抹の淋しさを感じていなかったわけではない。そうした生きることへの渇望を目覚めさせたのがポーリーヌの死であり、またデュメニル夫人との出会いであった。その時はじめて、ミシュレは女性の人格をはっきりと認め、自分自身の人格をも取り戻したのだ。

上昇期には忘れられていた過去が、四〇歳を過ぎたミシュレに甦ってくる。陽の当たらない印刷所で、母や祖父に混じって活字を拾っていた貧しい少年時代。教会にも学校にも通わず、ジャンヌ・ダルクのように夢想していた日々。『民衆』（一八四六）の序文においてミシュレがまず最初に語ろうとしたのは、大学者ミシュレが一度は捨てた過去のしがらみだった。

「民衆」とともに、「女性」もまた復権する。何故なら、女は男以上に民衆的であるからだ。『フランス革命史』の中の女たちが、「権利」ではなく、「パン」を要求するのを見て、フェミニストの読者は失望するかもしれない。たしかに、ミシュレはサン＝シモンやフーリエのような男女同権論者ではなかった。だが、小ブルジョワ的な家父長主義者だという批判はやや的外れではないだろうか。たしかに、ミシュレは女の「精神」を女の「身体」ほどには高く評価しなかった。しかし、『フランス革命史』や『魔女』のミシュレは「精神」なるものの欺瞞を批判しているのであり、そこには男も女もない。強いて言えば、聖職者は男、魔女は女であり、女は男より民衆的で、より自然に近いというのがミシュレの考えである。革命とは、民衆の「自然」（本性）から生まれるものなのだ。

人間の本性は社会的結合にある、とミシュレは言う。文明（精神）は人と人とを区別するが、自然は人と人とを結合する。彼はこの考えをルソーから学んだのではない（ルソーとロベスピエールの精神主義よりは、ラブレー的な物質主義にミシュレは傾斜していく）。さりとて孤独であった少年時代の体験からでもない。あえて言うならば、「死者」との語らいの中から、ミシュレは「家族」のイメージを引き出した。「わたしの民衆」――その中には、少年期に世を去った母、親友ポワンソ、妻ポーリーヌ、愛人デュメニル夫人、そして革命の生き証人であった父も含まれている。死者の一人一人が、対話の中で甦り、失われた家族――祖国フランス――を再現する。『フランス革命史』は、歴史という舞台に拡大された、壮大なファミリイ・ロマンスだった。

第1章　青年ミシュレ

一七九八―一八二四

1 父と母

ジュール・ミシュレは、フランス革命末期の一七九八年八月二一日、パリの下町サン＝ドニ門の近く、トラシー通り一六番地のサン・ショーモン病院で生まれた。テルミドール反動後に成立した総裁政府は政治的には弱体だったが、ミシュレの母親がジュールを身ごもっていた一七九七年にはナポレオンがイタリアへの遠征を成功させるなど、対外的にはフランスの膨張政策が始まっていた。エジプト遠征（一七九八）から戻ったナポレオンは、ブリュメール一八日のクーデタ（一七九九年一一月九日）を敢行して総裁政府を倒し、統領政府を樹立する。印刷所を経営していたミシュレ家の運命は、新しい独裁者の野心に翻弄されることとなる。

父ジャン・フュルシ・ミシュレ（一七七〇―一八四六）は、フランス北東部ピカルディー地方の司教座都市ランの生まれ（父の名は正確にはジャン＝フランソワ・フュルシというが、ミシュレ自身は自伝その他においてジャン・フュルシと書いているので、筆者もそれに従っている）。祖父フェリックスは音楽家で、大聖堂の音楽隊の指揮者だった。曽祖父も「在俗聖職者」clerc laïc の地位にあったというから、ミシュレの家系は、後になって本人が強調する程「民衆」的だったとは言えない。少なくとも、父ジャン・フュルシは音楽家だった祖父の保護下で恵まれた少年時代を過ごしている。「六人兄弟の長男だった父の子供時代はとても幸せなものだった。音楽家であった祖父は、職業がら都市を支配していた司教座聖堂の高位聖職者たちとつながりがあった。貴族と音楽家との結びつきも密接だった」（『私の青年時代』）。家族は彼を聖職者にさせようと望み、ブルボン修道院長に会見させた。この高位聖職者は、ルイ一五世とロマン嬢との間に産まれた子供で、当時はまだ二三歳の若い貴公子だったが、大資産家で、眉目秀麗、愛想がよく、社交家だった。修道院長は立ち上がり、少年の方へと歩み寄り、彼をその書斎に招き入れた。ジャン・フュルシと話をした修道院長は、この少年が聖職者には不向きな世俗的人間であることを見抜いた。彼は親しげに少年の肩をたたきながら、こう言った。「大いに結構。私は君が気に入った。だから君を司教座聖堂の参事会員にしてあげよう」。

だが、ブルボン修道院長の約束は実を結ばなかった。ほどなくして起こったフランス革命の嵐が、二〇歳の若者の運命を変えた。司教座都市にも広まった革命は反教権主義をいきおいづかせ、向こう見ずな青年は党派抗争にのめりこんでいく。かくして祖父フェリックスは決断し、一七九二年一〇月、息子をパリへ送り出す。「九月虐殺」で一〇〇〇名を越す囚人が殺された、「恐怖政」のただ中のパリへ。

ジャン・フュルシが最初に働くことになったのは、ヴァンドーム広場にあったアッシニアの印刷工場だったが、翌年にはアルスナルの印刷所に移っている（機密文書を印刷していたこの工場は、聾唖者が採用されていたので、Sourds-et-Muets と呼ばれていた）。ジャン・フュルシは工場副長をつとめている。

ロベスピエールを失脚させたテルミドール九日のクーデタ（一七九四年七月二七日）以後、印刷業はにわかに活気づいた。この頃、ランにいた祖父のフェリックスもパリに移り住むことになったので、息子は財産の半分を譲り受け、その資金をもとに自前の印刷所を購入する。「当初は、何もかもうまく行くかに見えた」。

こうして「独立自営」の印刷業者になったジャン・フュルシは、アンジェリーク・コンスタンス・ミレー（一七六一―一八一五）との結婚を考える。ミレー家はフランス東部アルデンヌ県ランウェの農民だが、この一族は堅実勤勉で知的水準も高く、男子の中には教師や聖職者になる者もあった。コンスタンスのおじミショーがランの司教座聖堂参事会員だったことから、彼女はこのおじの家で家事手伝いとして働いていた。コンスタンスとジャン・フュルシは、おそらくこの聖職者を介してランで知りあったのだろう。パリに出てようやく自立した二五歳の青年は、ランで出会った九歳年上の「真面目な女性」を思い出し、彼女との結婚を考えた（ミレー家は決して貧しくはなかったけれども、男子を優先する当時の習慣から、娘たちの多くは結婚できないままに歳をとっていた）。

息子のミシュレは、青年期に書いた『メモリアル』に付け加えるつもりだったメモ（年代不詳）の中で、父と母の性格の違いを次のように描いている。「私は母以上に理性的な人間を一人として知らない。ベルギー人の多血質な激しやすさ〔父〕と、アルデンヌやロレーヌのいくらか冷たい批判精神〔母の実家〕との間で、彼女は稀な中庸を保っていた。私が彼女を理解できるようになったときには、様々な不幸が彼女をひどく気難しくしていたのではあるが、年下の父の軽率さとバランスをとるためには、そうならざるをえなかったのだ。当時の私は、母の方により親しみを感じていたのだったが、父のもつピカルディー気質や、あの血の気の多い若さがなかったならば、私は母の陰欝な淋しさのために殺されていたかもしれない」[1]。

父ジャン・フュルシは音楽家の息子であり、印刷業者になってからも、詩や曲を作り、自ら歌う芸術家タイプの男だった。この気質は、疑いもなく息子ジュールへも受け継がれている。しかし、印刷所の経営者には不向きな夢想家であったとも言える。そうした男が自分より年長の「理性的な」女性を結婚相手に選んだことは正解ではあったが、楽天的な夫が生来の軽率さ故に事業に失敗し、一家が貧困の底に転落していくにつれて、生真面目な妻は益々気難しくなり、夫と口論を重ねることが多くなっていった。

夫婦の仲を険悪なものにし、家庭の雰囲気を重苦しくさせていたのは、男女の性格の違いだけではなかった。印刷所の経営悪化という経済的要因がさらに加わっていた。総裁政府期(一七九五―九九)に繁栄を見た出版業は、ナポレオンの独裁開始によって急激なブレーキをかけられた。言論統制は、ジャーナリストや著述家だけではなく、彼らを下から支えた印刷業者にも痛烈な打撃を与えた。

ナポレオンはまず、共和八年ニヴォーズ二七日(一七九九年一二月二八日)の法令によって新聞の数を一六に制限する。ジャン・フュルシは印刷の対象を官報や宗教関係の出版に切り換えて危機を乗り切ろうとするが、詐欺にかかったりして負債をかかえ、一八〇八年にはサン＝ペラジーの監獄に押し込められてしまう(一八〇八―一八一〇)。

出所後も事態は好転するどころか、さらに悪化するばかりだった。スペインの独立運動やロシアの大陸封鎖からの離反が相継いだナポレオン帝国は、一八一〇年にはいって急速に解体のきざしを見せ始めていた。ロシア遠征を企てる皇帝は、フランス国内の言論統制をさらに強化する。一八一〇年の二月五日、七月六日、そして一八一一年六月一六日の法令がパリの印刷所を六〇に制限する。これによって零細な印刷所が閉鎖の憂き目を見ることになるが、その中にはミシュレ家の印刷所も含まれていた。かくして一八一二年、ジャン・フュルシ・ミシュレは失業者となり、一八一五年まで定業につくことはない。

にもかかわらずミシュレ家では、一二歳になった一人息子ジュールのコレージュ（中等学校）進学が話題にのぼっていた（おそらくは近い将来の徴兵を免れるため）。

2　少年ミシュレ――コレージュへの進学

ジュール・ミシュレが生まれた一七九八年頃、ミシュレ家の印刷所はまだ繁栄期にあった。しかしそれも束の間のことで、一八〇〇年以降、出版業が不況に追い込まれていったことは前節で述べたとおりである。

ミシュレの父は、本来ただの印刷屋で満足するような人間ではなかった。芸術家を父にもった彼は、二〇歳の情熱を革命思想の中で燃えあがらせ、恐怖政期のパリに惹き寄せられ、自らも熱烈なジャコバンとなった。総裁政府期にバブーフの原稿を出版しようとして官憲の家宅捜査を受け、あやうく発覚しそうになったこともある（一七九六）。彼は芸術家にも思想家にもなれなかったけれども、印刷（出版）を通してそれを下から支えようと思っていたに違いない。息子ジュールの表現を借りるならば、「活字を拾うことで思想を作っていた」のだ。

ただ不幸にして、事業家としてもジャン・フュルシは有能でなかった。彼の芸術家的な側面がマイナスに作用していたのかもしれない。楽天的で、人を疑うことを知らない性格が彼を幾度も危険な罠に陥れている。九歳年長で、沈着冷静な妻コンスタンスが夫の「軽率さ」を補うはずであったし、実際そうであったということは想像されるのだが、息子ジュールの回想から伝わってくるのは夫婦の絶えることない諍いである。「僕たちの生活を一層重苦しくしていたのは、母のイライラだった。彼女は心配事や窮乏のために怒りやすくなっていて、すべてを父の無思慮のせいにしていた。それは胸をえぐられるような光景だった。父は、エピクテトス〔古代ローマのストア哲学者〕さながらの善意と忍耐をもって母の非難を聞いていた」（『メモリアル』）。

妻は夫に失望していた。では、彼女は息子にその身代わりを見出していただろうか。息子は次のように答える。「母が僕にほとんど慰めを見出していなかったことは確かだ。彼女は僕を甘やかされた駄目な子供と見なしていた」（『メモリアル』）。「甘やかされた駄目な子供」――それはまた、音楽家フェリックスの息子（ジャン・フュルシ）と孫（ジュール）の共通項であったかもしれない。父親の期待をになった長男は過剰なる愛情に包まれていた。父親にとっては息子の存在それ自体が「希望」であり、少なくとも「慰め」ではあった。しかし、アルデンヌの質素勤勉な農家の次女に生まれたコンスタンスは、もっと現実的だった（彼女には、二人の兄弟と三人の姉妹がいた）。妻と夫、そして母と息子の関係は、氷と炎のそれであったのかもしれない。

しかし、母親の幾分冷ややかな反応を除けば、一人息子に対する家族の愛情は濃厚だった。父は勿論のこと、ランからパリに移って息子と同居している祖父と祖母、姉をたよってパリの家に身を寄せていたミレー家の第四女イヤサントなど、父や母の親族は、革命下のパリに生まれた一人息子に限りない愛情をふりそそいだ。フランス革命の図像は共和国をひとりの新生児で表現しているが、政治体制の変化はあきらかに家族観の変化と対応していた。『エミール』の教育観は、革命体験を通過することによって、単なる夢想ではなく、小市民の家庭における実践として定着しつつあった。ジュール・ミシュレはその意味でも、革命の落とし子だった。

ジャン・フュルシ・ミシュレとコンスタンス・ミレーとの間に生まれた子供にはジュールという名が付けられた。父は男子を得たことを悦び、笑顔で言ったものだ。「もし共和国が続くなら、この子はユリウス・カエサルとなり、もしカトリックが復活するとしたら、この子は教皇ユリウスとなるだろう」。

ジュールが四歳になった時、父は自ら作詞・作曲したシャンソンを息子のための子守歌として歌った。おそらくこの歌はその後も幾度か歌われたのであろう。成人した後も、ジュールの記憶から消えることはなかった。

父親であることはこの上ない幸せ
息子は私の慰めだ
最後の日まで
愛しい息子は私の幸せだ

「至る所で僕は歓迎され、賞讃された。僕は偉大な人物となるに違いなかった。(…) こうした賞讃が、僕に、自分自身についての途方もない観念をいだかせていた」(『メモリアル』)。かくして、これまたルソー的な近代人の妄想が現れる。それは革命家マラーを動かし、少年ミシュレを駆り立てた「天才」への憧れである。家族の期待をになない、甘やかされた一人息子は、この上なく高いプライドを持って育ち、家の中では独裁者だったが、近所界隈の子供たちの遊びには加わることができなかった。親と子のタテの関係の中で愛情をそそがれて育った子供は、友人同士のヨコの関係の中では人と交わることが苦手だった。こうして、少年ミシュレは閉ざされた家庭空間の中で、孤独な夢想の中を歩み続ける。

ミシュレの父がサン゠ペラジーの監獄から出所する一八一〇年頃まで、すなわち彼が一二歳になる時まで、彼は学校へも行かず、ほとんど家族との交わりの中だけで孤独な夢想の世界を生きていた。父の不在中も印刷所の仕事は細々と続けられていたので、祖父や母に混じって息子も活字を拾った。食事も粗末なものだったが、それ以上につらかったのは冬の寒さだった。耐えるために、手をつねったり、たたいたりしたのが傷になり、生涯その痕は消えなかった。こうして貧しいが気位の高い人間に特有な精神主義、もしくは肉体への蔑視が形成されていく。後年、エコール・ノルマルの教授となったミシュレは、一八三〇年七月九日の日記の中で次のように書いている。「肉体は常に欲望をそそのかすもので、人間の自由の敵だ。魂は肉体をその奴隷とするまで戦い続けねばならない」。人間と自然、精神と物質、自由と宿命——これらの相対立する原理の闘争は、『世界史序説』(一八三一)において明快なシェーマとなって宣言されることだろう。

一二歳のミシュレに話を戻すと、この頃、彼は一冊の宗教書(トマス・ア・ケンピス『キリストにならいて』)に出会う。それは父の反教権主義とも、母の現実主義とも違う、もうひとつの世界を差し示していた。「父は宗教に関しては無関心を通り越していた。母の方は敬虔な信徒ではなかったが、自分がその中で育った宗教に対しては敬意を抱いていた。祖父や祖母は宗教についてはとても悪く言っていた。何故なら、聖職者が一番金持ちで、貧しい者の羨望の的になっていた地方で長く暮らしていたからだ。誰も僕に宗教教育をしなかったし、一度も僕を教会に連れていったことはなかった。両親の無関心と日々の生活の必要のために、僕に洗礼をほどこさせようとは考え及ばなかったのだ。おそらくは、このように偏見から遠ざけられていたために、僕はある日、ごく自然に宗教を受け容れることができたのだろう」。「このような神との対話は、僕をすっかり魅了した」。「この書物は僕と同じくらい孤独な人間によって書かれたのだと思われた」(『メモリアル』)。

『キリストにならいて』の著者を、一二歳の少年は自分に重ねて理解した。三〇年後に、彼が

『フランス史』第五巻（一八四一）の中でジャンヌ・ダルクを描く時、彼は幼き日の孤独を思い出していたに違いない。ただし、そこには死んでまもない妻ポーリーヌの面影も加わっている。『民衆』序文（一八四六）における回想は、したがって、『メモリアル』（一八二〇）よりもはるかに豊かな広がりを示している。中年ミシュレにおけるテーマは「死」からの解放である。私生活における妻の死（一八三九）、公的活動におけるイエズス会批判（一八四三）を通して、ミシュレは自身の体験をより普遍化することができるようになっている。「この悲しき世界をくぐってきた私の目の前に、突如として、死からの解放、もう一つの生、そして希望が現れた」。「宗教はこのように人間を媒介とせずに伝わった」。「私は読まず、聞いていた」。「キリストを理解することなしに、私は神を感じた」（『民衆』）。

「私は、陽の当たらないパリの舗道に生えた雑草だ」という『民衆』序文の中の有名な文章は、彼自身の民衆的な生い立ちを示すものとして書かれたのだが、『メモリアル』の中には見当たらない。少年時代の貧しさと孤独を突き離して眺めるためには、長い年月と、さらにそれらを補う何らかの成功がなければならなかった。だが一二歳のミシュレには、まだ未来への確信もなく、宿命と戦う強い意志だけが彼の支えだった。貧しさを乗り越えて、彼は前進しなければならなかった。父が刑務所から出た一八一〇年、ミシュレははじめて「学校」なるものに通い始める。

最初のそれは、メローというかつてのジャコバン主義者が経営する私塾だった。コレージュ（中等学校）に入学、もしくは編入するための予備校で、原則として寮制だったが、パリに住むミシュ

図6　小学校

少年ミシュレに「学校」の体験はない。マルレが描いた学校はイギリス人ランカスターの推進する「相互教育」にのっとったもので，教師（画面左）のほかに補助教員2名（右）がいて，1グループ12人の生徒の学習ぶりをチェックしている。このタイプの学校がフランスに導入されたのは1815年以降のことで，1820年には生徒数2万3000人に達したとされている。

レは自宅通学を許された（その方が学費が少なくてすむからだ）。

メローという教師は文法学者で、フランス語文法に関する小冊子などを出版しているが、ラテン語はともかく、ギリシア語の知識は貧弱だった。しかもかなりの変人で、革命が過去になった当時（一八一〇年頃）においても、ヴォルテールやルソーに対する讃美をやめなかった。「彼はいまだに一七九二年のままだった。人々は、赤帽をかぶり、ジャコバン・クラブに通った彼の過去を非難していた」（『メモリアル』）。

このように、まだ学校とは呼べないような私塾ではあったが、ミシュレはラテン語を学び、自分と同世代の少年たち――年上の生徒の方が多かった――との交わりを持つようになる。「クラスメート」のプロフィールを『メモリアル』から引用しておく。

アド氏――メロー先生の甥（強健な男）。陸軍省に勤務する背の高い青年
パン――建築家の息子
ミレー――靴下職人の息子
バイユール――背の高い陰気な青年（怠惰、放蕩）
パイエ――一五歳（大人のように、いつも愛人の話を聞かせる）
ラリー――最も怠惰で、不潔で、いたずら好きな子供
いやらしいブリズラン――生まれつきの汚らしさ

こんな具合で、塾生たちは「良家の子弟」とは程とおい、パリの下町の悪童たちの集まりだった。一年後に一人の救世主が現れなかったならば、ミシュレの少年時代はもっと陰鬱なものになっていたかもしれない。救世主とは、ポール・ポワンソという名の転校生で、ミシュレと同じ歳の少年だった（一七九八年六月二日生まれ）。

「僕たちは互いに似ていた。話を聞くのは彼の方で、話をするのは僕の方だった」
「僕は炎が燃え上がるように、ひたすら話した」

ミシュレとポワンソの交わりは、モンテーニュとエティエンヌ・ド・ラ・ボエシとの関係にも似た少年同士の同性愛だったのだろうか。この問題については、今は推測以上に語ることは難しい。確実なことは、少年ミシュレが少女たちの前では常に品行方正で近寄りがたい少年だったことだ（ただし、異性に限らず同性に対してすら、彼は仮面をかぶり続けていたのではあるが）。あえてひとつの仮説をたてるならば、ミシュレにとってポワンソは、気難しく近寄り難い母親の代理だったのではないだろうか。受け身のポワンソに対して、ミシュレはあきらかに能動的だ。ポワンソはミシュレの「恋人」だったかもしれないが、そこにおける愛情は、母に甘えることを許されなかった少年の代償行為だったのではないだろうか。

ポワンソとの交友は、しかし長くは続かない。一八一二年九月、ポワンソは地方のコレージュに入学するためにパリを去る。一方ミシュレはパリのコレージュに入学し、二人の若者は異なる道を辿る（ただし、五年後の一八一七年七月にポワンソはパリに戻ってきて二人の交友は復活する）。回想録『メモリアル』はこの親友ポワンソにあてて二二歳のミシュレが書き始めたものだった。だがその執筆中に、ポワンソは病死してしまう（一八二一年二月一四日）。友人の死後、ミシュレはさすがにその意欲を失ったのだろう。一〇枚ほどの原稿を書き残したあと、自伝は中断されてしまった。

一八一二年一〇月（ミシュレ一四歳）、ミシュレはパリの名門校コレージュ・シャルルマーニュに入学する。正確には三年次への編入で、メロー塾長からの「成績優秀」の推薦状をたずさえての入学だった。メロー塾入学（一八一〇）からコレージュ進学（一八一二）までの二年間に、ミシュレはモサの画塾で絵画の勉強をしたり、バジールという教師からギリシア語を学んだりしている（ギリシア語はコレージュ入学のための必須条件だったが、学力は十分でなく、入学後大いに苦労する）。とにかく、メロー塾における二年間は、教師にも目をかけられ、ポワンソとの交わりもあり、楽しい思い出も少なからずあったようだが、三年次から途中編入したコレージュでの生活は、少年ミシュレの想像を超えた苛酷なものだった。メロー塾の最優等生もコレージュでのレベルの高い授業（とりわけギリシア語）にはついてゆけない。しかし、それ以上につらく感じられたのは、「良家の子弟」が集まったコレージュの社会的雰囲気だった。ジュールはその時はじめて「貧乏」の意味を理解する。

「受難」の予感は、登校第一日からすでにあった。「ついに入学の日がやってきた。僕はノートル

図7　コレージュ・シャルルマーニュ（1850年頃）

ダム・ド・ナザレ通りの家を出て、ヴァンドーム、テュレンヌ、サント＝カトリーヌの通りを抜け、リセ・シャルルマーニュ校に辿り着いた。胸はドキドキしていた。（…）自分はオドオドした様子をしているのではないか。何か馬鹿げたことをしでかすのではないか。まだかなり遠くにいたけれども、教会玄関の石段を埋めつくしている人の群が見えた」。

コレージュ・シャルルマーニュ校の前身は、サンタントワーヌ通りにあったイエズス会のコレージュで、革命末期の一七九七年に新設された三つの「パリ市中央学校」（école central de la commune de Paris）のひとつとして改組され、一八一二年（ミシュレ入学の年）には、隣接するイエズス会の修道院などを併合して拡大され、生徒数も四〇〇人に増加した。一八一四年から一八四八年まで、コレージュ・シャルルマーニュと呼ばれている。

新しい転校生に対する生徒たちの――おそらくは悪意のない――からかい、それはミシュレにとっては生涯ぬぐい去ることのできない心の傷となる。『メモリアル』(一八二〇)の中には、自分をからかい、いじめた級友五〇数名の実名リストが記載されている。出版された『民衆』の序文(一八四六)にはさすがに実名リストは掲載されていないが、少年時代のつらい体験の意味はより深く掘り下げられ、この序文のクライマックスになっている。しかしこのあまりにも有名なコレージュでの体験については、『民衆』でミシュレ自らが述べているから、ここではもはや触れないことにする。それよりも、『フランス革命史』第二巻(一八四七)におけるロベスピエールのプロフィールと奇妙に符合するエピソードがあるので、以下に紹介する。それは登校後三日目に生じた授業中の出来事である。

「僕のオドオドした様子は、あきらかに僕が新入りであることを暴露していた。それが級友たちの笑いをさそっていた。(…)アンドリュー先生が僕に〔ギリシア語の〕作文を朗読するようにと命じた時には、僕はすでに半ば茫然自失していた。僕は震える声で朗読を始めたが、その声があまりに震えていたので、クラスの者全員が一斉に笑い出した」

「この全員の笑いが僕の性格を変えた」

級友の嘲笑と教師の冷淡な視線にさいなまれ、コレージュの一年目はまさに針の莚の毎日だった。結局、二年目になっても進級は出来ず、第三学年をやりなおすことを余儀なくされる。息子に多くを期待しなくなっていた母——建康状態は年毎に悪化していた——は息子の進学をあきらめかけていたが、父は決して望みを捨てなかった（この場合は、彼の「何とかなる」式の楽天主義が幸した）。父は息子と一緒になってギリシア語の作文と格闘する。父ほど楽天的ではなかったけれども、息子は一層負けずぎらいだった。そして努力家だった。時として夢想にふけり、激情にかられることもあるこの変人は、自己の情念をひとつの目標に向けて集中させる、類まれな自己統制力の持ち主でもあった。一五歳の少年の胸の内には、好い成績をとって、自分を笑った級友を見かえしたいという復讐心がにえたぎっていたのだ。「成功するためなら、人間に可能なことは何でもやった。他人よりも少しでも優位に立ったなら、彼らを遠慮なく踏みつけてやるつもりだった」（『メモリアル』）。

努力の甲斐あって、コレージュ二年目（一八二三—一八二四）には成績が急上昇し、ついにクラス一番と教師にも級友にも認められる優等生となる。

さて、ここまで述べたところで、先に触れた『フランス革命史』（第二巻、一八四七）におけるロベスピエールのプロフィールを読んでみることにしたい。ロベスピエールは、ミシュレの革命史においては決して善玉ではない。ミラボーやダントンなどにくらべれば、評価はきわめて厳しい。ロベスピエールはナポレオンと並んでミシュレ革命史の敵役なのだが、コレージュ・シャルルマーニュのエピソードを知る者は、ロベスピエールのプロフィールの中に、少年ミシュレの孤独を見出さずにはいられない。この矛盾はどう解釈したらよいか。

「財産と労働の人為的所産であるこの男は、自然にほとんど負うていない。これ程不幸に生まれついた人間は少ない」

「ルイ・ル・グラン学院のあの高い陰気な壁の中を、この孤児は、幸福とも、燃えるような青春とも関わりを持たず、たったひとりで歩き続ける」

「孤児で、保護者を持たない給費生であった彼は、自らの才能と努力によって自らを守るしかなかった」

「大きな集まりにおいて人々が退屈しているとき、いつもきまって、全員の気晴らしのために犠牲に供される人物がいる（それは必ずしも一番馬鹿な者とは限らない）。ひとりの男を滑稽にさせるには、簡単な方法がある。それは、彼が発言している時に、友人たちが笑うことだ(2)」

説明は不要であろう。ルイ・ル・グラン学院の孤独な給費生、議会における道化としてのロベスピエールは、かつてのミシュレ自身である。『民衆』（一八四六）の翌年に執筆された『革命史』第二巻（一八四七）において、ミシュレがコレージュの体験を忘れているはずがない。彼は、『民衆』によってかつての孤独をいやすとともに、『革命史』によってかつての怨念を断ち切ろうとしたのだろうか。

『革命史』第二巻には、もう一人、強烈な印象を与える人物が登場する。それはマラーである。ロベスピエールと少年（青年）ミシュレとの類似が、歴史家ミシュレにとってはすでに過去のものであり、克服されたものであったのに対して、マラーとの類似はより深層の意識に属するもので、ミシュレ理解にとって重要な鍵になると思われる。

「マラーの感受性、この言葉を聞いて驚くのは、感受性と善意とを混同し、昂揚した感受性が狂暴になることを知らない人たちだ」

「女性には、時として狂暴な感受性を示すことがある。マラーは、気質的には女性であり、女性以上に女性的だ。きわめて神経質で、きわめて多血質。彼の主治医は、マラーがいつも以上に狂暴になり、《紅潮してくる》様子を察知すると、体から血を抜かせたものだった」

「彼には、とても感受性の鋭くて、情熱的な母がいた。彼女はスイスの山奥の村で孤独に生きていたが、貞節であるとともにロマネスクでもあり、息子をひとりの偉大な男、ひとりのルソーにしようという情熱を持っていた。こうした努力は、結果として若者の頭を度はずれに熱することとなった(3)」

青白きインテリのロベスピエールとはちがって、マラーは感受性の鋭い、女性的な人間として描かれている。ただし、マラーにおける「女性」は過剰なまでの感受性、つまり狂暴性を意味している。これをミシュレにおける「女性恐怖症」のあらわれと見るべきだろうか。たしかに、それが青年ミシュレであったならば、そう考えてもおかしくはない。母コンスタンスにおける晩年の気難しさを少年ミシュレは恐れていた。『世界史序説』(一八三一)においても、強い母(自然)は息子(人間)を脆弱にすると書いている。しかし、妻ポリーヌの死後に出版された『聖職者・女性・家族』(一八四五)においては、ミシュレは母の思い出に触れ、女性の役割を再評価している。『民衆』(一八四六)においては更に前進し、女性的なものと男性的なものとの結合こそが真の天才を産み出すと言っている。従って、『フランス革命史』の中に青年ミシュレの「女性恐怖症」を見るのはアナクロニズムである。それでは、マラーにおける「女性」の意味をどのように理解すべきなのか。

ここでも、ロベスピエールとのコントラストに注目する必要がある。彼においては、「理性」が「自然」を抑圧していた。それ故、彼は孤独で、不幸で、滑稽だった。他方、マラーはその反対である。ここでは、「感受性」(自然)が「理性」によってコントロールされていなかった。あまりにも過剰な血が、マラーを狂暴にさせていた。しかも、この多血質的な気質が、ピカルディー出身の父を通して、自らにも受け継がれていることをミシュレは明確に意識していた。「女性」を讃美しながらも、それが「母」の枠におさまらない魔力をもつ存在であることを、ミシュレは自らの心と体を通して感じとっていたのだ。

少年ミシュレは、自身の中のマラー(女性=自然)を意識していたから、むしろそれを抑制することによって、ロベスピエール的な孤独な自負の道を選択した。コレージュ・シャルルマーニュの秀才には、ソルボンヌかエコール・ノルマルか、いずれにしてもエリートコースが開けているかに見えた。だが、ここでもミシュレは、固い意志の力をもってより困難な道を選択する。つまり、大学へは進まず、教師として収入を得ながら、しかし勉学は続けて試験を受け、学士号を取るという道を選んだのだ。彼は、教師として一家の生計を助けながら、驚くほど迅速に、かつ着実にそのプランを実現していった。

一八一七年　大学受験資格（バカロレア）取得
一八一八年　文学士号取得
　　　　　　ブリアン学院講師
一八一九年　文学博士号取得
　　　　　　コレージュ・シャルルマーニュの講師
一八二一年　文学・哲学の教授資格（アグレガシオン）取得
一八二二年　コレージュ・サント＝バルブの歴史学教授
一八二七年　エコール・ノルマルの哲学・歴史学教授

3　母、妻、義母

ポーリーヌとの出会い（一八一八）を説明するためには、ミシュレの母コンスタンスの死（一八一五）から話さねばならない。ナポレオンの帝国が崩壊した一八一四年、母コンスタンスの病状も最終段階に近づいていた。彼女は水腫を患っていたが、病気は脚から体全体へと広まり、もはや動くこともままならず、床に臥したまま夫や息子の看病を受ける身になっていた（祖父フェリックスは、一足早く一八一四年に没している）。

少年ミシュレの記憶の中の母は、死を目前にしながらも冷静さを失わない、気の強い女だった。「彼女は、悲しさと貧しさの織りなす自分の生涯が終わりに近づいているのを、恐れることもなく見つめていた。彼女は時々、死が近いことを全く平然と語った。ある日、シーツが片づけられようとしているのを見て、《それは私の死装束として使うのだから、わきにのけておきなさい》と言った」（『メモリアル』）。

一八一五年の二月八日は、カーニヴァルが終わる灰の水曜日にあたっていた。コレージュの休暇も終わり、翌日から学校が再開するミシュレは、宿題を仕上げるため夜おそくまで机に向かっていた。それは、古代ストア派の哲学者セネカの翻訳という、そういった夜にふさわしい――そして気が滅入るほどに陰鬱な――仕事だった。少年が時おり机から離れ、寝ている母の顔をのぞきに行くと、母は息子にもう寝るようにと言った。「朝、目覚めると、父が涙を流していた。《お前のお母さんは死んだよ》と言った」(『メモリアル』)。

死んだ母の顔をただ見守るばかりで、時間は容赦なく流れていった。柩はその日の内に埋葬された。墓地から家に戻ると、そこは静まりかえっていた。ミシュレは足音を立てぬようにつま先でそっと歩いた。そんな風に一カ月もの間、一家は静寂の中に生きていた。しかし、ある時少年は気づく。病人はもういない。「心配は無用」なのだ。その時、母を失った悲しみが新たに甦ってきた。

アンジェリーク・コンスタンスの死(一八一五年二月九日)後まもなく、ミシュレ家はペリグー通りの住居を出て、ビュッフォン通りにあったデュシュマン博士経営の療養院に引越す。転居は、妻を失った夫にとっても、また母を失った息子にとっても幾分か悲しさを紛らわすものだった。実際、口にこそ出せなかったが、長期に渡る病人の看病に父も息子も疲れ果てていたのだ。母のいない新しい環境に、少年ミシュレは一種の解放を感じる。七年後のミシュレは、罪の意識を抱きながら、当時を次のように回想している。「母の死後まもなくやって来た住居と生活の変化は、死の打撃が深刻になるのを防止してくれた。それまで知らなかった自由、より穏やかで、より不安の少ない生活、それは一六歳の子供にとっては力強いなぐさめだった。僕は時として自分の心の冷淡さに驚き、赤面し、残酷な幸福を享受している自分を非難した。だが(…)、過去に戻ることは難しかった。僕は今や完全に未来に向かって生きていたのだ」(『メモリアル』)。

『メモリアル』はこのあと、ソフィー・プラトーという少女との間の恋物語に触れて終わっている。『メモリアル』を完成させる前に親友ポワンソが病死（一八二一年二月一四日）したため、最後まで書き続ける意欲がなくなったのだろう。従ってポーリーヌとの出会い（一八一八）については、ミシュレ死後に出版された『私の青年時代』（一八八四）を参照しなければならないが、序章でも触れたとおり、これは非常に問題のある自伝である。

ポーリーヌに関して言えば、『私の青年時代』がミシュレの直筆でないということだけが問題なのではない。この自伝は、『メモリアル』を下地にして、後年ミシュレが自伝作成のために書き残したメモを加え、ミシュレ夫人（アテナイス）が「合成」したものだが、そこには夫との会話を通して妻だけが知りえた事実がちりばめられており、歴史資料としても無視しがたい価値を備えている。それ故、『私の青年時代』の欠陥は——ポーリーヌの記述に関する限り——アテナイスの関与にあるのではない。本質的な問題は、この作品が、ポーリーヌの死に直面し、それによって変化したミシュレの心理を反映している所にある。『私の青年時代』のポーリーヌは、妻の死によって罪の意識にさいなまれ、改心したミシュレによって再発見された女である。『ジャンヌ・ダルク』を書き、「自然のままの素朴な女」を礼讃するようになったミシュレの目に見えてきた女である。従って、晩年におけるミシュレの女性観を知るためには貴重な資料であるが、彼の成長過程に沿ってその人格形成の流れを見ようとする場合には、アナクロニズムに陥る危険性がある。従って、ここではG・モノーの著書に依拠しながら、当時の『日記』や『書簡』で欠落部分を補うこととする(4)。

さて、ミシュレ家がデュシュマン博士の療養院（ビュッフォン通り）に住み着いたことはすでに述べたが、三年後にはロケット通りにある第二療養院に再度移っている（一八一八）。そこではフルシ夫人という女性が管理人をつとめており、ミシュレの父は夫人の下でその小使いとして働くことになった。それと相前後して、パリから四〇キロほど東にあるモー（セーヌ＝エ＝マルヌ県）の修道院から、ルオー侯爵夫人とその付添いが引っ越して来た。この付添いは、よく働く気立てのよい女で、すでに二七歳になっていたが、ミシュレ父子と親しく口をきくようになる。

ポーリーヌ・ルソーはミシュレより七歳年上で、一七九二年にパリで生まれている。父ジャン・ジョゼフ・ルソーはパリのオペラ座の歌手で、革命期に人気を博した第一級のテノール歌手。母クロード・オデット・ジル・シャルルは貴族と結婚してナヴァイユ男爵夫人となったが、革命期に歌手ルソーと関係を持ち、ポーリーヌを出産した。子供は私生児とみなされ、戸籍にも登録されなかった。

美貌の男爵夫人と有名なオペラ歌手との間に生まれたポーリーヌが、これまでのミシュレ伝の中で「美貌も教養もない」女として扱われているのは不可解ではある（たしかに、ミシュレ自身がそれに近い証言を残しているのではあるが）。以下で述べるように、彼女の不幸な生い立ち、母親の冷たい態度、貴族の血を引く兄に対する劣等感などが、本来は多くの才能に恵まれていたはずの女を、劣等感でこりかたまった、弱い女に作り上げていったのだろう。

ここでどうしても、ポーリーヌの母、ナヴァイユ夫人（一七六六―一八三二）に登場してもらわねばならない。ミシュレが夫人にはじめて会った時、彼女はすでに五〇歳を越えていたが、なお往時の美貌を失ってはいなかった。歴史家ミシュレに、「支配的な母親」「邪悪な継母」のイメージを提供したのは、実母コンスタンスではなく、むしろ義母ナヴァイユ夫人だったのかもしれない。

ミシュレによれば、ナヴァイユ夫人はフランシュ＝コンテ地方の裕福なブルジョワの出で、父はブズール（オート＝ソーヌ県の首邑）のバイイ裁判所の所長だったという（しかし、彼女は私生児だったかもしれない、とモノーはコメントしている）。出自はともかく、彼女はその美貌によってロレーヌ地方の大領主ボーフルモン公爵の目にとまった。すでに七〇歳を越えていた公爵は、この一六歳の美少女を息子のアンリ・ド・ナヴァイユ男爵と結婚させる。こうしてクロード・オデット・ジル・シャルルはナヴァイユ男爵夫人となった（一七八二）。翌年には長男ギヨーム・ジラール・ジュディトが生まれる。だが、夫婦仲は円満ではなかったらしい（ミシュレは夫人と義父との関係を疑い、ギヨームは義父の子供ではないかと示唆している）。しかも、大革命の嵐が貴族社会を根底から揺るがしていた。男爵は投獄され、夫婦は離れ離れになる。「その時、彼女の妻は正しい行動をとった。彼女は夫の行く末を心配し、彼を救おうと思った」（『私の青年時代』）。

彼女はオペラ座の歌手ルソーの支援を受けて夫の救出に成功する。その「代償」としてこの世に生まれたのがポーリーヌだった（一七九二）。彼女とルソーの関係が愛情を伴うものであったのかどうか、私には判断する材料がない。一七九二年九月には離婚法が成立しているが、ポーリーヌの出産はそれ以前だったために、彼女は私生児として扱われた。二年後の一七九四年にはナヴァイユ男爵が死去し、ポーリーヌの母は未亡人となるが、一八〇〇年には歌手ルソーも世を去っている。

ポーリーヌの母親は、生まれながらの貴族である息子のギヨームを溺愛し、生涯彼から離れることがなかった（母は一八三二年、息子は一八三三年に亡くなっている）。他方、平民ルソーとの間に生まれたポーリーヌに対しては至って冷淡で、修道院に追いやっている。

ポーリーヌの兄、ギヨーム・ド・ナヴァイユについて、ミシュレは皮肉と好意の入り混ったプロフィールを残している。「贅沢な生活から生まれた真の花、金髪、美貌、長身、強堅、なめらかな肌。だが、血をいっぱい吸った大きな蛭のような下くちびる。彼は無邪気なアリストクラットで、好色、怒りっぽく、怠け者で、わがまま。けれども、陽気で、愛想がよく、慈悲に富み、きわめてやさしい。とりわけ動物に対しては(5)」。

息子ギヨームと母ナヴァイユ夫人との関係について、ミシュレのメモはあきらかに母子相姦を示唆しているが、それが事実なのか、ミシュレの妄想なのか、私には判断しがたい。「テルミドール後の混乱の中で財産を失い、息子とともにベルニスに引きこもった彼女は、危険な隔離の中で、彼女のすべてを彼に捧げた」。「ナヴァイユ氏とナヴァイユ夫人の結婚。母と息子の結婚。この堅い絆で結ばれた結合は、三六年間にわたって継続した、世間周知の公然たる事実である(6)」。

『私の青年時代』にも、ナヴァイユ夫人の息子に対する偏愛を指摘する箇所があるが、ポーリーヌに対する冷淡さを際立たせるためで、これほど露骨な表現ではない。ミシュレのメモが何時頃書かれたものか、残念ながらG・モノーは何も指示していない。いずれにしても、ミシュレ未亡人は、ミシュレのメモを使用しながらも「母子相姦」の部分は削除してしまった。

図 8　家族の肖像

アデール・ミシュレ
（ミシュレの娘）

アルフレッド・デュメニル
（アデールの夫，1860 年頃）

デュメニル夫人
（アルフレッドの母，1841 年）

アテナイス・ミアラレ
（ミシュレ夫人，1855 年）

ポーリーヌとの結婚、必ずしも幸福とは言えなかった二人の結婚生活、ポーリーヌの死、そしてミシュレが通過しなければならなかった「精神の危機」については序章で述べたとおりである。だが、若いミシュレには、その前に学者として歩まねばならない長い修養期間が待ち受けていた。

第2章　歴史家への道

――ヴィーコとの出会い　一八二〇―一八二七

ミシュレの『書簡集』の出版が完了した。(1)

ミシュレの伝記的研究の資料としては、ミシュレ自身が生前に出版した『民衆』(一八四六)の中のキネあての「序文」、ミシュレ未亡人アテナイスが編纂した『私の青年時代』(一八八四)と『私の日記』(一八八八)、そして近年になってヴィアラネがオリジナル原稿をもとに刊行した『日記』と『メモリアル』などがあるが、これらの自伝的資料はミシュレの少年期については詳しいが、彼が一八二二年にアグレガシオンの試験に合格して教師の道を歩み始め、一八二七年にヴィーコの『新しい学』のフランス語訳を出版して学者として認められるようになった時期――彼の修養時代――については情報がきわめて乏しい。公刊された著作も、二～三の教材を除けば、皆無と言ってよい。

それ故『書簡集』は、ミシュレ研究における「空白期」を埋める貴重な資料と言える。加えてこの『書簡集』には、ミシュレ自身によって書かれた手紙だけではなく、ミシュレにあてて書かれた彼の友人、知人、同僚などの手紙が多数収録されていて、彼をとりまく人間関係を知るためには格好の材料を提供してくれる。著作や日記からだけでは窺い知ることのできない社会人としてのミシュレのもうひとつの顔をこの『書簡集』はわれわれに教えてくれるのではないだろうか。

1　青年ミシュレの書簡

(1) 修養時代

ミシュレ(一七九八―一八七四)の学歴と教職歴は以下のとおりである(大革命末期の混乱期に生まれたミシュレには小学校の体験がなく、一二歳から通い始めた私立のメロー塾が彼にとって最初の学校である)。

一八一〇年　メロー塾入学
一八一一年　コレージュ・シャルルマーニュ　三年次編入
一八一七年　バカロレア(文学)取得
一八一八年　学士号(文学)取得
　　　　　　ブリアン塾教師
一八一八年　博士号(文学)取得
一八一九年　アグレガシオン(文学・哲学)合格
　　　　　　コレージュ・シャルルマーニュ講師
一八二一年　コレージュ・サント＝バルブ教授(歴史学)

一八二七年　エコール・ノルマル教授（哲学・歴史学）(2)

コレージュ・シャルルマーニュを首席で卒業したミシュレは、その才能を教授たちに認められ、まわりからはエコール・ノルマルへ進学して学者になるものと思われていたが、貧しい家庭の経済事情のため、学士号を取得した一八一八年（ミシュレ二〇歳）からブリアン塾の教師として自ら生計を立てるようになる。しかし学者になろうという決意は堅く、独学で研究を進めていく。以下は『思索日記』に書きとめられた彼の研究プランである。

一八一八年　古代ローマの歴史家たちについての文学的エセー
一八二二年（九月）語彙に見出される諸民族の性格
　人間たちの文化についてのエセー
　キリスト教の哲学的歴史
一八二三年（一一月）詩人の研究……哲学的理念に基づく文学作品
　D・ステュアート、スタール夫人、ギゾー
（一二月）語彙に見出される（言語の中に再発見された）諸民族の性格
　ヴィーコ『古代イタリア人の知恵』
　ヘルダー『人類の歴史哲学についての理念』

一八二四年（一月）　言語――習俗の生けるイメージ
歴史の哲学
D・ステュアート『形而上学、道徳学、政治学の歴史概要』
V・クーザン「歴史哲学」（ステュアートのフランス語訳に付された補遺）

ミシュレに「歴史哲学」への道を拓いたV・クーザンは一七九二年生まれ。ミシュレより六歳年長であるにすぎなかったが、若年にしてフランス哲学界のリーダーと目される著名人だった。哲学と歴史の間で微妙に揺れながらも、サント＝バルブの歴史学教師は着実に歴史家への道を歩むことになる。一八二五年以降にミシュレが刊行することになる著作を以下に紹介しておこう。

一八二五年　『近代史年表（一四五三―一七八九）』（コレージュの歴史教材）
「科学の単一性についての叙説」（コレージュの授賞式の講演）
一八二六年　『近代史対照年表（一四五三―一六四八）』（教材）
一八二七年　ヴィーコ著『歴史哲学原理』（ミシュレ自身による序論「ヴィーコの体系と生涯についての叙説」を含む）
一八二八年　『近代史概説』（教材）
一八三一年　『世界史序説』

『ローマ史』二巻
一八三三年　『フランス史』（一八四四年までに六巻を刊行）

この章では一八二四年にクーザンを介してヴィーコの歴史哲学に出会ったミシュレが、ヴィーコの『新しい学』*La Scienza Nuova*（第三版、一七四四）のフランス語訳に着手し、その影響下に彼自身の学問観を「科学の単一性についての叙説」にまとめていく時期を中心に考察を進めていくことにするが、主たる史料として用いるのはミシュレの書簡集(3)である。

（2）ミシュレの書簡集

ミシュレの書簡集は全一二巻（一九九四―二〇〇二）で、ミシュレ自身が書いた書簡と彼にあてて書かれた書簡の双方を収録している。番号を付された書簡の総数は一万二八四四通に及ぶが、本章で取り上げる一八二〇年から一八二七年までの期間では三七二通である。その他、注の中に挿入された関連書簡（ミシュレの父ジャン・フュルシの書簡等）を加えれば約四〇〇通となる。

史料としての書簡の有効性については問題もあり、生誕二〇〇周年のコロークにおいてC・クロワジルはそこに過度の期待を寄せてはならないと警告を発している。「書簡を読めば、個人の性格について正確な理解が得られるものと一般には言われているようだ。……だがミシュレの場合は全くそうではない。彼の書簡を読んだだけではきわめて不十分な理解しか得られないし、もっと悪いことには、あやまった理解をしてしまうことすらあるだろう」[4]。

何故そうなのか。クロワジルは二つの理由を挙げている。第一は、ミシュレが内向的な人間だったからで、そのため親友だったE・キネ（一八〇三―一八七五）に対してさえ、自分をさらけだすことをしなかったという。第二の理由として、書いたとしてもミシュレは著作の執筆にとりかかるとそれに没頭してしまい、手紙を書かなくなるか、書いたとしてもその著作についてはごく簡単にしか触れていないという。かくしてクロワジルは、書簡集の読者を意気阻喪させるような言葉でその報告を締め括っている。「書簡集から大いなる利益を引き出したいと思うなら、彼の人となりと作品についてあらかじめ知っておくことが望ましい」[5]。

とはいえ、私はクロワジルの悲観論に必ずしも与しない。なぜかと言えば、本稿で扱う時期（一八二〇―二七）のミシュレと、クロワジルが選択した時期（一八三〇―一八五一）のミシュレとでは、その社会的地位に大きな違いがある。歴史家としての地位をすでに確立し、コレージュ・ド・フランスの教授となっていた後者に対して、前者は全く無名に等しい学校教師である。「著作を通してその人となりを知る」段階には至っていないのだ。『書簡集』は、たとえクロワジルが言うように彼の人となりについては雄弁でないとしても、彼をとりまく環境――学友、学校の教師仲間、あるいは上司、そして出版関係者――については詳細な情報を提供してくれる。主観的な史料であった『日記』とくらべ、『書簡集』は社会人としてのミシュレを知るためにはきわめて有効な客観的史料なのである[6]。

図9　友人たち

ポワンソ

キネ（1833年頃）

ギゾー

ラマルティーヌ

ラムネー（1826年）

ミツキェヴィチ
（1905年頃）

クーザン

2　歴史哲学への道のり（一八二〇―一八二七）

（1）ポワンソ

『書簡集』の出だしは親友ポワンソ Paul Poinsot との間に交わされた一九通の往復書簡である。ミシュレは一八二〇年五月四日に彼の『日記』を書き始め、五月二一日には最初の「手紙」をポワンソあてに書き、六月四日には自伝『メモリアル』の執筆に着手し、さらに九月二〇日には『思索日記』を付けること決意している。ちなみにこの年には二月一三日にベリー公の暗殺事件があり、さらに六月五日には選挙権と言論の自由に制限を加える新たな法令に抗議するデモが起こり、これに加わっていたパリ大学の学生が死亡するという事件が起こっている。

ミシュレが学士号を取得し、ブリアン塾の教師となった時（一八一八）、彼は二〇歳になったばかりだった。翌年には博士号を取得し、一八二一年にはアグレガシオンの試験に合格し、母校コレージュ・シャルルマーニュの講師（臨時採用教員）になるのだが、一八二〇年のミシュレは、教師をするかたわらアグレガシオンの準備をしている二二歳の若者だった。

この時期のミシュレが『メモリアル』などの自伝的な記録を書いていた理由としては、青年期における自我の芽生えということも考えられるが、それがただ一人の友人ポワンソに向けて書かれたものであったことを忘れてはならない。一〇年後のミシュレはもはや書簡の中で「内面」について多くを語らないだろう。だがポワンソを相手にした時のミシュレは過剰なまでに「自己」について語り続ける。ただし、それは長く続くことはなく、一八二一年二月一四日のポワンソの死によって中断することになる。ミシュレにとって厳密な意味の「青年時代」はこの時に終わったと言えるのかもしれない。

ポワンソは一七九八年六月二日、パリのワイン商の家庭に生まれた。そして同じ年の八月二一日にミシュレがやはりパリで生まれている。このように同じ年に生まれた二人は、これも運命なのか、あるいは偶然なのか、一八一一年にはメロー塾の同級生となり、すぐに堅い友情で結ばれた。だが薬学の道に進んだポワンソはシャルルマーニュ校には進学せず、しばらくの間（一八一二―一八一七）パリ近郊ムーランの薬剤師の家に寄宿していたようだ。だが、ミシュレの父ジャン・フュルシが印刷所を閉じ、デュシュマン博士の経営する療養所の管理人になっていた頃には、ポワンソは修行を終えてパリに戻り、病院の薬局に出入りするようになり、ミシュレとの交友も復活した（一八一七年以降）。その後ポワンソは医学に転向し、一八二〇年にはインターンの資格に合格し、パリ郊外のビセートルに移り住む。こうしてパリとビセートルに別れて暮らすことになった二人の青年――一方は文学と哲学、他方は医学を志す学生――の間で書簡の交換が始まった。

①親愛なる人たち

少なくともミシュレにとって、「往復書簡」は明確な意志のもとに始められたもので、単なる実用――コミュニケーション手段――ではなかった。五月二一日の第一書簡は、六月四日に始まる『メモリアル』の予告であり、二人の青年だけが共有する「友情」のマニュフェストでもあった。「人の生命は短く、そしておそらく僕の生命はもう一人〔ポワンソ〕のそれよりも更に短いことだろう」。「女たちの愛からは自由になり、むしろそれを恐れている僕は、神の愛にまで昇っていくには弱すぎる。友情だけが今の僕の心を占めている感情だ」。

ポワンソだけがミシュレの「愛」の対象だった。勿論、彼以外にもミシュレにとって貴重な人たちがいなかったわけではない。けれども彼らとはどこかでちがっている、自身をとりまく人物たちのプロフィールをミシュレは以下のように描いている。

ポーレ――「最も誠実で最も強い人間、だが……」

フルシ夫人（ミシュレの父が働いている療養所の代表管理人でミシュレの母親代わりともいうべき女性）――「性格的に僕によく似た人物」

ポーリーヌ（すでにミシュレとは愛人関係にあった）――「大いに愛しているもうひとりの女性」

テレーズ・タルレ――「彼女とは結婚することはできなかったけれど……」

かくしてミシュレはポワンソに立ち戻る。「僕たち二人だけが、互いに似かよっている」。

勿論、ミシュレは家族と友人によって構成される小さなサークルの中だけで生きていたわけではない。コレージュ時代の恩師であり、当時はソルボンヌの教授になっていたヴィルマンのサロンにも出ていたミシュレは、そこで弁舌さわやかな若い弁護士に出会い、内気な自身との差を意識する。「〔世間の〕人間との接触」より、「狭い所でひっそりと自分だけを見つめている」ことを彼は望むのだ。

②政治と歴史

「政治」、そして「歴史」についてミシュレはまだ否定的反応しか示さない。ポワンソの医学（自然科学）にくらべて人間の科学はいまわしさと無縁ではない。「精神的な醜さは物質的な（身体的な）醜さ以上に醜い」。「歴史はもっと悲しく、惨めだ」（一八二〇年五月二六日、ミシュレからポワンソへ）。

六月五日、パリでは学生たちによる大規模なデモが発生する（選挙権と出版の自由を制限する法令に対する抗議）。デモ隊はテュイルリーの広場からフォブール＝サンタントワーヌへと向かったが、警備隊と衝突し、リボリ通りで学生が一名殺される。当時のミシュレはロケット通り四五番地（バスチーユ広場とペール＝ラシェーズ墓地の中間）に住んでいたから、デモ隊が発する叫びを聞くことができた。

六月五日付のポワンソあて書簡にミシュレは「革命第三年」と記す。「僕は奇妙な感覚に捉えられた。それは恐怖（terreur）であり、熱狂だ」。「それはいつまでも続く叫び声で、巨大であるが故にこの上なく恐るべきものだ」。「この巨大な声は僕の想像の中で民衆を具現している。それはただひとりの人間として立ち上がる」。

③ミシュレの想像力

「民衆はひとりの人間として立ち上がる」という表現は二七年後に刊行が始まる『フランス革命史』を予告するかのようだ。我々は二二歳のミシュレの中に後の歴史家の文体――あるいは歴史の捉え方――の特徴を見出すことができる。彼はリボリ通りで殺された大学生のように自ら政治活動に参加することはなかった。街頭ではなく、おそらく家の中で遠くから伝わってくる大群衆の「声」を聞いたのだ。

目に見えないもの、形をなさないものを想像力で捉える能力、それは歴史家としてのミシュレを特徴づける才能だが、必ずしも「天分」とだけで説明できるものではなく、むしろ貧しさの中で夢見つづけてきた孤独な少年時代に身に付けた習性であったのかもしれない。いずれにしても、二二歳のミシュレは自身の想像力が「欠乏」の代償であること、そして想像の中で生きることが彼にとっての「現実」であることをすでに認識していた。六月四日のポワンソあて書簡の中には、五〇年後に書かれることになる『フランス史』序文（一八六八）を髣髴とさせる一節がある。「対象が欠けているとき、想像力はそれを一層生き生きと表現する」。「モンテーニュは次のように言っている。《私は自身について『エセー』を書き上げたが、そのあとでは『エセー』に基づいて自身を作り上げた》」。

（2）アグレガシオンからコレージュの教師まで

一八二一年二月一四日、ポワンソは死ぬ。すでに前年から彼の肺は結核に冒されていたのだ。その日の『日記』の中に、ミシュレは次のように書く。「もはや僕の声を聞くことのない君の体のすぐかたわらで、僕は君のために書き始めたこの『日記』を書き続けている。あらゆる希望を捨てることなど僕には不可能だ。神は正しい。正しい人間は完全に死んだりはしない。おそらく、僕たちはいつか再び会うことができるだろう(7)」。

だが我々はここでポワンソとは別れねばならない。ミシュレ自身、まもなく『日記』や『メモリアル』を投げ出してしまうだろう。彼の当面の関心は間近に迫ったアグレガシオンの試験である。

①第二の友　ポーレ

一八二一年九月二一日、ミシュレはアグレガシオン（文学）に第三位の成績で合格する。一〇月一三日には母校シャルルマーニュの講師（臨時採用）となり、翌一八二二年一一月一三日には、名門校として知られるコレージュ・サント＝バルブの歴史学教授の地位を得る。書簡の相手は、シャルルマーニュ時代の級友で、アグレガシオンを首席で合格し、すでにサント＝バルブでギリシア語と哲学の教授になっていたポーレ Pierre-Jacques-Hector Poret（一七九九―一八六四）である。

『私の青年時代』には次のような記述がある。「彼の顔だちは繊細だったが、あまりに整いすぎていて冷たく、重い印象を与えた。そのためまわりからは尊敬されていたが、かなり風変わりな性格の持主だった」。「ポワンソは私と全く同じ性格の友人だったが、ポーレは反対の性格の友人だった。でもこのような相違があったからこそ……私たちの関係は穏やかで幸せなものになったのだ」(8)。

とにかくポワンソ死後の『書簡集』において、しばらくのあいだ主たる役割を演ずるのは第二の友人ポーレである。彼はアグレガシオン合格者の中では首席であったので、即座にサント＝バルブ校に就職が決まり、ミシュレが翌年にシャルルマーニュの臨時講師からサント＝バルブの専任教授に転ずるにあたっても仲介者の役割を果たしている。また一八二四年にミシュレを哲学者クーザンに紹介したのもポーレである。だがすでに触れたように、この時期の二人の間の往復書簡は全くの一方通行で、三九通の手紙はすべてポーレからのものであり、ミシュレからの手紙は一通も残っていない。それ故、ミシュレの内面については窺い知ることができないのだが、ポーレの語りを通してミシュレの知的活動を再構成することはできる。一八二一年四月の書簡の中でポーレはスコットランドの哲学者デューゴルト（デュガルド）・ステュアート Dugald Stewart（一七五三—一八二八）の著書に言及している。「D・ステュアートの本を君に送る。……彼は自分の議論の力を過信していないし、狂信や偏見なしにその限界をわきまえているので、僕には大変慰めになる」。

エディンバラ大学において「道徳哲学」の教授であったステュアートについては、その著書が縁となってミシュレは哲学者クーザンを知り、さらにはヴィーコの哲学を発見することになるのだが、これについてはあとで触れるとして、アグレガシオン合格からシャルルマーニュ校着任までの経緯について見ておくことにしよう。

②庇護者たち

ミシュレの父ジャン・フュルシはグザヴィエ・ミレー（亡き妻の兄弟）にあてて、以下のように書いている。「〔息子は〕トゥルーズの修辞学の教授に指命されたけれども、……パリを離れる気持がなかったので、拒否した。彼は大学区長〔C－D・ニコル〕に向かって、パリで地位が得られるまで待ちたいという希望を表明した」。「このような拒絶が彼にとって不利になるのではないかと私は心配したのだけれども、さいわいにも大学区長は次のように言ってくれた。《審査員たちが貴方について提出した報告書を見ましたが、私たちは貴方をパリに留めておきたいと望んでいます。地方の教師になりたくないというのなら、パリのコレージュのどこかのポストが空くまでの間、とりあえずはコレージュ・シャルルマーニュの上級学年の臨時採用教員（professeur suppléant）に任命しましょう[9]》」。

ミシュレはもはや不遇な学生ではなかった。首席で卒業したコレージュの授賞式（一八一六）以来、彼にほほえみかける貴顕の士の数は決して少なくはなかった。ここで青年ミシュレを支えた彼の「庇護者たち」の顔ぶれを見ておくことにしよう。

まず父の手紙にその名が出てきたパリ大学区長（Recteur de l'université）シャルル＝ドミニク・ニコル

（一七五八―一八三五）だが、ロベスピエールと同じ年に生まれたこの人物は、一七八九年にはサント＝バルブ校の教授だった。だが大革命の開始後まもなく国外に亡命し、ロシアでリシュリュー公と出会い、その息子の教育係となった。こうした縁がもとで、王政復古後にリシュリュー公がルイ一八世の下で権力を握るに従い、ニコルの社会的地位も上昇した。一八二〇年にパリ大学区長に任命されるや、弟ガブリエル＝アンリ・ニコルをサント＝バルブ校の校長に就任させている。

コレージュ・シャルルマーニュにおいてミシュレの恩師だったアベル＝フランソワ・ヴィルマン（一七九〇―一八七〇）は後にソルボンヌ大学教授、そして公教育大臣へと上昇し、常にミシュレの支えとなった。ヴィルマンにとってコレージュの最終学年を首席で卒業したミシュレは、まちがいなく最愛の弟子の一人だった。ミシュレは卒業生総代として演説を述べる栄誉に浴するのだが、目の前には恩師ヴィルマンは勿論のこと、大学区長ロワイエ＝コラールと首相リシュリューが臨席していた。こうしてリシュリュー公、ニコル兄弟、ロワイエ＝コラール、ヴィルマンといった復古王政における実力者たちのネットワークがミシュレを保護するかのように張り巡らされていたのだ。

ギゾーと並んで「純理派」（doctrinaires）の論客として知られるピエール＝ポール・ロワイエ＝コラール（一七六三―一八四五）もまたこの時代の知識人らしく、学者であり、教育者であり、政治家でもあった。政治的には左（自由主義）と右（王党主義）の間で揺れ動き（大革命末期には五百人議会議員、一八二四年には王政復古期の国会議長）、思想的にも合理主義と神秘主義の中間を行く折衷主義（éclectisme）の立場をとり、V・クーザンに影響を及ぼした。ミシュレはポワンソにあてた手紙（一八二〇年五月二六日）の中で、B・コンスタンとロワイエ＝コラールの名を挙げ、議会における彼らの演説を賞讃している。かくしてロワイエ＝コラール、ギゾー、そしてクーザンという、王政復古期におけるリベラル派知識人（「純理派」）の系列の末端にミシュレも連なっていたのだ。

最後にルイ一八世の聴聞司祭（フランス王室付祭司長）であり、一八二二年から一八二八年までフランス教育機関首長（grand maître de l'université de France）だったフレシヌ猊下（一七六五―一八四一）について触れておく。フランス革命期の聖職者に課せられた誓約を拒否して亡命したこの高位聖職者は、ロワイエ＝コラールなどとは異なり、骨の髄までの王党派だった。復古王政下で宗教大臣（一八二四―二八）などの要職についていた間、彼は様々な反動的政策を打ち出した（エコール・ノルマルの閉鎖もその一つ）。だが我々にとって興味深いことは、このような反動的政治家さえもが――大学区長ニコルもそうだが――若きミシュレに対しては好意を示し、その将来に道を拓いてくれたということだ。

③歴史学の教師

コレージュ・シャルルマーニュの講師に着任した頃（一八二一―二二）ミシュレは何をしていたのだろうか。父ジャン・フュルシはミレー家の甥にあてて次のように書いている（一八二二年一月二三日）。「今のところジュールは哲学、とりわけイギリスの哲学者に取り組んでいる」[10]。ヴェルサイユ市立図書館の閲覧票もまたミシュレの関心がどこにあったかを伝えてくれる[11]。

H・ドゥ・フェロン『進歩の理論』

D・ステュアート　『人間精神の哲学原理』
『形而上学と道徳学の歴史叙説』（オシェル訳）
ファーガソン　『道徳学と政治学の原理』一七九二年
『市民社会史論』一七六七年

だがシャルルマーニュでの最初の一年が終わろうとしていた頃、サント＝バルブでは「歴史」の講座開設が話題にのぼっていた。学校の内情に詳しいポーレからは次々と情報が送られてくる。「〔校長の〕H・ニコル氏はこの講座〔歴史学〕の必要性を強く感じているようだ。……真の障害は、その筋〔教育機関長フレシヌあるいは大学区長の兄ニコル〕の見解にショックを与えるのではないかと校長が恐れているためで、それが彼を躊躇させている。校長は〔歴史学に対する〕兄の嫌悪感を克服しようと思っている」（一八二二年九月）。「校長は、きわめて婉曲的な言い回しだけれども、彼の兄は歴史学の教育を支援しようという気持があるようだと僕に言ってきた」（同年一〇月）。

では新設の歴史学講座が誰にゆだねられるのか、さすがのポーレにも見当はつかなかったようだ。それでも彼はミシュレを推すために奔走を始める。「カイクス氏の所へ一緒に行こう」（一八二二年一〇月二一日）。

シャルル・カイクス（一七九三—一八五八）はシャルルマーニュ校の歴史学教授で、同時にアルスナル図書館の司書でもあった。主著『ローマ帝国史』（一八三六）の他に幾冊かの教科書を書いている。

ポーレやカイクスの意見がどれほどの効力を発揮したかは分からないが、一八二二年一一月一三日、ミシュレはサント＝バルブの「歴史学教授」に任命される。おそらくはヴィルマンやニコル（兄）の推挙があったのだろう。

ミシュレ自身は「歴史」の教師になることを望んでいたのだろうか。父ジャン・フュルシの手紙（一八二二年一月）によれば、ミシュレは「哲学」に没頭していたはずだ。だが『読書日記』の中の文献は一八二二年一〇月から変わり始める。ギボン、スコット、シスモンディなどの歴史関連の著作が主流となり、しかも大量に読まれていることが分かる。サント＝バルブ校への転身は、臨時採用から専任への身分上の変化でもあったが、同時にミシュレが「歴史」へと一歩を踏み出す大きなきっかけになった。一八二三年の『思索日記』には四年前に一度構想された「言語（語彙）に見出される諸民族の性格」というテーマが復活する。そしてヴィーコ（『古代イタリア人の知恵』）、ヘルダー（『人類の歴史哲学についての理念』）、スタール夫人（『ドイツ論』）の名が登場する。

サント＝バルブ校就任の第一年目、新米教師ミシュレはどんな歴史の授業を行なったのだろうか。一八二三年八月一八日、フランス教育機関首長フレシヌス猊下の邸宅では大学区の評議会（conseil royal）が開かれていた。ミシュレの友人ポーレはサント＝バルブの校長ニコルに付いて評議会に同席していたが、席上サント＝バルブの新任教官ミシュレによる歴史の講義が話題になり、校長ニコルは大いに面目を施すことになる。ポーレは八月二〇日付のミシュレあて書簡の中でこの日の会議について詳しく書き送っている。「グノー氏〔『ル・ジュルナル・デ・デバ』の評論家で、当時は大学区の評議会のメンバーだった〕は校長に向かって、彼の歴史学教授を賞讃して次のように言った。《私は彼がどこで学んだのかさえ知らないが、彼の知性、知識、議論の仕方には大いに敬服させられた》。これに対して校長は、君〔ミシュレ〕が一年目から他の先輩教師と肩を並べうるとは思っていなかったと答えたのだが、グノー氏はそれが全く逆であることを説明し、君の将来が大いに有望であることを校長に納得させた。このことは教育機関首長と三〇人の評議員の面前で公に語られたことなのだ。……君は校長の評価において一〇〇フィート上昇した。……そのあと君のかつての成功、ヴィルマンが君に与えた評価〔一八一六年八月のシャルルマーニュ校での受賞〕についても話題になった」。

(3) クーザン——歴史哲学との出会い

サント＝バルブの歴史学教授ミシュレは独学で歴史の研究を進めていた。しかし四年間のコレージュ時代〔一八一二―一六〕、ミシュレは歴史の講義に出たことがなかった。何故ならフランス革命後、正確には王政復古後のフランスの学校において歴史教育は尊重されてはいなかったからだ。むしろ警戒され、無視されていたと言った方がよいだろう。古代史の専門家カイクスがシャルルマーニュの教授となったのは一八二〇年のことだ〔近代史はまだ危険視されていた〕。大学区長C－D・ニコル氏の歴史嫌いは学校関係者のよく知る所だった。

我々はすでに、サント＝バルブの歴史学教授に内定したミシュレがその年の秋から猛然と歴史書を読みあさり始めたことを見た。だがミシュレの「歴史」は依然として哲学色の濃いものだった。彼は以前から関心を抱いていたスコットランドの哲学者D・ステュアートの『形而上学、道徳学、政治学の歴史概要』*Histoire abrégée des sciences métaphysiques, morales et politiques*, 3 vol.（Buchon によるフランス語訳、一八二〇―一八二三）を読み続けていくうちに、その第三巻（一八二三）の末尾に付されたV・クーザンの補遺「歴史哲学について」に出会う。さらにまた翻訳者ビュションの注解の中で、ステュアートが触れていなかったヴィーコの著作が紹介されていることを知る。ミシュレはクーザンの言う所の「歴史哲学」がヴィーコの著作『新しい学』の中で体系的に述べられているのではないかと直観する。

『読書日記』（一八二四年一月）の冒頭にミシュレは書く。「歴史哲学についてクーザンの論説を発見」。

クーザンとの会見は、その三カ月後に実現する。

①クーザンとの会見

「金曜日の朝、クーザン氏の所に君と一緒に行くことにしよう」（ポーレ、一八二四年四月）。

ミシュレの友人ポーレはギリシア語と古代哲学の研究者で、すでにクーザンとは付き合いがあって、プラトンの翻訳の手伝いをしていた。ポーレのはからいでクーザンに会うことのできたミシュレはその日の感激を『思索日記』（一八二四年四月一九日）の中に書きとめている。「この瞬間は僕の精神生活にとって決定的だ。ここで勇気を持てるなら、これからの僕は確固とした足どりで歩むことができるだろう。……僕の能力の開拓について言えば、クーザン氏の助言は僕の一生を通じて素晴らしいものになるにちがいない」。

ミシュレをこれほどまでに熱中させたクーザンとは何者なのか。ここで彼のプロフィールを簡単に紹介しておこう。ヴィクトール・クーザン（一七九二―一八六七）はミシュレより六歳年長にすぎず、一八二四年にはまだ三二歳になったばかりだった。しかしこの頃には「哲学の教皇」「巨匠(Maître)」と呼ばれるまでになっていた。彼は一八一五年には二三歳の若さながらソルボンヌにおいてロワイエ＝コラールの代講をつとめているが、フランスにカント、ヘーゲル、シェリングの哲学を紹介したその講義はドイツ哲学をフランスに広めるとともに、哲学界の若きリーダーとしてのクーザンの名声を高めることにもなった。ヴィルマンのあとを継いでエコール・ノルマルの哲学教授となるが、保守派（おそらくフレシヌス猊下）に睨まれて一八二二年にはその職を解かれ、逆に自由主義の旗手とみなされるようになる。ミシュレが出会った時のクーザンは、このように一八二〇年代の青年にとって輝くばかりの存在だった。

クーザンは一八二四年四月にミシュレと会い、歴史哲学やヴィーコの翻訳について何がしかの助言を与えたのち、ドイツへと旅だっていった（その頃ベルリン大学で「世界史の哲学」の講義を行なっていたヘーゲルに会うこともその目的のひとつだった）。ところが、「自由主義者」とみなされていたクーザンはこの年の一〇月二四日、プロイセンの警察によって逮捕され、翌一八二五年二月まで収監されてしまう（釈放されたのはヘーゲルからの働きかけがあったためと言われている）。クーザンは五月一二日にパリに戻り、ミシュレは五月二三日に「恩師」と再会する。

クーザンの「その後」にまで話を進めるなら、彼は一八二八年にソルボンヌにおいて「哲学史序説」と題する講義を行なって大講堂を学生であふれさせ、「事件」と言われるほどの反響を呼ぶ[12]。七月革命後にはギゾーと並んで権力の中枢に加わり、一八三一年にはアカデミー・フランセーズ会員、一八四〇年には公教育大臣に就任するが、皮肉なことにかつての弟子であり崇拝者であったミシュレやキネのような若い世代たちはクーザンから離れていく。

さて次項では、クーザンがD・ステュアートの著作の補遺として書き、ミシュレに衝撃を与えた「歴史哲学について」という小論について駆け足ながらも目を通しておこう[13]。

②クーザンの歴史哲学

クーザンの哲学は「折衷主義」（éclectisme）と呼ばれるが、それは一八世紀の啓蒙主義と一九世紀のロマン主義の中間にあって、理性と感情、自然法則と人間の意志（自由）、要するにマテリアリスムとスピリチュアリスムを統合しようとする試みだった。それ故、歴史観においても、一方では個別的・現実的な「事実」に目を向けるかたわらで、他方ではそれらの背後に存在すべき普遍的・合理的な「法則」に固執する。要するに「歴史」と「哲学」は一体であるべきだという「歴史哲学」に到達する。

とはいえ、これだけの要約では、クーザンの歴史哲学は歴史と哲学の折衷、あるいはヘーゲルの歴史哲学の単なる亜流ということになってしまい、ミシュレのような一八二〇年代の若者たちがそれから受けた衝撃の大きさを理解しそこなってしまうかもしれない。我々としては、哲学的議論のあとにクーザンが描いた「時代」の心象風景から見ていくことが賢明だろう。一八二〇年代の若者の精神状況の中に身をおいてクーザンを読み直す時、彼の哲学は単なる空論とは聞こえなくなる。

「絶えまない革命の嵐が様々な状況下に次々と吹き寄せ、多くの帝国、党派、思想が崩壊していくのを目撃した我々にとって……、要するに我々近代人にとって、絶え間なく変化する世界のこの表面ほどうんざりするものはない。我々をこれほどまでに痛めつけているこれらのゲームの意味しているものは何なのかと自らに問うことは当然のことではないだろうか」

ミシュレやキネが生まれ、成長してきた世界の本質的特徴が描き出されている。大革命、ナポレオン帝政、そして王政復古——ミシュレはわずか二〇年の人生の間に三度の「革命」を体験している。「精神の醜さは物質（身体）の醜さ以上に醜い」。「歴史はもっと悲しく、惨めだ」（ポワンソあての書簡）と書いた頃のミシュレにとって、歴史とは出来ることならば思い返さずに忘れてしまいたい悪夢のようなものであったのかもしれない。けれども、そのような有為変転の中にも何がしかの意味が隠されているとクーザンが示唆した時、ミシュレはそこから目を離すことができなくなった。

無意識のうちに遠ざけてきた歴史の意味——自分だけではない、自身の父や母がその中でもがき苦しんできた人生の意味——を解明してみたいという欲望が目を覚ましてきた。——私はクーザンの一節を読んでこのように想像してしまう。

「〔歴史における〕運動の本質は何か」「そこにはどんな目的があり、それはどこに向かっているのか」とクーザンは問いかける。だが、「事件」だけに目を奪われているこれまでの「歴史家」にそうした問いに対する答えを期待しても無駄だとクーザンは言う。表面だけの目に見える事実・出来事だけではなく、その奥に隠されていて外からは見えない本質について語らねばならない時に、歴史家たちは沈黙してしまう。それはむしろ哲学者の役割であり、それこそ真の歴史学、つまり歴史哲学なのだとクーザンは断言する。

(4) ミシュレの歴史観

ヴィーコの『新しい学』*La Scienza Nuova*(1744) がミシュレのフランス語訳『歴史哲学原理』*Principes de la philosophie de l'histoire* としてパリのルヌアール書店から刊行されたのは一八二七年三月のことだが、それまでの経緯は以下の通りである。

一八二五年　二月　『新しい学』の抄訳完了
　　　　　　四月　『近代史年表』刊行 (L・コラス書店)
　　　　　　五月　クーザンがパリに帰還

キネと出会う（クーザン宅）
八月　「科学の単一性についての叙説」
一八二六年　五月　『近代史対照年表』刊行（L・コラス書店）
八月　弁護士アリエ氏がヴィーコの翻訳権を主張
九月　エコール・ノルマルの教員採用に応募
一二月　「ヴィーコの体系と生涯についての叙説」を執筆
一八二七年　二月　エコール・ノルマルの教授に任命される
三月　ヴィーコ『歴史哲学原理』刊行（ルヌアール書店）

①『近代史年表』（一八二五年四月）

クーザンあての手紙（一八二五年二月）の中で、ミシュレは一冊の歴史教材の出版について予告している。ただそれは「哲学的なものではなく、初歩的な教育に合わせたもの」だと謙遜している。『近代史年表』[14]はたしかに教材であって、これを学術的な著書とみなすわけにはいかないかもしれない。だが、我々にとっての関心は『年表』の学術的価値ではなく、ミシュレが教材の執筆を企て、その出版をめぐって先輩教師から思いもかけないクレームをつけられたことである。そこに我々は上昇過程にあった青年ミシュレの社会的体験を見ることができるし、また同時に、そうした現実を前にした時のミシュレが示す不器用で非妥協的とも思われる態度の中に、彼の学問に対する高い理想主義に出会うのだ。

ミシュレがサント＝バルブで歴史学の教授となった頃、パリのコレージュには左記のような歴史家たちがいた。

カイクス　シャルルマーニュ校　古代史
ポワルソン　アンリ四世校　古代史
デミシェル　アンリ四世校　中世史
ラゴン　ブルボン校　近代史

はじめの三人とは異なり、四番目のラゴンだけが近代史の担当であり、彼はすでに一八二四年から『近代史概要』（全四巻）の刊行を開始していた。ミシュレが近代史の教材を出版すると聞いたラゴンは、それをライバルの出現と感じたようだ。彼はミシュレに抗議の手紙を送る（一八二五年三月五日）。「ニコル氏たち（パリ大学区長ニコルと弟のサント＝バルブ校長ニコル）が貴兄に近代史の教科書を出版するように要請したとの話ですが、彼らは私に対して一言もありませんでした。……けれども隠さずに申しますと、彼らは私がトロニヨン氏から取得し、同僚たちすべてから承認されている権利を私から奪ったことになるのです」。

トロニヨン氏とは一八二二年までアテネ学院の歴史学教授だったが、コレージュにおける教科書出版の元締め的役割を担っていた。ラゴンは、すでに解職されてジャーナリストに転身してしまっているトロニヨンの名を楯にとって、「近代史」における教科書出版の優先権を主張したのだ。

驚き、困惑したミシュレはかつての同僚、シャルルマーニュ校の歴史学教授カイクスを訪ねるが、あいにく不在だった〔三月七日〕。ミシュレはラゴンに対して以下のような返書をしたためる〔三月八日〕。「あなたの手紙は意外でした。……近代史の教科書出版に関して、あなたは排他的な権利を有していると考えておられる。しかしながら歴史は自由な領域です。まるでエジプトにいるかのように、書物を神聖視することなどわたしたちにはできません」〔傍点は引用者〕。ラゴンがその手紙の中で提案してきた共同執筆という妥協案に対しても、ミシュレは断固として拒絶する。「私は近代史の単一性（unité）を明らかにすべく努めてきました。それ故、私の教科書は単一でなければならないのです」〔傍点は引用者〕。

歴史の研究は自由でなければならず、まさにそこから歴史の単一性も生まれる。我々はラゴンへの返事の中に、それから五カ月に朗読される「科学の単一性（unité）について」のミシュレによる叙説を予感することができる。だが、この手紙がラゴンに送られることはなかった。

なぜなら、その日の中にミシュレはカイクスからの手紙を受け取ったからだ。「帰宅すると、あなたが私を訪ねてきたことを知りました。ラゴン氏の訴えについて話をしにいらしたのだと思います。すべて友好的にとりまとめることにしましょう。私はポワルソン〔アンリ四世校の歴史学教授〕に手紙を書き、わたしたちの側に立ってくれるように頼んでおきました」〔三月七日〕。

ポワルソンからも手紙がきた〔三月九日〕。「カイクスと会ったところです。……われわれの答は完全に一致しています。こうした心のつながりがあれば、明日は完全なる成功を収めることができると思います」。ポワルソンはミシュレの内向的であるが故に激情に捉われることがなくもない性格を知っていたのか、次のような指示を与える。「事を運ぶのはわれわれに任せ、とりわけ〔教科書出版の〕権利問題について発言するのは慎むことです。それ故、あなたにはほとんど完全に沈黙しているように命じます」。

ミシュレはポワルソンの命令を忠実に履行したのだろう。ラゴンは要求を取り下げ、『近代史年表』はこの年の四月七日に出版された。ラゴンの名はこのあともミシュレの『書簡集』に登場し、ミシュレのテキストをブルボン校でも採用するなど、関係は良好であったようだ。

②「科学の単一性についての叙説」（一八二五年八月）——読者の声

学者としてのミシュレの才能が輝きだすのは「科学の単一性」についての、短いけれども流麗な文体で書かれたこの「叙説」[15]あたりからだ。これによって、二七歳になったばかりの青年教師は、ギゾー、コンスタン、シスモンディといった大家からも注目されることになる。

「叙説」は一八二五年八月一七日、コレージュの授賞式におけるスピーチとして朗読されたものである。たしかにこの朗読は教授として名誉あることではあったろうが、ミシュレにはそれ以上に期する所があったようだ。彼は七月のひと月をシェイクスピアやスタール夫人の作品を読みかえすなどして「叙説」の執筆に全力を投入した。

授賞式の後、ミシュレは「叙説」を出版するために、夏休みの残りの期間をその推敲に費す。妻ポーリーヌと娘アデールは静養のためにパリ郊外ナジャンにある療養施設に行ってしまった。彼はパリの家でひとり残って原稿に筆を加える。ひとつのテーマが見つかり、それについて書き始めると没頭してしまい、体力の限界を忘れてしまうのが若い頃のミシュレの特徴だった。遠くランヴェ〔アルデンヌ県の町で、ミシュレの母の出身地〕に住む従姉のセレスティーヌ・ルフェーヴルは、ポーリーヌに次のように書いている（八月九日）。「彼〔ミシュレ〕は絶え間なく働き、少しも休みをとらないとのことですが、私の見る所、それは間違っています。彼が名声と財産を高め殖やそうとするのはよいことですが、自分の健康をそこなうことには注意すべきです。健康は名声や財産と同じくらい貴重なものですから」。

こうして『近代史年表』と『科学の単一性についての叙説』の著者となったミシュレは、師とあおぐクーザンの指示に従い、ロワイエ＝コラール、シスモンディ、ギゾー、コンスタンといった大家たちに彼の小冊子を献呈した。以下はミシュレによって書かれた献辞である。

ロワイエ＝コラール（九月一六日）――「哲学的思想の再興者」「歴史教育の創始者」。

シスモンディ（九月一六日）――「歴史研究をフランスで飛躍させたのは貴方です。貴方は書物だけではなく、それ以上に人間をお作りになった。……貴方は若い歴史家たちの世代の父なのです」。

ギゾー（一〇月）――「おそらく貴方はわたくしの『年表』のある部分に貴方の著書と同じ精

神を見出すことでしょう」。

コンスタン（一〇月二五日）――「貴方に対するわたくしの恩義ははるか以前に始まっています。わたくしは貴方を常にわたくしの個人的な恩人……、わたくしに考えることを教えてくれた哲学者、癒しの真理を不朽の文体によって永遠のものにする作家とみなしてきました」。

まもなく彼らから礼状が送られてきた。とりわけシスモンディの手紙は理解と好意に満ちたものだった（九月二六日）。「クーザン氏の友人で、フランスの最も栄えあるコレージュの歴史学教授は、台頭してくる若い世代に対する大いなる期待を私に与えるものです。この期待はあなたの『叙説』を読むことによって確固たるものとなりました」。「あなたの仲間たちが皆あなたのように、若い人たちに向けて以下のことを教えてくれればよいと思います。すなわち、自身の本性の最も尊厳なるもの、もともと自分の中にあったものの中に、つまり自らの意志の行使の中に捜し求めるように、と」（傍点は筆者。この部分はまさしくミシュレの「叙説」の本質的な部分であり、ミシュレがヴィーコの著作から学びとり、彼自身の言葉で表現しなおしたものだが、シスモンディはそれを的確に理解したのだった）。

コンスタンもまた丁重な手紙をよこし、出版したばかりの彼の著書（『宗教論』第二巻）をミシュレに贈呈して彼を感激させた。

その他、大学の教師や知識人、そしてコレージュの同僚たちからも礼状が送られてきたが、一風変わった返礼は、ランヴェの従姉セレスティーヌ・ルフェーヴルからのものだ（一〇月一五日）。

セレスティーヌ（一七九六―一八四〇）はミシュレの母アンジェリーク・コンスタンス・ミレー（一七六一―一八一五）の姉にあたるジャンヌ・エリザベート（一七五四―一八二二）の娘だが、ジャンヌ・エリザベートはジャン＝ニコラ・ルフェーヴルと結婚し、セレスティーヌを産んだ。ルフェーヴルはのちにランヴェの町長となる。ミシュレは『私の青年時代』の中で父方と母方の性格の違いについて触れ、前者を情熱的、後者を理性的と評しているが、ミレー家の知的水準はかなり高かったようで、一族からは聖職者、教師、医師になった者もいた。ミシュレが『民衆』（一八四六）の中でキネに語ったような貧しい農民というイメージはかなりの誇張だったと思われる（従って、ランヴェにおける『民衆』の評判はすこぶる悪かった）。以下に紹介するセレスティーヌの「批評」は無知な農民のリアリズムを代弁したものなどではなく、むしろ反対に、ミシュレの仕事を理解し、彼の才能を高く評価するが故に、彼の現在の境遇（コレージュの教師）がそれにふさわしくないと感ずる親族の情愛から発したものと言うべきだろう。

「〔本を送ってくださった〕あなたにお礼を言い、その著書について思索と文章の良い所だけを誉めるのが慣礼だということは知っています。けれども私には、古い決まり文句を若がえらせるような才機はないので、むしろあなたの作品の批評を述べようと思います」

「この作品の中には、高邁で、明確で、哲学的な理念が、またそれを簡潔に、しかも明晰に表現する巧みな技法が、そして題材と完全に適合した気品のある文体が見られます。一体誰が、コレージュの埃の中からそうしたものが立ち現れてくると予期したでしょうか」
「おそらくあの人たち〔コレージュの埃、つまり生徒たち〕が哲学、理性、優雅さなどを受け容れることなど絶対にないと思います。アルデンヌ県のリセの生徒主事ならば、声をそろえて次のように言うでしょう。聴衆のレベルに合わせるか、さもなくば別の聴衆を選ぶべきだ、と。私ならば後者をとります」

「叙説」の中にミシュレの思索の深さと表現の才を読みとったセレスティーヌは、身内ならではの皮肉と愛情の混ざり合った語りの中で、敬愛する従弟の学者としてのスタートを祝ったのだった。

③「科学の単一性」における歴史と哲学の役割

「科学の単一性についての叙説」は、もともとコレージュの授賞式のスピーチであり、コレージュにおける教育の理念と方法について一教師が抱負を述べるというものだったが、ミシュレはそれに留まらず、諸科学が人類の同一性という共通の理念の下で相互に結び付き、補い合うべきだという主張を行なっている。中でも歴史学は――それが単なる「事実の科学」に留まらず、「歴史の哲学」と結合するならば――人間の本性がどこにあるかを人間自身に目ざめさせ、未来を切り開くことを可能にさせるとミシュレは言う。「叙説」はまだまだ歴史の理論と言えるようなものではないが、彼が歴史学を「新しい学」の中心にすえたことは明確であり、歴史家としてのミシュレはこの「叙説」からスタートしたとみなすことができる。

全体は五つの部分——①科学の単一性　②人類の同一性　③諸科学の特徴とそれらの関係　④人間はその意志において自由であること　⑤知の共同体——から構成されている（①〜⑤の見出しは筆者によるもの）。

①科学の単一性

ミシュレは生徒たちに向かって冒頭から次のように語りかける。

「諸君の年頃では……、細部に目が向いてしまい、全体を捉えることができません。学校で学ぶすべてのことが、孤立していて互いに無関係なものであるように見えても当然です。しかしながら、枝葉だけを見て互いに無関係だと思い、それぞれの科学が他の科学を照らし出し、豊かにするものであることを理解しないならば、科学はその生命力を失うことになります」

「諸君、本当の所は、科学はひとつなのです」

②人類の同一性

なぜ「科学はひとつ」なのかと言えば、人類がその本質において同一のものであるからだとミシュレは説明する。だが諸民族が互いに憎みあい、戦争を繰り返してきたことはクーザンの「歴史哲学について」（一八二三）の中でも再三言及されていた。歴史が単なる「事実の科学」にすぎないならば、「同一性」ではなく「個別性」や「異質性」こそが人類史の特徴だと言えなくもない。しかしミシュレによれば、それは「細部」であり、「枝葉」なのだ。

「人間は孤立し完結した存在ではなく、人類と呼ばれる集合的な存在の一部なのです」

「個人は一瞬のあいだ姿を現し、共通の思想と一体化し、それを作り変え、そして死にます。けれども種族は死なず、個人というはかない存在が産み出す永遠の果実を収穫するのです。……かくして諸世代は消え、諸民族は滅びますが、共通の思想は存在し続けます。それは常に同一であり、常により大きく、無数の異なった形をとりながらも常にひとつであり、それが人類の同一性を作り出しているのです」

③諸科学の特徴とそれらの関係

教育者としてのミシュレは、ここで抽象的議論から一気に具体的なカリキュラムの問題に降りていく。彼によれば、生徒はまず「言語」の学習から始め、「幾世紀にわたって人類が残した遺産」を学ぶべきだという。次に「歴史」と「文学」、そして最後に「物理学」「数学」「哲学」が来る。しかし、諸学の間をとり結ぶ役割は「歴史」に与えられている。

「歴史」と「言語」の関わりについては、ミシュレは古代ギリシア・ローマの言語と文学の重要性を強調して次のように述べる。「青年たちが、ギリシア人やローマ人のような若い民族の文明を学ぶのは当然ではないでしょうか。わたしたちは彼らを古代人と呼んでいますが、彼らは反対にすべてにおいて新しく、まさに人類の幼年時代を形成していたのです」。

「歴史」と「文学」――あるいは「記憶」と「想像力」――の関係についても、すでにヴィーコの『古代イタリア人の知恵』を読んでいたミシュレは、両者を結合する。「歴史の研究をむなしい観照に終わらせてはなりません。若者が生気のない古代の埃を嘆賞しながら老いていくようなことがあってはならないのです」。「実際、雄弁術においては、わたしたちがこれまで別々に鍛錬してきた諸能力、すなわち、記憶力、判断力、想像力が一体のものとして発展させられていたのです」。

「歴史」と「哲学」の関係は、一応クーザンの定義に従って、前者は「細部」と「個別」の学問、後者は「普遍化」と「体系化」の学問だと特徴づけられるが、実際には分離されるものではなく、哲学による普遍化は「個別」の中においてこそなされなければならない。つまり歴史をいかに生きるか、ということが哲学の課題なのだ。[16]

④人間はその意志において自由である。

「哲学は人間に、もともと自分の中にあったものの中に人間の尊厳性を捜し求めるべきだと教えています。もともと自分の中にあったものとは何か。それは自らの意志の正しい行使です。個人的なものと思われている感覚、知識、天分ですら、その秀れた独自性は大部分が偶然の産物であるにすぎません。しかしながら、わたしたちの意志においてこそ、わたしたちは自由であり、本当の自分自身でありうるのです」

スピーチの終わり近くになって、ミシュレはついにその結論に達したかのようだ。だが演説はそこでは終わらなかった。

⑤知の共同体

ミシュレの言う「自由」とはいわゆる近代リベラリズム的な意味での個人主義ではない。ミシュレにとって自由とは、「個人」が自らの意志で自らを理想的なものへ高めていこうとする志の高さを意味しているが、彼は一八三〇年代の『フランス史』ではそれをキリスト教に求め、一八四〇年代の『革命史』ではそれを「民衆」に見出すことだろう。一八二〇年代のミシュレは、ポーレ、クーザン、あるいはキネとの交わりの中で知識人としての自覚を身に付けつつあった。それ故、彼は友人や師に助けられて現在の自分があるという想いを教師の言葉に移し換え、より若い世代に訴えかけようとする。

「若者は、他者との関係を見失うならば、自分自身のことも不完全にしか知ることができません。……〔しかし〕年齢も国も異なり、意見や利害が対立しているように見えながら、労働と努力の共同体の中で固く結び付いているような自分とよく似た人間たちを、若者は無数の存在の中から見つけ出し、同じ目的に向かって歩き出すのです」

第3章　『世界史序説』から『フランス史』へ

一八二八―一八三一

ヴィーコの『新しい学』*La Scienza Nuova* のフランス語訳を『歴史哲学原理』*Le Principe de la philosophie d'histoire*（一八二七）と題して出版したミシュレは、確実に歴史家としての道を歩み始めていた。この年の二月には、エコール・ノルマル（当時の名称では École préparatoire）の哲学と歴史の講師 maître de conférences となり、教材ではあるが「近代史概要」（第一部）を一一月に出版している。哲学と歴史の間で揺れ動いていたとはいうものの、その後の著作は歴史へ向かって突き進んでいく。一八三一年には『世界史序説』と『ローマ史』（二巻）を著し、一八三三年には『フランス史』の刊行が始まる。

この章で主として取り扱うのは一八二八年のドイツ旅行、そして七月革命の翌年に出版された『世界史序説』（一八三一）をめぐる様々なエピソードである。それは『フランス史』全六巻（一八三三—四四）への序走とも言うべき時期だが、ミシュレはその時、ヴィーコの「哲学」を消化して、ひとりの「歴史家」へと成長していく。

史料として用いられているのは「往復書簡」（一八二八—三八）である。(1)

1　キネとドイツ

様々なタイプの人間たちとの交信の中で、質量ともに圧倒しているのはキネとの往復書簡である。キネは一八二七年にはハイデルベルクに留学し、それがミシュレのドイツ旅行を引き出す誘因のひとつとなるのだが、一八三〇年代の著作のいくつか――『ルター回想録』(一八三五)、『フランス法の起源』(一八三七)――もまたこうしたドイツ体験を下地にして書かれている。[2]

ハイデルベルクに移り住んだキネがミシュレに送った手紙(一八二七年五月七日、n°. 303)は次のような言葉で始まっている。「ヴィーコは全く届いていない。ストラスブールに着いていることは分かっているが、ドイツに来る途中で紛失してしまったにちがいない」。この時期、書簡はともかく、書物の輸送はまだ不確実だったらしく、一八三〇年代にミシュレがゲッティンゲンのグリム(兄のヤーコプ)に送った『フランス史』も途中で行方不明になってミシュレを慌てさせた。それはともかく、パリからハイデルベルクに移ったキネはドイツの静かさを強調している。フランスではすべてが刺激的だが、ここではすべてが心を穏やかにしてくれる。「観想者が望みうる限り最も孤独で、最も美しい世界の中に、今の僕はいる」。

ハイデルベルク大学の教授の中でキネがまっさきにその名を挙げたのは「師であるとともに友人でもあり、最も頻繁に会っている人物」、すなわちクロイツァーである。[3]

クロイツァーの著書はギニョーによって翻訳されているが、キネはギニョーがクロイツァーにあてた手紙を通してミシュレがエコール・ノルマルの教授になったことを知る(ミシュレが辞令を受けたのは二月)。ミシュレとしては、まだ職を得ていないキネ(ただしミシュレより五歳若い)に遠慮があったのかもしれない。気を遣いすぎるミシュレに対してキネは率直に抗議をしている。「僕があなたに話すように、心を開いて話して下さい」。

手紙は共通の友人であるポーレ、そして共通の師であるクーザンへ言及したあと、「ヘルダーの第三巻をじきに送ります」という言葉で結ばれている。ミシュレがヴィーコの『新しい学』を翻訳したように、キネもまたヘルダーの『人類の歴史哲学についての理念』を翻訳していた。

ところで二人の友人の対話は、tu ではなく vous で語られている。ポワンソあるいはポーレとの間では tu だった。親しさという点ではこの二人に勝るとも劣るとは思えないキネとの間で、ミシュレはなぜ vous で押し通したのだろうか。それほど親しいとも思えないエコール・ノルマルの同僚との間でも往復書簡は tu で語られている。ミシュレとキネとの間の年齢差（五歳）がその理由になるのだろうか。

それはともかくとして、情熱的で行動的な年少のキネを前にした時、ミシュレは冷静で思慮深い兄の役割を演じていたように見える。ロマンチックな感性の持主と一般には思われているミシュレとは別の顔が現れる（一八二七年五月二七日、n°. 308.）。「あなたの若さと才能とは二つの病気です……。冷静さを保ち、もっと自制して下さい。学問の利益のためにも、あなたは単に雄弁な作家であることに留まっていてはならず、ヴィーコやヘルダーの遺産を新たな真理によって豊かなものにするように期待されているのです。そのためには冷静さと辛抱づよい研究が必要です」。

王政復古の反動に批判的なキネに対して、ミシュレはかなり穏健な立場をとり、政治よりは教育に目を向けるべきだと答える。「フランスの現状はあなたにとってあまりにもひどいもののようですが、それはあなたが政治の動きしかそこに見ないからです。……私は将来大いに影響をもつ職業につくことになる数多くの若者たちを見てきましたが、彼らが寛大な思想を熱心に受容するのに魅せられています」。

一八二八年七月二一日のキネあての書簡（n° 413）の中で、ミシュレはドイツ訪問の計画を告知する。研究対象は「一六世紀の偉大な革命」（宗教改革）に置かれている。それを理解するためには、二つのことが必要になる。すなわち「ゲルマン民族の古い国民性を知ること」と「中世における宗教思想の系譜を把握すること」。そのためには「ドイツの最も古い文化遺産」と「ドイツ人学者の最新の研究」を見なければならないが、「ここには何もない」。従って「現地に行き、沢山の本に目を通し、購入すべき本を正確に見極めなければならないし、さらに学者たちの口から簡潔な説明を聞く必要がある」。そのためにはドイツの大学に行かねばならない。キネがいるからハイデルベルクがいいと思うが、中世史について良い教授がいるだろうか、教えて欲しい。この他にも、ドイツ語の会話力を身に付けたいのだが、そのためには都会よりはどこかの村にこもる方がいいのかもしれない。けれども、二つの計画を実行するには「五週間の旅行では不可能だろう」。

ドイツ旅行は八月一六日に始まった。八月一七日にはフランス東部の町ナンシーに着き、ハイデルベルクに達したのは八月二〇日である。はじめての外国旅行においてミシュレが乗り越えなければならなかったのは、ドイツ語という壁だけではなく、家族との別れによって生じる孤独感と故郷パリへのノスタルジーだった。

ナンシーから家族にあてて送った最初の手紙（n° 425）は、八月一七日月曜日の朝七時に書かれている。「僕の悲しみと後悔をあなた方にどう伝えたものだろう。……道すがら多くの子供たちを見たのだが、年格好が僕たちの子供と似ていたせいもあり、皆可愛らしく見えた。昨日はとくに日曜日だったので……、散歩道には家族が連れ立って歩いていた。幸せそうな彼らを見た僕は悲しくて家に戻りたいような気持になってしまった」。

ミシュレは家族の一人ひとり――親愛なるパパ、やさしいポーリーヌ、おりこうなアデール――に別れを述べたのち、「僕がハイデルベルクに滞在することは、ポーレ以外、大学関係者に言ってはいけない」と注意している（その理由については次節で述べる）。

八月二〇日、ハイデルベルクに着いたミシュレはキネ及びハイデルベルク大学教授クロイツァーの出迎えを受けた。旧友キネとの再会は当然のことながら喜ばしく、クロイツァーも威厳に満ちながらとても親切だった。だが宿屋に戻って一人になった時、旅の孤独感が襲ってくる。月光に照らし出された夜のハイデルベルクは「巨大な山」と「廃墟になった城」のはざまで眠っているようだった。「もし僕が家にとってどうしても必要だと思うのなら、すぐにでもそう言ってくれ。四日以内にはパリに戻るから」（n° 426）。

パリに置いてきた妻に対する思いやりも幾分かはあるだろうが、はじめて見るドイツの「自然」はミシュレにとって異質なものだったようだ。頭ではドイツの「文化」を敬愛しているつもりでも、三〇歳のミシュレは生まれながらのパリジャンであり、「荒城の月」をめでる心境にはまだ達していなかった。「ハイデルベルクを見下している巨大な山」はミシュレを圧迫し続ける。

八月二三日「僕は胸が締め付けられ、不安になってくる」(n° 429)。

八月二四日「アデール〔ミシュレの長女〕と同じ年頃の子供に会った」「〔短期の〕滞在は言語の習得にとって何の役にも立たない」(n° 430)。

八月二八日「僕が君にとってどうしても必要なら、ボンには立ち寄らずに、ゲッティンゲンからすぐに戻ってもいい」(n° 432)。

九月一日「ゲッティンゲンに行く計画はあきらめる」(n° 436)。

同じ日に書かれたポーレあての手紙の中で、ミシュレは彼のドイツ旅行を次のように説明している。「ドイツに行くにあたっては三つの目的があった。それは言語、思想、本の購入だ。言語については、思いわずらう必要はなかった。ここでは誰もがフランス語を知っているし、話せる。……思想についてはハイデルベルクは期待はずれだ。中世史を専攻しているのはシュロッサーだけで、彼も〔ヴァカンスに〕出てしまっていた。……僕にとって有益なのは書物だけだ」(n° 438)。ミシュレにとって不運だったのは、ドイツの大学がすでにヴァカンスに入っていたことで、ハイデルベルクのシュロッサーだけでなく、ボン大学のニーブールにも会うことはできなかった。

要するに、ハイデルベルクには二週間、フランクフルトとマインツには本を買うために各一日、最後はボンで一週間を過ごした。『ミシュレとドイツ』の中でケーギはこの旅行について次のように言っている。「それは疑いもなく、愉しみよりは労苦に満ちたものであった。……ミシュレの学者ドイツ語は会話においては頼りにならないことがはっきりしたし、しかも初めて彼は身みずから圧倒的な現実を、すなわち、異なる生活様式と慣習をそなえた異邦の国民というものを体験したのである」(4)。

それでもパリに戻ったミシュレはキネに次のような手紙を送っている(一〇月の後半、n°.452)。「私はもう一度、あなたとハイデルベルクを見たいと思います。私はそこに私自身の何かを残してきました。それは、青春と詩の最後の思い出です。……音楽を聴き詩を読んで、そこに何かしら高貴で詩的なものを感じる時にはいつでも、私はあなたを、そしてあなたと共に訪れた場所を想い出すのです」。

一一月二二日付のキネの書簡はヤーコプ・グリムの最新の著作『ドイツ法古事誌』についての情報をもたらす(n°.468)。「それはとても評判になっているが、ここ〔ハイデルベルグ〕ではそれを持っている者は一人もいない」。

グリムにあててミシュレの最初の手紙が書かれるのは翌年の一八二九年六月二一日のことだが(n°.503)、二人の間で往復書簡がひんぱんに交わされるようになるのは一八三六年以降のことなので、この交わりに触れるのは別の機会にゆずることにしよう(5)。

2　七月革命

ドイツから戻ったミシュレには朗報が待っていた（少なくとも世俗的な意味においては、きわめて喜ばしい知らせであったにちがいない）。ミシュレは、フランス国王シャルル一〇世の孫にあたるベリー公爵令嬢ルイーズ＝マリー＝テレーズ（当時九歳）の家庭教師に任命されたのだ（ギゾーの推薦による）。

とはいえ学者として歴史家の道を歩むか、それとも哲学を選ぶかでミシュレは依然として迷い続けていたようで、一八二九年九月の段階——エコール・ノルマルにおける担当科目の選択——では哲学を希望している。だが、一一月に始まった講義はローマ史に関するものだった（一八三〇年三月のイタリア旅行は古代ローマ史の調査のためである）。しかしながら、学校当局はこの年の一〇月になってミシュレに中世と近代の歴史を講義するように要請する。哲学から歴史へ、古代史から中世・近代史への転換は必ずしもミシュレ個人の関心だけから生じたものではなかったようだ。

若い歴史家の歩みは、内面における思索だけではなく、彼をとりまく社会的環境の変化によっても左右された。最大のインパクトは一八三〇年の七月革命の影響である。

「パリで起こった出来事の知らせは当地にも届いていますが、青天の霹靂です。驚きの上に、あなたやあなたの家族に対する極度の不安が重なります。私の手紙を受け取ったなら、私たち

図 10　ベリー公爵夫人と子供たち

手を引かれているのが娘のルイーズ＝マリー＝テレーズ

を安心させるために一言でもよいですから手紙を下さい」

（セレスティーヌ・ルフェーヴルからミシュレへ、一八三〇年七月三〇日、n° 603）

ブルボン朝の言論統制に対するジャーナリストの反抗（七月二六日）によって口火を切られた体制批判は、市民・労働者・学生による武装闘争に発展した（七月二七日―二九日の「栄光の三日」）が、銀行家ラフィットを中心とする自由主義政治家によって臨時政府が組織され、七月三〇日にはブルボン支配の終焉が宣言された。八月九日にはルイ＝フィリップが即位し、七月王政が発足する。従姉セレスティーヌの不安は杞憂に終わる。なぜならミシュレは、七月革命によって恩恵をこうむった幸運な人々のグループに属することになるのだから。

八月一〇日、ミシュレはストラスブールにいるキネに手紙を送る（n° 607）。「いますぐ〔パリに〕来なければいけない。ポストの分配が始まっている。それはあっというまに持っていかれてしまうかもしれない。遅れずにやってくるなら、あなたのポストは容易に見つかるはずだ。あなたの友人たちは権力を握っている。内務大臣にはギゾーが、公教育大臣にはヴィルマンか、ヴァリスメニルか、クーザンがなるだろう。とにかく急ぎたまえ」。

同じ日に、ミシュレはもう一通の手紙をギゾー夫人にしたためる。今度は自分自身のポストを得るために。「わたくしの友人の〔アマデ・〕ティエリがオート＝ソーヌ県の知事になるという噂を聞きました。わたくしにも願いがあります。もしギゾー氏が〔ソルボンヌの〕代講を弟子の一人に任せるとしたら、わたくしに白羽の矢を立てるだろうと思います。あるいはアンヴァリッド〔の図書館長の職〕を与えてくれるのではないでしょうか」。「わたくしの心に浮かんだ想像を申し上げました。それらをあまりにも滑稽だとお思いになるようでしたら、わたくしの無作法をお許し下さい。そしてこの手紙を火に投じて下さいまし」。「ギゾー氏の推薦によって得た地位を〔革命によって〕わたくしが失ったことは御存知のはずです」（n° 609）。

ミシュレが失った地位とは、ベリー公爵の娘で、国王シャルル一〇世の孫にあたるルイーズ＝マリー＝テレーズの家庭教師のことである。それは名誉だけではなく、多額の報酬をもたらすものだった。(6)

テュイルリー宮のポストはもとはと言えばギゾーの推薦に負うものだった。話は革命前に戻るが、家庭教師の選定はミシュレがドイツを旅行していた一八二八年の八―九月に行なわれていた。旅先から妻のポーリーヌに手紙を送っていたミシュレが、その冒頭に「大学関係者に見せないこと」という注意書きを添えていたのは、どうもこのことと関係があるらしく思われる。あこがれのドイツに向かいながらも、ミシュレはパリで進行する人事にも注意を払っていたのだ。このあたりの事情はミシュレの父親ジャン・フュルシがミレー家の人々に送った手紙の中で説明されている。「ジュールがのんびりとドイツの大学を訪問している間、パリでは彼の友人たちが彼の昇進のために奔走していた。ベリー公爵夫人は皇女の歴史学教授の選定にあたってギゾー氏の意見を求め……、ギゾー氏はジュールを指名した」(7)。

ミシュレの保護者たちはいまや権力の中枢にあったので、七月革命によってミシュレが失った地位以上のものを彼に返すことができた。九月には国王ルイ＝フィリップの第五子にあたるクレマンティーヌの家庭教師、そして一〇月には王立文書館の歴史部長に任命される。

ギゾー、ヴィルマン、クーザンとの関係をフルに利用したミシュレがこのようによい地位を得たのにくらべて、キネの就職活動はなかなか実を結ばなかった。フランスを離れていたこと、アグレガシオン(教授資格)を持たなかったこと、そして彼の書いたものが保守的な人の好みに合わないものであったことなど、理由はあれこれ考えられるが、とにかくキネはバスに乗りおくれた一人だった。母にあてた手紙の中でキネはかつての恩師や友人について不満をもらすようになる。

ギゾーについて――『グローブ』の論説と賛辞が大臣には気に入らなかったようです。『グローブ』の野党的立場を非難する言葉、そしてギゾー夫人のひきつった唇が彼らの卑小さをあらわにしていました」（一一月二日）[8]。

ミシュレについて――「ミシュレはいまや純理派 doctrinaire になってしまいました。彼は無気力で、もはや前に進もうとしません。驚くべきことですが、思想においてこの上なく親密であった関係も革命によって破壊されてしまいました」（一二月一一日）[9]。

ミシュレはキネが言うように「無気力」だったのだろうか。そんなことはない。それどころか七月革命がふくらませた「社会的上昇」の夢に彼もまた取りつかれていたように私には思われる。彼はもはや「心の友」との純粋な――しかし狭い――交わりの中に閉じこもっていた二〇歳の若者ではない。妻や子供を養わなければならない家長としての責任感もあったろう。だがそれ以上に、ヴィーコの翻訳出版以来、学者としての才能に自信を得た若き俊英がよりよい仕事場を求めたのは自然である。彼はキネが求め、得られなかったエコール・ノルマルのポストにすら満足してはいない。三二歳のミシュレはすでにコレージュ・ド・フランスの教授を目ざしている[10]。

一八三〇年一二月九日、公教育大臣ジョゼフ・メリルウにあててミシュレは書簡を送ったが、それにはいくつかの下書きが残されている（n°s 652, 653, 654, 667)。「大臣閣下、御厚情に甘えましてお願い申し上げたき儀がございます。すなわち、ドーヌー氏の辞任により空席になりましたる歴史と道徳の教授職に小生を指名していただきたいのです」。

ドーヌー（一七六一―一八四〇）はかつて国民公会の議員として公教育に関する法令（一七九五）に

もその名を残した政治家だが、一八一九年から一八三〇年までコレージュ・ド・フランスの教授だった。このほか書簡集には一八三〇年一一月に書かれたと思われる宛先不明の手紙二通（n°s 658, 659）が収録されているが、相手はおそらくコレージュ・ド・フランスの関係者であり、手紙の目的は選考への支援であったろう。まだ会ったこともない実力者に向かって、ミシュレは自身の経歴を精いっぱいアピールする。「面識もございませんのに、お手紙を差し上げる無礼をお許し下さい。御厚情を賜るのに先立ちまして、まずはわたくしの経歴について申し上げる必要があろうかと存じます。どうしてもわたくし自身について申し述べねばなりませんが、どうかお許しいただきたく存じます。わたくしの一生にとりまして事態はそれほどまでに重大なものなのでございます」。

八方に手を回したが甲斐もなく、ミシュレは選考にもれた（一八三一年六月一四日には、ルトロンヌが歴史学の教授に選ばれている）。だがコレージュ・ド・フランスの舞台裏にこれ以上深入りすることは慎むことにしよう。ただひとつ、裏工作の指南役をつとめたかに思われるオルレアン家のドイツ語教師アイヒホフ **Eichhoff** がその手紙（一八三一年五月二六日、n°. 726）の中で、「あなたの著書をコレージュ・ド・フランスに送るように」と指示していることに注目したい。

著書というのはおそらく、この年の四月に刊行されたばかりの『世界史序説』であろう（『ローマ史』二巻の刊行は七月を待たねばならない）。短期間に書き上げたものではあったが、若きミシュレがその学問と生活の両方をかけた作品の評価について見ていくことにしよう。

3 『世界史序説』――自由と宿命の戦い

最も早い反応は友人ポーレによってもたらされている。ミシュレは『序説』の原稿を彼に送り、（とりわけドイツ哲学の部分について）意見を求めていた。これに対してポーレは、一八三一年二月か三月に書かれたと思われる返事（n°.689）の中で次のようにコメントしている。「ヘーゲルの哲学について述べている所で、彼が歴史を化石化している〔身動きできなくさせてしまう〕という非難は当たっていないように思う」。

問題の箇所はミシュレが世界史の流れを追って近代ヨーロッパに辿り着き、その地理的中央に位置するドイツ――「ヨーロッパのインド」――を論じた所に見出される。「そして一八一四年は、眠りへと、おそらくは不安な眠りへと到達する。……もし北方がヘーゲルによって、その状態から脱したとしても、それは人間的自由の聖なる隠れ家を侵犯するためであり、歴史を身動きできなくさせてしまうためなのだ」〔傍点は筆者〕[11]。

『世界史序説』は四月はじめに刊行され、ミシュレは各方面にこれを送っているのだが、近くにいるポーレの返事が一番早い（四月一八日、n°.702）。ポーレの批判は、『序説』冒頭のあの明快なシェーマ――自由と宿命の戦い――に関わるものである。「君の本は始めから終わりまで、歴史における宿命に対する君の否定的見解についての強力な反駁であるように思われる。……個人の精神的自由については僕も君と同じ考えだ。けれども種（l'espèce）に関して言うなら、歴史は宿命によって定められた進化の道を辿っているように見える」。要するに、人間は個人としては自由だが、種（民族）としては目に見えない法則に支配されているとポーレは考える。「こうした宿命的な発展が存在しないなら、歴史はもはや詩か物語でしかないように思われる」。

サント＝ブーヴのとまどいも「自由と宿命の戦い」についてのミシュレの明快すぎる歴史観から来ていたようだ（一八三一年五月一日、n° 707）。「様々な民族の特性についてあなたが述べておられることは、論証も緻密になされているので、いちいちもっともなことだと納得できます。……以上のことを認めた上でなお、自由と宿命の戦いという考えにあなたが与えておられる意味の広がりについて不満がないわけではありません。実際のところ、それはあらゆる歴史哲学の謎を解く暗号なのでしょうか。仮にそうだとしても、歴史哲学はこうした一般的な表現で説明されることに満足しているのでしょうか」。

だがサント＝ブーヴに「文句」を付けられることは著者にとっては名誉なことだ。ミシュレとジャーナリズムとの関わりが一八三〇年の革命を境にして深まっていたことがこの手紙からも分かる。七月革命がフランスにおけるジャーナリズムの発展に拍車をかけていたし、ミシュレ自身も三〇歳を越えて知的生産の上昇期に入っていた。ミシュレの歴史学はフランス・ジャーナリズムの発展と軌を一つにしていたのだ。

『アヴニール』*l'Avenir* の書評欄（五月一日）が『世界史序説』とその著者の紹介を行なっている。

記事は匿名だったが、書き手はミシュレの友人のエクスタイン男爵 baron d' Eckstein で、ミシュレは男爵が「序説」だけでなく、刊行まぢかい『ローマ史』にも言及してくれたことに礼を述べ、『ローマ史』二巻を送ると約束している（五月、n° 708）。

五月のはじめ、『ル・ジュルナル・デ・デバ』*Le Journal des Débats* の記者デジレ・ニザールから手紙が寄せられる（彼はサント＝バルブ校におけるミシュレの教え子でもあった）。ニザールは『序説』について一段組の紹介文を書くつもりでいたところ、編集部は長い書評を書くようにと言ってきた、二、三日中には掲載されるだろう、という内容である[12]。

五月一六日にはオルレアン家のドイツ語教授アイヒホフから手紙が来る。彼はまずミシュレがその著作の中で彼の名前を引用してくれたことに礼を述べたあとで、次のように書いている。「サン＝クルーからパリへ戻る途中、乗合馬車の中でコレージュ・ド・フランスのある教授に出会いました。彼はあなたをとても高く評価しています。あなたの『世界史序説』が話題となり、一冊献呈してもらえるなら、明日にでも『ル・コンスティテュシオネル』*Le Constitutionnel* に書評を書くのだがと言っていました」。アイヒホフはその教授の言葉として次のように付け加えている。「コレージュ・ド・フランスにおける歴史学教授職の可能性が全くなくなったわけではありません」。

書評を書いてもいいと言ったコレージュ・ド・フランスの教授が誰なのかは分からない。八月三日の『ル・コンスティテュシオネル』にはデュロゾワールによる書評が掲載されているが、彼はソルボンヌの教授である[13]。

自由を原則とする社会では、学問もまた競争原理の下に置かれることは自明のことなのかもしれないが、七月王政下の歴史学もまたこの原則から無縁ではなかった。三〇歳のミシュレは、様々なネットワークを通じて自己をアピールすることにもはや恥じらいを感じることはなかったようだ。「〔世間の〕人間との接触」より、「狭い所でひっそりと自分だけを見つめている」ことを望んでいた青年時代をミシュレは過去のものとして捨て去り、今は将来の成功に向けてはばたき始めたのである（第2章参照）。

とはいえ、ミシュレの前に開かれていたのは立身出世への道だけではなかった。ポワンソはたしかに死んでしまったけれど、お世辞抜きで話のできるポーレやキネのような友人がいた。そして若いミシュレを師とあおぐ更に若い学生たちがいた。エコール・ノルマルを卒業した教え子たちは地方のコレージュで哲学や歴史の教師になっていたが、パリで活躍するミシュレは地方で暮らす彼らにとっての誇りであり、精神的な支えでもあった。五月二一日にはブザンソンのバック（n° 720）、五月二二日はルーアンのシェリュエル（n° 721）から手紙が来る。ミシュレはこうした若い世代にも彼の著作を送っていたのだ。(14)

そして五月二三日にはジュネーヴに住む歴史家シスモンディから、例によって心のこもった手紙が届いた（n° 722）。ミシュレがはじめて彼に送った小冊子「科学の単一性についての序説」（一八二五）以来、シスモンディはミシュレにとって常に良き理解者だった。シスモンディが共感を示したのは、ミシュレがヴィーコから引き出した歴史における「自由」の観念だったが、それは「自身の本性の最も尊厳なるものを、もともと自分の中にあったものの中に、つまり自らの意志の行使の中に捜し求める」ことだった（第2章）。

フランス革命を体験した歴史家として、シスモンディは「自由」が個人の領域に限定されるものだとは考えなかった。もしそうだとするならば、ミシュレの友人である哲学者ポーレが手紙（nº 702）の中で語ったように、「種」（民族）の歴史は「宿命」（決定論）に支配されてしまう。シスモンディはポーレとは反対の方向においてミシュレを批判する。「あなたが〔自由の発展をたどった〕この序説をお書きになっている間も、フランスがイタリアの専制政治を黙認するだけでなく、ロシアがポーランドを介して文明世界に新たなペストを持ち込み、何百万という市民を殺戮するのを許していることに、あなたは何の考慮もしておられません。……わたくしのような老人には《フランスの自由》を再び見る機会はおそらく来ないでしょう。……けれどもあなた方は若いのですから、《世界の自由に関心を持ち、どんなに遠い国の人々であってもその不幸に思い悩むという、フランス国民のあの高貴な社会的本能》が再び甦ってくるのを見ることができるでしょう」。

「自由」は個人の私生活や内面に限られることなく、社会的な広がりを持たねばならず、歴史はそのような意識を持った人間の集合体によって作り変えられていかねばならない。これがシスモンディの希望であり、《自由と宿命の戦い》にこめたミシュレの思いなのである。

最後に、かつての師であるクーザンの評価を見ておこう。ただし、直接ではなく、ポーレを介した間接話法による評価である（一八三一年五月か六月と推測される手紙、nº 733）。「クーザンに会ったばかりだけれど、君の『序説』については〔僕と〕ほぼ同様の非難をしていた。意見をたずねたら、彼が言うには、とても満足している、けれども抒情的すぎる、いつもこの調子だ、想像力と感受性が度を越している、ということだった。……全体として、彼の好意をあてにできないと君が考えているのはもっともだ。刊行予定の『ローマ史』については次のように言っていた。今度はまじめにやってもらいたい、と」。

反体制から権力の側に移ったクーザンは、その表面的な栄光にもかかわらず、若者たちの支持を失い始めていた。二月革命（一八四八）が七月革命（一八三〇）を追い越したように、キネやミシュレの世代は、クーザンやギゾーの世代をまもなく追い抜いていくのだ。

第4章　『フランス史』の誕生　一八三三

ミシュレは『フランス史』（中世と近代）全一七巻を執筆するのに三〇年以上の年月を費やした（一八三三―一八六七）。ただし中世史に関する六巻（一八三三―一八四四）と近代史（ルネサンスから絶対王政まで）に関する一一巻（一八五五―一八六七）との間には一〇年あまりの空白期間がある。ミシュレはこの時期、左翼的な知識人の一人として政治にコミットし、歴史家としては『フランス革命史』全七巻（一八四七―一八五三）を書き上げた。青年ミシュレによって書かれた『中世史』は、後年にはミシュレ自身によって批判され、書き換えられることになるのだが、『革命史』以前のミシュレにとって「中世」の魅力とは何だったのだろうか。ミシュレはなぜ、あとになってから「中世」への態度を改めることになったのだろうか。そしてミシュレはもはや「中世」に戻ることはなかったのだろうか。

こうした問いのすべてに今ここで答えることはできないとしても、本章以下ではこのような問題関心の下に『フランス史』を読んでいくことにしたい。まずはじめに取り上げるのは一八三三年一二月に同時出版された『フランス史』第一巻と第二巻である。全体から見ればほんの一部にすぎないけれど、われわれはこの時期のミシュレについては『書簡集』を通してその公私両面の生活をすでに検討している（第3章）。ここでは、作品そのものに目を向けることにより、ミシュレにとっての中世の意味を考えてみることにしたいが、加えて同時代人によるミシュレ評価（というよりはむしろ批判）にも触れておく（補遺）。

1　『フランス史』における中世の位置

『フランス史』第一巻と第二巻の構成は以下のようになっている。

第一巻

第一篇　ケルト人、イベリア、ローマ人

第一章　ケルト人とイベリア人

第二章　ローマ征服以前のガリアの状態、ドルイド教、カエサル

第三章　帝政下のガリア

第四章　土着種族と外来種族の影響

第二篇　ゲルマン人

第一章　ゲルマン人の世界、メロヴィング朝

第二章　カロリング朝

第三章　カロリング帝国の解体

第二巻

第三篇　フランスの景観（タブロー・ド・ラ・フランス）

第四篇

第一章　紀元一〇〇〇年、フランスの国王とフランス人の教皇
第二章　グレゴリウス七世
第三章　十字軍
第四章　コミューン、アベラール
第五章　フランス国王〔ルイ七世〕とイギリス国王〔ヘンリー二世〕
第六章　イノケンティウス三世
第七章　ジョン〔イギリス国王〕の破滅、アルビジョワ戦争
第八章　ルイ九世〔フランス国王〕
第九章　中世における芸術の原理としてのキリストの受難

『フランス史』のすべての章について言及するのは煩雑であろうから、通史的な部分は省略し、ミシュレの中世観が鮮やかに示されている部分のみを取り上げ、考察を加えることにしたい。その第一は、第一篇第四章における「種族」をめぐる議論である。それは「ガリア人とフランク人」に関する論争とも関わってくる。第二は第三篇「フランスの景観」だが、ここでは中央集権化と国民統合に関するミシュレ独自の歴史観が表明されている。第三は、第四篇の最終章「中世における芸術の原理としてのキリストの受難」におけるミシュレのキリスト教観で、後年ミシュレはこの章を本篇から外した上に、大幅な改定をほどこしている。初版（一八三三）と改訂版（一八六一）とを比較しながら、ミシュレの中世観の変化についても考察してみたい。(1)

テキストの分析にはいる前に、ミシュレにおける中世観の変遷について、J・ル・ゴフがミシュレ全集に興味深い解説を載せているので紹介しておこう。(2) ル・ゴフによれば、ミシュレには三つ、もしくは四つの中世が存在したという。それは下記のようになる。

（1）美わしき中世　一八三三―一八四四『フランス史』六巻
（2）暗い中世　一八五五『ルネサンス』『宗教改革』
（3）もう一つの中世　一八六二『魔女』
（4）幼年期としての中世　晩年の遺稿

（1）美わしき中世とはすなわちポジティヴな中世である。ヴィーコの歴史哲学から出発したミシュレは、歴史を「宿命」に対する「自由」の闘争として捉えていた（『世界史序説』一八三一）。中世はたしかに野蛮な時代ではあったけれども、人間は自らの意志により自然的・物質的な条件を克服して文明へ到達しようとしていた。従ってミシュレにおける中世史の主役は、蛮族でも国王でもなく、蛮族を改宗し、俗界の権力をも支配しようとしたキリスト教会なのである。

（2）だがあとになってミシュレは「中世」を否定する（『ルネサンス』序文、一八五五）。もっとも中世からの離脱は『イエズス会』（一八四三）を刊行した頃から始まっており、「民衆」の子を自覚したミシュレ（一八四六）はまもなく「革命」の歴史家に変貌していくのであるから、『フランス史』（一八三三―一八四四）の継続は不可能だったとも言える。二月革命（一八四八）の挫折によって政治の世界から距離を置くようになったミシュレは、再び歴史家として『フランス史』を書き始めるのだが、その時の彼の心を捉えていたのは「ルネサンス」だった。光り輝く近代を前にして、「中世」は暗い影の中で遠ざかっていくほかはない(3)。

（3）だが、『ルネサンス』と同時並行的に書き進められた『鳥』（一八五六）が、「自然」に対して、これまでとは違った見方をミシュレに教えることになる（自然史のスタート）。『魔女』（一八六二）は、歴史と自然に対するミシュレのまなざしの一大転換を物語る記念碑的な作品だが、『世界史序説』（一八三一）におけるシェーマ――精神と物質の闘争――はそこでは完全に反転する。キリスト教の中世を否定し続けながら、魔女による身体の革命をミシュレは肯定する。中世は裏返しにされた上でミシュレによって肯定されるのだ。

（4）ところでル・ゴフは第四の中世として、幼年期もしくは青年期への回帰を指摘している。具体的にどのテキストを差しているのか（おそらくは最晩年の未刊原稿「雄々しい心」）明確には言えないが、『魔女』によって、ある意味では中世も近代もひとまとめに葬り去ってしまったミシュレは「始源」に戻らざるをえなかったのかもしれない。その意味において、青年期に構想された『フランス史』は、一度は否定されながらも、晩年のミシュレにとって常に新しさを失わない作品だったのかもしれない。

『中世史』におけるもう一方の主役は「民衆」である。それはある時は「野蛮人」として、またある時は「子供」や「女性」の姿で登場する。中世の人間は野蛮人であり、子供あるいは若者であり、要するに自然に近く生命力にあふれた生きものだった。だが「民衆」あるいは「自然」に対するミシュレの態度はアンビヴァレントである。『世界史序説』のシェーマに従うなら、「自然」は「人間」にとって敵であり、「物質」や「宿命」と並んで打倒すべき対象でなければならなかった。[4]にもかかわらず、『世界史序説』の中で「ヨーロッパのインド」と呼んだドイツの自然に若きミシュレは魅せられていた。グリムの民俗学に触発されて、ミシュレは『フランス法の起源』（一八三七）を著すことになるが、「野蛮人」への共感は『民衆』（一八四六）においては明快な立場表明となって現れる。「野蛮人、結構、私はこの言葉が好きだ」。「民衆」は十字軍（『フランス史』第二巻）やジャックリー（第三巻）にもその雄姿を現し、更にジャンヌ・ダルクにおいては女性の姿をまとってフランスを救う（第五巻）。

民衆あるいは野蛮人への偏愛について、ル・ゴフは晩年のミシュレに次のように語らせている。「動物とか無学な人々、未開人、文盲といった単純素朴な人やものたちの魂が一つにまとまりあわさる様は（…）幼年期の一語に要約される」。「さらにその上に（…）民衆の思考が私の心に重なってくるのが感じられた。それだからこそ私はこの歴史〔中世史〕をたどりなおしてみようと思ったのである」。[5]

2 人種論争——ケルト人とフランス人

『フランス史』第一巻の前半(第一篇「ケルト人、イベリア人、ローマ人」)はゲルマン人による征服以前のガリアに当てられている。ケルト人(ガリア人)についてのミシュレの叙述が現在の研究水準から見て妥当であるか否かについては、専門家ではない私には判断ができないが、ここでの目的はケルト人それ自体ではなく、一九世紀の歴史家であるミシュレが、時代の文脈の中でケルト人とフランス人とのつながりをどう捉えていたかを問うことにある。その意味では第一篇第四章「土着種族と外来諸種族の影響」が考察の主たる対象となる。

テキストに入る前に、現代の歴史家ポミアンが「フランク人とガリア人」をめぐる人種論争の歴史を簡潔にまとめているので、まず要点を整理しておくことにしよう(6)。

ポミアンによれば、一八世紀になってフランス人の祖先がフランク人かガリア人かという論争が始まったが、それは歴史学的な関心ばかりではなく、貴族支配の正当性に関わる政治的・イデオロギー的な論争でもあった。

貴族の特権を擁護するブーランヴィリエ伯 Boulanvilliers(一六五八—一七二二)は『フランス古代政治史』(*Histoire de l'ancien gouvernement de la France*, 1727)において、フランク人によるガリア征服という歴史的背景を根拠にして貴族支配の正当性を主張した。つまり、現在(一八世紀)の貴族はフランク人の子孫であり、フランク人は自由人であって国王の臣下ではない。他方、第三身分は征服されたガリア人の子孫であるから、従属民であり、国王の臣民である、と。これに対してデュボス師 Jean-Baptiste Dubos（一六七〇―一七四二）は、『ガリア諸地域におけるフランス王政樹立に関する批判的歴史』（*Histoire critique de l'établissement de la monarchie française dans les Gaules*, 3 vol., 1734）において王権の優越性を認めて次のように主張した。すなわち、フランク人によるガリアの支配は平和的なもので、「征服」ではなかった。またフランク王国は封建体制をとる前に王政だった。従って「国民」を構成する三身分（聖職者、貴族、平民）は王政の下において団結していた、と。

論争は、フランス革命を経てブルボン復古王政下に再燃する。その口火を切ったのがティエリ兄弟である。(7)

「われわれは第三身分の息子である。第三身分は自治都市から出てきた。自治都市は農奴の避難所だった。農奴はフランク人に征服された人々〔ガリア人〕だった」（Augustin Thierry, 1834）。つまり、征服されたガリア人→農奴→自治都市の市民→第三身分→一九世紀の市民階級という歴史的系譜が描かれた。ティエリの説は、ガリア人がフランク人によって征服され、従属民となったとする点において は、一八世紀のブーランヴィリエ伯と同じ事実認識の上に立っている。しかし、兄であるオーギュスタン・ティエリの政治的立場は明らかに第三身分の側にあり、第三身分はフランス革命という「階級闘争」によって立場を逆転させたのだ。

弟のアマデ・ティエリによる『ガリア人の歴史』（三巻）は一八二八年に出版され、フランス人の民族的アイデンティティに対するロマンティックな空想をかきたてた。ポミアンによれば、この著書は「ガリア人の表象の古典」であり、「国民史の最古期に関する証明書」である。ティエリによれば、フランス人が二〇人いればその一九人がガリア人の子孫であり、フランス人は同一の「種族」に属し、同じ気質を有するという。ただし、それは精神的な類型であって、身体的な類型ではなかったから、一九世紀末に台頭する疑似科学的な人種論にくらべるなら、はるかにロマンティックで牧歌的ですらある。ガリア人は「表裏がなく、血気にはやり、どんなことにも感じやすい精神を持ち、すぐれて知的であった。しかし、反面、極端に変わりやすく……」という具合だ。

ティエリ兄弟によって提唱されたフランス人のガリア起源説はその後の歴史的状況の下でナショナリズム的色彩を濃くしていく。普仏戦争（一八七〇）の敗北がフランス人の間に反ゲルマン的な感情を高め、その反動としてガリア人（ケルト人）に対する国民的一体感を醸成させたのだった。カミーユ・ジュリアン Camille Jullien（一八五九―一九三三）の大著『ガリアの歴史』（*Histoire de la Gaule*, 8 vol., 1908-1926）は、その意味でも第一次世界大戦前後における国民的イデオロギーの産物であったと言える。ガリア人の歴史はローマ人に対するガリア人の「国民的闘争」であり、カエサルと戦ったウェルキンゲトリクスは統一ガリアの記憶と夢を代表していた。

フランスの国民的アイデンティティと結びついたガリア人イメージは、第三共和政（一八七〇―一九四〇）においてはまだ文化的なもので、ナチスのイデオロギーのように生物学の装いを纏ってはいなかった。けれども、ドイツ占領下に誕生したヴィシー政府においては、ナショナリズムは「血の紐帯」という人種主義的な相貌をはっきりと呈するようになる。

以上のように、一八世紀から二〇世紀に至るまで、ガリア人のイメージを歴史家の言説の中に辿ってきたが、ポミアンはミシュレをどのように位置づけているのだろうか。彼が使用したテキストのひとつは、一八六九年に書かれた『フランス史』序文である。(8) そこにおいて、ミシュレはティエリ兄弟の考え方を「種族の永遠性についての偏狭で、教条主義的な見地」だと批判している。つまり、「種族」とはいつまでも変わらずに始源の純粋性を保つものではなく、他の種族と混血し、変化していくものだ。歴史的にはガリア人の中に、ギリシア、ローマ、ゲルマン的要素が加わることによってフランス人が形成されてきた。こうした見方は『フランス史』第一巻（一八三三）にもすでに明瞭に現れており、ミシュレは「わが祖国が次第に変容をとげていく、この作用、こうした連続的変化こそ、フランス史の主題である」と言っている。(9)

心情的にはケルトだが、理性の名においてローマの征服を容認する点においては、ティエリやジュリアンとは異なる立場をミシュレはとっていた。その意味ではミシュレを「愛国的民族主義者」に分類することはできない。ともあれ、われわれはここでポミアンから離れ、ミシュレ自身の声をじかに聞いていくことにしよう。

『フランス史』第一巻は二篇構成だが、第一篇「ケルト人、イベリア人、ローマ人」の最終章において、ミシュレは「人種」（races）の問題に対する彼の歴史観を要約している（第四章「要約――土着種族と外来種族の影響」）。彼はまず次のような問いから始める。「ガリアの地に定着した諸民族は、この地の原初的な性質にどの程度まで変化をもたらしたか」。「これらの種族は全体の形成にどこまで貢献したか。この共同体の中で各種族の占める位置はどのようなものであるか」。次に、ミシュレは対立する二つの見方を紹介する。

（1）外部の影響を否定し、フランスの土着的性格のみを認める排他的な見方。

（2）外部の影響を重視し、フランス人を半ばゲルマン人、半ばローマ人とみなす征服説。

ミシュレの立場は（1）でも（2）でもなく、その中間にある。「フランス人はもはやガリアの先住民であるケルト人のままではないが、かといってフランス人の性質は外からやってきたローマ人やゲルマン人の性質と同じではない」。フランス人は「諸種族の集積」（l'accumulation des races）から生まれたのだ。

基底となる種族はケルト人である。ガリアの周縁から流入してきた諸種族がそれに加わる。南からは、ピレネー地方のイベリア人、沿岸地方に植民都市を築いたフェニキア人、そしてサラセン人やユダヤ人。北からはブルトン人とウェールズ人の祖先であるキムリス人、ガリア人とゲルマン人の混血であるベルガエ人、そしてウェールズ人。更にガリアの外からやって来た諸種族がそこに文化的な変容をもたらす。すなわちローマ人（あるいはガロ＝ローマ人）が弁論術と法律学を、ギリシア人が哲学的思考を伝授し、ゲルマン人はキリスト教会の保護者となる。

かくして「フランス人」を作るための材料はそろった。では次には何が必要か。『世界史序説』のシェーマを想い起こそう。物質には精神が伴わなくてはならない。環境（宿命）を作り変えていく人間の意志（自由）がここで問題となる。

「これだけのことを述べたからといって、フランスについて述べたことになるのだろうか。（…）全体を構成する要素が与えられたとしても、全体が与えられたわけではない。存在そのものに関わる特殊な生の神秘がひそんでいる。（…）国民のような生きて行動する複合体、自らに働きかけ、自らを変えていくことのできる複合体が問題である時、このことは更に一層考慮されねばならない。わが祖国が次第に変容をとげていくこの作用、こうした連続的変化こそ、フランス史の主題なのである」

「けれども、これらの諸要素〔ケルト人、ローマ人、ギリシア人、ゲルマン人〕を統合し、融解し、変成し、（…）そこからひとつの身体を作り出し、わがフランスを作り出したのは誰か。それはフランス自身なのだ。内的作用、つまり必然と自由の入り混じったあの神秘的な出産によって、フランスは自らそれを行なったのだ(10)」

ミシュレは『フランス史』第二巻の冒頭（第三篇「フランスの景観」）において、視点を歴史から地理に切り換え、「フランス化作用」についての持論を展開することになる。節を改めて検討していくことにしよう。

3　「フランスの景観」――歴史と地理

「われわれの歴史における真の出発点は、自然に由来する物理的な区分に基づいて形成されたフランスの政治的区分でなければならない。歴史はまずもって地理である。各地方の性格を把握することなくして、封建時代（…）を語ることはできない[11]」

精神と物質の二項図式は、ここでは歴史と地理の関係に置き換えられる。歴史はフランス（国民）によって代表され、地理（種族）は地方と結びつく。前者は自由の領域であり、後者は宿命の世界である。ミシュレ独特の二項図式を以下に確認しておこう。

人間	自然	
精神	物質	『世界史序説』
自由	宿命	
←	←	
歴史	地理	
フランス（国民）	地方（種族）	「フランスの景観」
中心	周縁	

『フランス史』第一巻の後半（第二篇）でメロヴィング朝とカロリング朝を通史的に叙述したミシュレは、カペー朝（第二巻第四篇）に進む前に一度その歩みを止め、共時的な視点からフランスを一望しようとする。だが、なぜ「フランスの地理」でなければならなかったのか。

ミシュレ研究の第一人者P・ヴィアラネによれば、ミシュレは一八三一年頃から『フランス史』の準備を開始し、友人であったエドワード博士（民族学学会の創立者）やエリ・ド・ボーモン（地質学者）に助言を求めている。(12) またこの年八月にはブルターニュを、翌一八三二年九月にはフランドルを、一八三三年七月にはランスを訪れている。

「フランスの景観」はミシュレにとって自信作だったらしく、この章を書いたことによって彼は地理学者としての自覚も持つようになった。『フランス史』二巻を出版して一年あまり後のことだが、空白になったソルボンヌの地理学教授の候補者となったミシュレは、ギゾーに向けて次のような書簡を送っている（一八三五年三月九日）。「わたくしの二度目の訪問の目的は、地理学の教授職のために貴方の支援をお願いすることでした。わたくしは地理学を歴史学の基礎（少なくともその出発点における基礎）とした当代唯一の歴史家であると自負しております。わたくしは、このような考え方の下に、わたくしの『ローマ史』を、とりわけ『フランス史』を構想しました。わたくしの「フランスの地理的景観」（第二巻の第一章）は厳しいことで知られている専門家たちからも評価されました。中でも地質学の教授、エリ・ド・ボーモン氏の名を挙げることができます(13)」。

地理学者としてのミシュレについては、ヴィダル・ド・ラ・ブラーシュは特に触れてはいないが、L・フェーヴルはその重要性を強調して次のように述べている。(14)

ギゾー Guizot にあってもティエリにあっても地理学に何らかの席が与えられていないのに反して、彼〔ミシュレ〕はあの有名な『フランスの国土』*Tableau de la France* の巻頭に、力強く、「歴史とはまず第一に地理的なものである」と宣言した。そして一八六九年の見事な『序言』*Préface* においては彼の全労作を顧みながら次のように断言している。すなわち「地理的な土台なしには、歴史の主導者である民族が、あたかも土というものの描かれていない中国の絵画におけるように、空中を歩いているように見える。しかもこの土台というのが、ただ単に活動の舞台であるだけでないことを注意されたい。食餌、気候、その他を介して、それはおびただしく幾通りにも影響を持つ。(…)この国土にして、この人あり、である」と。

(飯塚浩二訳、上巻、三七―三八頁)

L・フェーヴルにとって意味があると思えたのは、地理が歴史の「土台」だと言っていることだけではない。大地は「単に劇場の動かない平土間や造りつけの板敷きのようなものではない」。地理もまた人種と同様に歴史の中で変化していく。物質的なものと精神的なものとが不可分であるように、地理と歴史は不可分である。ミシュレのいう「全体性」は、フェーヴルの「全体史」(histoire totale）に受け継がれていく。

ただし、精神と物質、あるいは人間と自然のバランスがミシュレにおいても時期によって微妙に変動していることは、第一節で見たとおりである。精神分析学者ミッツマンの解釈に従えば、前半期のミシュレにおいては精神と人間が物質と自然を圧迫していたが、後半期において自然（女性）は精神の桎梏から解放された、という。[15] だがル・ゴフの指摘する所によれば、物質や自然（民衆・女性）への関心は初期の『フランス史』二巻（一八三三）においてもすでに顕著であり、このような中世観は一時否定されたものの、晩年に至って復活する。[16] ミッツマンの図式は『世界史序説』の役割を重視しすぎたためで、ル・ゴフのように『フランス史』六巻（一八三三—一八四四）をつぶさに読んでいくなら、図式どおりではないことが分かる。

「フランスの景観」Tableau de la Franceが、歴史学に地理的思考を導入したものとしてL・フェーヴルから高い評価を得たことは上に述べたとおりだが、この章は『フランス史』からピックアップされて単行本としても出版され、版を重ねてきた。「ジャンヌ・ダルク」と並んで、「フランスの景観」は『フランス史』の中で最もよく知られた部分であり、「国民的」な書物と言ってもよいだろう。それ故にまた、ナショナリスト的傾向を感じ取る読者も少なくはない。たしかに「地方」の描写から始めたミシュレは、最後にパリに至って「中央集権化」のメリットを謳い上げる。一瞥する限りでは、時代おくれの近代国家礼讃としか思われない主張がなされているかのようだ。それでは「フランスの景観」は、地方生活を知らないパリの知識人による空想の産物にすぎないのだろうか。

だが、ミシュレは旅する歴史家でもあった。一八二八年のドイツ旅行を皮切りに、彼はイタリアやイギリスなどの外国へも積極的に出て行った。国内の調査は毎年のように続けられた。ナポレオン三世によって公職を追放されてからは、死ぬまで旅人だった（一八五二―一八七四）。これから述べるブルターニュについても、ミシュレは事前に足を運んで実地見分を行なっている。地方への関心はきわめて高かったと言わねばならない。

ミシュレによる「フランス巡礼」はブルターニュから始まる。ブルターニュがケルト人の故郷であることもその理由のひとつだが、中世以降のフランス史がイギリスとの対抗の歴史だったため、ミシュレの目が北に惹き付けられていたこととも関係がある。「巡礼」はフランスの北西部から始まり、時計の針とは反対回りに、西部からピレネー、ラングドッグ、プロヴァンスへと南下したあと、ドーフィネを経てアルザス、ロレーヌへと北上し、途中リヨネー、ブルゴーニュ、シャンパーニュに迂回したのち、北部のノルマンディー、ピカルディーに達することでフランス全土を一巡する。あとは「中心」であるパリと「中央集権化」の意義を考察することで「フランスの景観」は締め括られることとなる。

各地方の描写は文字通り地理的景観から歴史や習俗に至るまで多岐に渡っているが、本章ではブルターニュ、ラングドック・プロヴァンス、アルザス・ロレーヌの三地方にしぼって見ていきたい。その理由のひとつは、この三地方が『フランス史』第一巻でミシュレが取り上げた主要な「種族」――ケルト人、ガロ＝ローマ人、ゲルマン人――と関わりが深く、ミシュレの叙述にも熱がこもっているように感じられるからだ。

「王政の長女であるケルト人の地方こそ最初に見ていくに値する」(17)

(1) ブルターニュ

この地方は「われわれの国(pays)とは異なる外国(étranger)」である。「原初的な状態にあまりにも忠実」であり、「ほとんどフランス的ではなく、むしろガリア的」である。けれども、ブルターニュはフランスが危機に瀕していた時には一度ならずフランスを救った(百年戦争時のデュ・ゲクラン、一三二〇頃―一三八〇)。またブルターニュは頑強なる抵抗と反対の拠点である(ナポレオンに反対したモロー将軍)と同時に、哲学的には幾多の自由思想家を輩出した(ペラギウス、アベラール、デカルト、デュクロ、モーペルテュイ、ラ・メトリ、そして自由思想家の系譜からは外れるものの、反逆的な思想の持ち主であったシャトーブリアンとラムネー)。

後に『フランス革命史』を書くことになるミシュレは、この地方に広まったヴァンデの反乱について触れることも忘れない。反乱を有利にしたボカージュと呼ばれる森林地帯、そして聖職者の影響力。「ブルターニュにおいては、アイルランドと同様、カトリシスムは民族性(nationalité)の象徴として人々にとって貴重なものだった」。貴族の数は多く、貧乏で農民との距離も近かった。彼らはクラン(氏族)を形成し、一種の社会的平等が存在していた。

(2) 南部――ラングドックとプロヴァンス

ローマの影響を最も色濃く残しているフランスの南部は共和主義の拠点であり、政治的自由と社会的平等への傾向が強い。

ラングドックは政治的には自由主義だが、宗教的には篤信を通り越して狂信的ですらある。革命期に平野部のジロンド県出身の議員(ジロンド派)がリベラリストであったのに対して、山岳地帯のラングドックでは過激なジャコバン派(山岳派)に加わる議員が多かった(シェニエ弟、ファーブル・デグランティーヌ)。強烈な批判精神はピエール・ベールに代表される(ボルドーのモンテーニュやモンテスキューとの比較)。

プロヴァンスは自由よりも平等、連帯、そして祭りの国として描かれる。「プロヴァンスはあらゆる民族(peuples)に宿を提供する。あらゆる人々がアヴィニョンの歌を歌い、踊りを踊った。あらゆる人々がローヌ河の渡し場、フランス南部の街道の大いなる四辻で立ち停まった」[18]。プロヴァンスは祭りの国である(タラスコンの怪獣、カマルグの闘牛、サラセン人のダンス、ブラヴァードの銃声、ファランドールの踊り……)。平等の精神はギリシア・ローマの都市制度の遺産だが、祭り好きの気風の中にはある種の官能主義がひそんでおり、それはガッサンディ(一五九二―一六五五)の感覚論を経てダルジャンス侯(一七〇四―七一)の無神論、そして雄牛の首を持ったミラボーの傲慢無礼(magnifique insolence)へと連なる。

（3）ロレーヌとアルザス

「そこはわれわれ〔フランス〕と帝国〔ドイツ〕との間の境界（border）だ。そこにはドイツに対する自然の障壁など全く存在しない」

「フランス語はロレーヌで停止する。私はそれより先には進まないことにする。山を越えて、アルザスを見ることは差し控えよう。ゲルマン的世界は私にとっては危険なのだ。そこには祖国を忘れさせる恐るべきロートスの木があるから[19]」

「ロートスの木」とは、ギリシア神話に出てくる憂い忘れの樹で、この実を食べたオデュッセウスの部下たちは故国を忘れたという。アルザスを語らなかったミシュレは、沈黙の中に、ドイツの自然に対する彼の尽きせぬ想いをこめていた[20]。

最後に「中央集権化」についての議論を聞かねばならない。

フランスを一周したミシュレはゴールであるパリ――中心の中の中心――に辿り着く。ところでパリは何故に「中心」なのか。ミシュレによれば、それは地理的中心ではなく、政治的な中心である。パリについて語ることは王政について語ることだ。だが、王政の歴史とはフランスの歴史であって、パリの地方的な歴史ではない。パリにおいては「土着的」「個別的」な性格は重要ではない。「普遍的」(général) なものがそこでは支配している。ではパリはいかにして普遍的になりえたのか。それは「地方的精神」「地方性」の全き否定の結果である。これは一見ネガティヴなものに思われるかもしれないが、そうではない。「このような物質的、地方的、個別的観念の否定から、生ける普遍性、ポジティヴな物、生き生きとした力が生まれる」[21]。

あらゆる「知性」は地方からパリに集まってくる。パリは頭であり、地方は手足である。フランス全体はあたかも人間の身体であるかのようだ、とミシュレは言う(ただし、厳密には「頭」ではなく、「感覚中枢」(sensorium) と言っている)。

イギリスは、スコットランドやアイルランドのような異分子を含んだ巨大な帝国 (empire) であり、ドイツはひとつの種族からなる国 (pays) だが、これらに対してフランスはひとつの人格 (personne) である。

なぜ「人体」(corps) との比較なのか、そして「人格」(personne, personnalité) とはどんな意味を持つのか。そのことを理解してもらうためにはある生理学者の言葉を引用するのが最善だとミシュレは言うのだが、その生理学者デュジェス Antoine-Louis Duges (一七九七―一八三八) は科学アカデミーの会員で、一八三一年一〇月三一日付の雑誌『ル・タン』*Le Temps* に論文を掲載している(『フランス史』初版の注)。デュジェスは一八三二年には『生物の進化階梯における組織の適合について』*Mémoire sur la conformité organique dans l'échelle animale*、一八三八年には『人間と動物の比較生理学』*Traité de physiologie comparée de l'homme et des animaux* を著している。

ミシュレによって引用されたデュジェスの文章は以下のようなものである。「蛭の環節の各々は系統だった諸器官の組織――中枢神経、脈管、消化器、呼吸器、貯精嚢――を有している。それ故、これらの環節のひとつひとつは、互いに切り離されたとしても、しばらくは生きていけることが確認されている。動物の等級が上がるにつれて、環節は互いにより緊密に結合し、万物の個性は一層顕著になってくる。複雑な組織を持つ動物における個性（individualité）とは、諸器官が単に接合されているということではなく、身体の諸部分が共同で享受されていることにある。（…）動物がその等級を昇るにつれ、中央集権化（centralisation）はより完全なものになる[22]」。

デュジェスの動物生理学をミシュレは歴史学に翻訳して次のように言う。「諸国民（nations）もまた動物と同じように分類することができる。数多くの部分の共同の享受、部分相互の連帯、諸機能の相互性、これこそが社会的な優越性である。それはまたフランスの優越性でもある。なぜなら、フランスにおいては、国民的な人格（personnalité nationale）が個人的な人格（personnalité individuelle）に最も近づいているからだ[23]」。

地理と歴史、あるいは地方と中心の関係は、一見した所、前者が後者によって呑み込まれる関係であるかのように見える。だが表面的な整合性にもかかわらず、その内部には幾つかの矛盾が潜んでいる。

（1）まず地方と中心の関係だが、ミシュレはその両方に一種の活力を見出している。「生命力は中心と周縁にある。中間は弱々しい」。「抵抗し戦う力、行動する勇気は周縁に、知性は中心にある」。地方、とりわけブルターニュやラングドックなど、中央から遠く離れた周縁部の描写は具体的で生彩に富んでいる。それに対して中心（パリ）は空白といってよいほど具体性に欠ける。中心は地方性や特殊性の否定であるが故に「普遍的」なのだ。また運動は中心から地方にではなく、地方から中心に向かっている（フランス革命における連盟祭が地方から始まって、その後パリに集結したように）。だがパリには何があったのだろうか。「フランスの景観」にパリについての描写はない。

（2）次に動物の組織あるいは人体（l'organisme）との比較だが、生理学者デュジェスによる比較もしくは比喩をどこまで信じたらよいのだろうか。動物の組織と社会の組織とが本当にパラレルであるとしたら、社会の生成は生物学的な決定論に支配されることになり、自然に対する人間の闘争、あるいは宿命に対する自由の闘争といった『世界史序説』のテーゼは根底からくつがえされてしまう。ミシュレの地理観をフランス啓蒙思想とドイツ哲学（ヘルダー、シェリング）の合流点において見ようとしたポール・プティティエも、人体（l'organisme）から人格（la personnalité）への移行に関しては疑問を呈している。[24] たしかにヘルダーやシェリングの「自然哲学」の中には自然と歴史、生物と人間とをパラレルに捉えようとする傾向があった。だがプティティエによれば、ミシュレは自然の優位に対する警戒感から、ヘルダーとは対極にあるヴィーコの歴史哲学に接近し、そこから歴史を自ら作り出す人間の意志（自由）という思想を導き出したはずである。従って、ミシュレの言う「人格」とは生物学的な身体から類推されるような組織ではなく、むしろフランス革命の人権宣言において確立されるような「法人格」を意味するものでなければならない、とプティティエは言う(25)。

このように「フランスの景観」におけるミシュレの地理と歴史の関係は、自然と人間の間を揺れ動いており、固定的に捉えることは難しい。それに加えて、われわれは「中世」における最大の精神的支柱であったキリスト教会の役割についてまだ何も検討していない。結論はこれを行なったあとで述べることにしよう。

4 ミシュレとキリスト教

ここではミシュレとキリスト教との関わりについて述べることになるが、これは大きなテーマであり、数多くの歴史家によって論じられているので、この章の小さなスペースで論ずべきものではない。だがここであえてこの問題に触れるのは、若いミシュレがキリスト教を封建社会の精神的支柱として、最も重視していたからだ。「物質」に対する「精神」の闘いにおいて、主たる役割を果たしたのは王権ではなく、キリスト教会だった。

ところがミシュレはあとになってから考えを改め、キリスト教会を讃美していた箇所を『フランス史』から削除してしまった(一八五二年版と一八六一年版)。反対にアベラールの自由思想やカタリ派などの異端は高く評価するようになる。その一方で、教会によって禁止された民衆の祭りについての叙述は変更を加えられることもなく保持された。要するに、一八六一年版の『フランス史』は翌一八六二年に刊行される『魔女』の思想に近いものに書き換えられたのだ。

『フランス史』の第一巻と第二巻について、初版（一八三三）から第三版（一八六一）までの三種のテキストを比較したロベール・カザノーヴァによれば、第二版（一八五二）においてはキリスト教を讃美していた部分にかなりの変更が加えられた（第一巻）。更に第三版（一八六一）においては、第二巻の最終章（第四篇第九章）にあたる「中世における芸術の原理としてのキリストの受難」が本篇から注解に回された上に、大幅にカットされた。(26)

三種類のテキストを厳密に比較していけば、そこにミシュレにおけるキリスト教観の変遷を跡づけることができるが、それは容易ならざる作業である。ここでは次の三点を確認するだけに留めたい。

（1）初期のミシュレにあったが、後に否定されたもの（キリスト教会への讃美）。

（2）初期にはなかったが、後になって付け加えられたもの（自由思想と異端の復権）。

（3）初期からあり、後になっても保持されたもの（キリスト教会と権力の癒着、社会の不平等に対する批判、そして民衆の祭りへの共感）。

（2）について今は取り上げない。なぜならこの問題は『イエズス会』（一八四三）以降に顕著となるミシュレの反教権主義までを見すえて論ずる必要があるからだ。一八三〇年代のミシュレを考えるにあたっては（1）と（3）の関係をどう理解するかが鍵となるだろう（考察の対象となるテキストとしては二度目の改訂にあたって最も大きな変更を加えられた第四篇第九章「中世における芸術の原理としてのキリストの受難」を取り上げる）[27]。

どんな部分が削除されたのか。それは以下の三点に要約される。

（1）宗教と教会に対する「私」（ミシュレ）の個人的感情の表白。

（2）教会と民衆が一体であったという歴史認識。

（3）物質に対する精神の過度な介入。

（1）〜（3）に対応する箇所を挙げておこう。

（1）「福音書を読んで困惑し、今でもなお私が涙（mes larmes）を流すのは、（…）聖なる犠牲者〔キリスト〕が次のように言う時である。《わが父、わが父！　われを見捨て給いしや？》」（p. 640）

（2）「この時代は教会にのみ、人間の知性、真の生活、休息があった。教会は民衆そのものだった」（p. 652）

「教会は民衆から人材を登用しており、この時代は民衆と教会は、子供と母親のように、一体だった」（p. 654）

（3）「〔聖堂の〕石が単なる石だと思って、そこに精気も生命も感じない粗野な人々よ！　キリスト教徒であろうとなかろうと、これらの石が支えている徴をあがめ接吻せよ。キリスト受難

の徴、それは精神的自由の勝利の徴なのだ」（p. 660）

「〔大聖堂の建築における〕このような数の科学、神の数学は誰の手になるものか。それは死すべき人間ではなく、神の教会のものだ。（…）教会のみがこのような建築の奇蹟を成し遂げることができた」（p. 679）

次に、削除されずに保持された部分を見ていくことにしよう。それはポジティヴなものとネガティヴなものとに分かれる。

（1）キリストへの信仰、民衆の祭り

（2）キリスト教会と権力との癒着、社会の不平等と不公正

（1）「キリスト自身が、疑うことの苦しみを知っていた（…）。この深淵の中に中世の思想がある。この時代はそのすべてがキリスト教にこめられ、キリスト教はキリストの受難（la passion）にこめられている」（p. 637）

「永遠の神秘は（…）今もなお続いている。そうだ、キリストは今も十字架上にあって、そこから降りることはないだろう。受難は現在も未来も続くのだ」（p. 637）

「愚者の祭り（…）この異教の酒神祭は、官能的快楽への決別の儀式としてキリスト教によっても容認された（…）。聖職者さえもがそこに参加していた。教会で行なわれた舞踏会で

は、恥知らずにも四旬節のいまわしい鯡が供され、聖堂参事会員たちはそこで踊った」(pp. 655-656)

「獣も人間と同様に復権された。救世主の誕生に立ち会い、エルサレムへの凱旋行進においては彼を乗せた、あの忠実な動物「ロバ」がこの陽気な祭り〔ロバの祭り〕でも役目を果す。(…)後になって素朴さは逸脱に変わったので、教会は民衆に沈黙を強制することを余儀なくされた」(pp. 656-657)

(2)「それ〔ランスの大聖堂〕は国王と聖職者の同盟を象徴している」(p. 685)

「この芸術が生みだされた社会はあまりにも不平等で、あまりにも不公正だ(…)。民衆から生まれた教会は、まもなく民衆を恐れるようになり、民衆から遠ざかり、旧敵であった封建制と同盟し、さらに封建制に勝利した王権と同盟した」(pp. 691-692)

「ランスの大聖堂の鐘楼の下には、新税の賦課に反抗したために処罰された一五世紀の市民たちの像が置かれている。これらの晒刑にされた人民の像は教会自身にとって恥ずべき刻印である」(p. 692)

第九章は、中世に対する告別の言葉で締め括られる(だが『フランス史』の執筆は始まったばかりではないのか)。

「中世は人類の期待に応えることができなかった」(p. 692)
「人類はキリストを自らの内に探さねばならなかった」(p. 693)
「民衆は司祭に従いながら、司祭と聖者、神とキリストを区別していた」(p. 693)

キリストは姿を変えて地上に現れる。お人よしのルイ一世（好人物帝または敬虔王、在位八一四―八四〇）から、ルイ九世（聖王、在位一二二六―一二七〇）を経てジャンヌ・ダルク（中世におけるキリストの最後の表象）に至るまで。だが、「完成されざる教会の上からはサタンの不遜なる哄笑が聞こえてくる」(p. 694)。それは中世の死を告知するものだ。「より公正で、より平等で、より崇高な社会が作られるまで、古い世界は去らねばならない。我々が愛していた存在、子供であった我々を育んでくれた存在、父や母のような存在、揺籃の中でやさしく子守り唄を歌ってくれた存在、そうしたものの死に我々は立ち会わねばならない」(p. 694)。

「父や母のような存在……」としての中世は、ル・ゴフの言う第四の中世（幼年期あるいは子宮への回帰）に相応するものかもしれない。中世とは「私」であってもはや「私ではない」もの、「自己」でありながら「他者」たらざるをえない存在である。一八五二年と一八六一年の二度にわたる改訂は、このような愛憎なかばするミシュレの中世観を垣間見させてくれる。

最後に、改訂によって何が削除されたのかをもう一度確認しておこう。その第一はキリスト教に対する「私」のあまりにも個人的な感情の表明だった（「私の涙」「私の魂」「私の父」……）。第二はキリスト教会と民衆との一体感、第三は物質と精神の一体性である。一八五〇年代――おそらくはすでに一八四〇年代の半ばから――のミシュレは、このような中世（キリスト教）との一体感から距離を置こうとしていたけれども、青年期のミシュレにとっては精神こそが歴史の原動力だったのだ。では削除されずに残ったものは何か。その第一はキリストへの信仰――と言うよりはむしろ共感――である。なぜ「共感」なのか？　それはおそらく、キリストもまた父に見捨てられた子供だったからだ（フランスもまたナポレオンに見捨てられた孤児ではなかったか？）。「わが父、わが父！　我を見捨て給いしや？」（p. 640）の一行は削除されたけれども、次の箇所は保持された。「神から見捨てられ、世界の衝撃に対して、たった一人で、自らの力だけに頼って立ち向かうべく余儀なくされるということは、とてつもなく偉大なことだ」（p. 641）。

第二に、「民衆」もまた権力から見捨てられた存在だった。初期のミシュレは教会と民衆を一体のものと見ていたが、後のミシュレは見方を変える。そのきっかけのひとつとなったのはランスの大聖堂において彼が見た「奇妙な光景」――鐘楼に浮き彫りにされた処刑者たちの姿――であろう。教会は王権と同盟し、民衆（反乱を起こした市民）を見捨てたのだ。[28]

親に見捨てられた子供、教会と王権に見捨てられた民衆の頭上にはサタンの哄笑が響き渡る。彼らは愚者とロバが主役をつとめる、あの異教の祭りへと帰っていくのだろうか。聖王ルイの涙がサタンの笑い声に変わる時、人間は自然へと戻っていくほかはないのだろうか。

図 11　四旬節とカーニヴァルの争い（ブリューゲル）

「男たち，女たち，子どもたちが，だれものがれられない輪舞（ロンド）や渦巻となって，クリスマス（画面奥）からカーニヴァル（画面左）へ，カーニヴァルから四旬節の祭（画面右）へと，引きずり回されていく。（中略）この画像は宇宙全体の画像なのだ。空間に時間，金持ちに貧乏人，無秩序（画面左）に秩序と規律（画面右），すべてが公共の広場に集められ，広場は世界の巨大なメタファーとなる。」（『女のイマージュ』より）

〈補遺〉歴史は芸術か？――『フランス史』一巻、二巻に対する批評

ミシュレの歴史は科学ではなく文学（芸術、詩）だという批判は同時代から常に付きまとっていた。ミシュレはそのような見方に対して常に反論を試みているのだが、歴史か文学か、科学か芸術かという二分法ではなく、ミシュレの歴史を科学的な試みと認めた上で、その「文体」を論ずることも可能ではないかと私は考えている。H・ホワイト(29)の議論はいささか大雑把にすぎるとしても、L・ルフォール(30)のような文学研究者によるテキストの緻密な分析には傾聴すべき所が多々あるように思われる。

一八三三年一二月に同時刊行された『フランス史』の第一巻と第二巻は知人・友人そしてジャーナリズムに関わる批評家たちへも送られた。まずはじめにジャーナリズムにおける批評を検討したのちに、知人・友人たちの感想を書簡を通して見ていくことにする(31)。

図 12　新聞の閲覧

新聞を読むことは，パリの市民にとって重要な日課だった。ただし年間の購読料は高かったから，彼らはカフェや私設の図書館を利用した。パレ・ロワイヤルやテュイルリー公園には《出張所》が設けられた。

(1) 批評家たちの意見

第3章において、学術研究に対するジャーナリズムの影響について触れておいたが、「世論」を動かす力を持ち始めた新聞・雑誌というメディアにおける反応にミシュレは決して無関心ではなかった。

書評の書き手は、ミシュレの弟子、あるいは友人のような交際のあった者もいれば、地方在住の知識人で全く面識の無い者もあり、一様ではないが、反応は大きく二つに分かれる。

1　『フランス史』に好意を持ちつつも、ロマンチックな想像力が過剰で、歴史（科学）よりは詩（芸術）に近いとする意見。

2　ドイツ流の歴史哲学の悪しき影響を

そこに見てとり、合理主義的な図式化を批評する立場。

両者に共通しているのは、歴史的事実を主観を交えずに叙述したとされるオーギュスタン・ティエリを最良の歴史家とみなしている点であろうか。以下両グループの中から幾人かの意見を紹介しよう。

①ラトゥール(『ル・ジュルナル・デ・デバ』*Le Journal des Débats* 一八三四年一月一三日)

ラトゥール(Antoine Tenant de Latour 1808-1881)はエコール・ノルマルにおけるミシュレの教え子。コレージュ(ブルボン、アンリ四世)の教師をしながら詩を書いていたが、一八三二年からは国王ルイ=フィリップの息子モンパンシエ公爵の家庭教師となっていた。『ル・ジュルナル・デ・デバ』に掲載された書評には「ミシュレの歴史研究の素描」という題が付けられている。(32)

ラトゥールは、ヴィーコの歴史哲学に触れたあと、その方法が一九世紀フランスにおいてどのように応用されているかを述べる。

「二つの学派が形成され、いまもフランスを二分している。ひとつは哲学的・精神主義的な学派〔ギゾーとミニェ〕であり、もうひとつは唯物論的な傾向をもった絵画的な(pittoresque)学派〔ティエリとバラント〕である。けれども、前者は政治的な枠組に留まっているから、十分に精神主義的とは言えないし、後者もまた、地理を考察しないで人種の永続性を主張するに留まっているから、十分に唯物論的とは言えない。哲学的学派は学識と洞察力に富んでいるが、分析するばかりで叙述しようとしない。絵画的学派は情熱をもって物語るので、そこから先に進むのを忘れている」（［　］は引用者）

二つの学派はそれぞれ長所と短所をかかえている。従って、二つの学派を統合する第三の学派――ヴィーコならば「象徴の歴史学」と呼んだであろう――の誕生が待たれるとラトゥールは言うのだが、それは「哲学的であると同時に絵画的でもある」と述べるだけで、「象徴」が何を意味するのかについて明確な説明はない。

②ニザール（『ル・ナショナル』*Le National*　一八三四年一月）

ニザール（Désiré Nisard 1806-1888）は、ミシュレがパリのサント＝バルブ校の教師だった頃の教え子だが、一八三〇年に『ル・ジュルナル・デ・デバ』の記者となり、その後『ル・ナショナル』にも関わった。一八三四年からはエコール・ノルマルの講師、一八四三年にはコレージュ・ド・フランスの教授（ラテン文学）となる。

ニザールの書評は三回（一月二〇日、一月二四日、一月三一日）にわたって掲載され、第一回はミシュレのひととなりについて、第二～三回はミシュレの思想、方法、文体について触れている[33]。

(i) 孤独な歴史家(一月二〇日)

「世間の人間が眠っている間、彼は徹夜で働いた。夜は資料を整え、昼間は原稿を書いた。時代のスピードに合わせ、用意周到な作家であり続けるためには、まずもって生きる時間を倍にしなければならないと彼は悟った。睡眠時間を徹夜にまわし、一二時間を二四時間にする。巡礼のように立ったままで食事し、杖のかわりにペンを持つ。本の中で生き、他人と議論することを避け、研究者に教えを乞おうとやってくる閑人に門を閉ざす。要するに、思想の世界に時間を捧げるために肉体の世界から身を遠ざけるのだ。(…)彼は訪問者から逃れるためにパリの街はずれに住み、本来の都会生活から距離を置いている。ミシュレ氏は訪問者を受け入れない。彼に会いたいと望む人は、本の中に彼を探すほかはない」

「彼には朋友もなければ、党派もない。自身の中に閉じ籠もり、孤独に生きている」

(ii) ミシュレの歴史(一月二一日)

当時の歴史学における二つの学派については、すでに見たラトゥールと同様であるが、ニザールは第二の学派(ラトゥールのいう〔絵画的学派〕)のティエリを高く評価している。

「ティエリ氏が当代最もよく知られた歴史家であることに異論はあるまい。(…)彼はその名声を、いわゆる人類史なるものの要となされる一般化や普遍化といった主張や説明が招いた不信感から得ている。精神に働きかけるためには、それを前に押し出し、未来を見せてやる必要がある。ところがティエリ氏がすることは人々を現在に落ち着かせ、過去を示すだけだ。彼は我々が今どこにいるかを教えるだけで、未来については口を閉ざしている。実証的な精神の持ち主である彼は（…）事実の人であって予言者ではない」

事実を客観的に叙述する（物語る）のが歴史学のあるべき姿であるとするなら、ミシュレのフランス史はニザールにはどう映ったのだろうか。彼はミシュレが可能な限り史料に依拠して歴史を書いていること、またフランスをその精神と人間の両面から捉えようとつとめていること、そして「フランスの景観」などは全く新しい叙述のスタイルであることなど、いくつかの点を評価しながらも、方法論と文体においてはそれが歴史ではなく、むしろ詩に近いものだと批判する。

「〔ミシュレ氏の意図は〕彼の二冊の本によって明瞭に実現されたであろうか。（…）遺憾ながら、否である。ミシュレ氏には、歴史学が要求する一貫した方法論的精神に逆らうような、作家としての情熱がある。彼の叙述は熱がこもり、脈絡がなくなり、ある所ではどうでもよい事実を積み重ねるかと思えば、他の所では本質的な事実を省いたりする」

「想像力があまりに強すぎる（…）が、方法論がない」

「科学は想像力に席を譲っている」

（iii）ミシュレの文体（一月三一日）

『『フランス史』の全体のトーン（…）それは叙述や議論というよりは一種の歴史の抒情詩である。（…）熱情は詩や論争にはふさわしいかもしれないが、歴史においては疑わしいものだ」
『『フランス史』は全体としてイメージが過剰気味だ。聖堂のオジーブ〔アーチ〕が思考し、翼廊の交差リブが瞑想し、夢想する。熱烈な歴史家はひとつひとつの石に思想を、石工のノミの動きのひとつひとつに情熱を、その切り込みのひとつひとつに苦悩、疑い、喜びを与えようとする」

ラトゥールとニザールはミシュレの歴史が科学であるよりも芸術に近いと批判するのだが、これとは異なり、ミシュレを哲学的歴史学の範疇に加え、その合理的説明に疑問を投げかける批評家もいた。

③エクスタイン（『ルヴュ・ウロペエンヌ』*Revue Européenne* 一八三四年二月―八月）

エクスタイン男爵（baron d'Eckstein 1790-1861）はデンマーク生まれの改宗ユダヤ人で、ブルボン復古王政ではブッシュ＝デュ＝ローヌ県の警察署長を経て外務省に勤務。ジャーナリストとしては『ル・カトリック』*Le Catholique* の創設者として知られる。『宗教論』（一八二六）の書評がもとになって起こったバンジャマン・コンスタンとの「奇妙な決闘」についてはミシュレのメモが残されている。[34] カトリックで、いささか偏屈な学者でもあったエクスタインは歴史家としてのミシュレを高く評価していたようで、辛口ではあるが、実に五回に分けて『フランス史』の書評を書いている。[35] ローマ、ケルト、ゲルマン、そしてフランク王国についての考証的批判は検討に値するものだが、ここでは割愛し、歴史哲学に関する批判（第一回）のみを紹介する。

「ミシュレ氏が歴史の領域にもたらした哲学は、ドイツ人ヘーゲルとその弟子ガンスがそこに応用したものと同じである〔人間と自然、自由と宿命の対立〕。（…）この理論はドイツにおいてはヘーゲル、ガンスらの諸氏が、フランスにおいてはクーザン、ミシュレらの諸氏がそれを定式化した」

「ミシュレ氏はフランス国民の歴史に彼の理論をどのように適用しているか」

「ひとつの統一的理論（système）を持つと、それに事実を当てはめてしまうという危険を犯すことになる。この錬金術はひとが思うほど難しい作業ではない」

「ミシュレ氏は諸民族を、化学者がその分析対象とする物質を扱うように扱っている。（中略）こうした歴史・哲学的な化学を用いて、著者は我々の前に一つの国民を作り上げて見せる」

④フォワッセ（『ルヴュ・ウロペエンヌ』*Revue Européenne* 一八三四年四月）

フォワッセ（Joseph-Théophile Foisset 1800-1873）は、自由主義的カトリックのリーダーの一人とされるラコルデールの友人で、書評執筆時はボーヌの裁判所の判事だったが、文学愛好家でもあり、ディジョンで研究サークルや新聞（*Le Provincial*）などを組織していた。彼の書評は、上に紹介したエクスタイン男爵の書評（第一～二回）に続いて同じ『ルヴュ・ウロペエンヌ』の紙上に掲載された。[36]

フォワッセは、エクスタイン男爵の書評を踏まえ、ミシュレがドイツ流の歴史哲学の悪しき影響下にあることを確認した上で、若いミシュレが歴史的事実について十分な考証を行なっていない、と不満を述べ、さらにその原因として彼の野心と「信仰の欠如」を挙げている。

「わが国民の実証的な精神がまず何よりも拒否するのは、事実に押し付けられた合理主義である（…）。哲学の名において歴史の研究を捨て去り、心理学や生理学の法則からの演繹によって事実を見きわめようとするならば、（…）人々の精神には懐疑主義しか残らないだろう」

「それ故、私は哲学者たらんとする歴史家（historien philosophe）には賛辞を呈するが、歴史家たらんとする哲学者（philosophe historien）は信用しない」

「ミシュレ氏に求められることは何か？（…）それは二つのことだ。すなわち〔学者としての〕栄光をあまりにも性急に求めないこと、そして徹頭徹尾、心の底から、完全にキリスト教徒になることである」

（2）往復書簡から（友人たちの意見）

新聞・雑誌に発表された批評は全体としてはかなり厳しいもので、ミシュレを少なからず落胆させたのではあるが、批評（書評）とはもともとそういうもので、批判されること自体が注目度のあらわれだと考えるなら、ミシュレの『フランス史』が多くのメディアに取り上げられたことは事実なのだから、『フランス史』の出版はまずまずの成功だったと言える。

次に相手を変え、書簡を通して寄せられた友人・知人たちの個人的な意見を見ておくことにしよう。断片的ではあっても、そこには思いがけず本質をつく言及があり、ミシュレのその後の叙述を理解する上での鍵が隠されている。

本を送られた文人・学者の数はかなりのもので、丁重な礼状は『書簡集』に多数収録されているが、ここではそのすべてに言及することはせず（とりわけ相手が著名人であっても儀礼的なものは取り上げず）、印象的なものだけを以下にピックアップする（括弧の中の数字は書簡の通し番号）。

①レヌアール（一八三三年一二月二三日）

レヌアール（François Raynouard 1761-1836）はフランス革命期の立法議会議員（ジロンド派）で、戯曲作家でもあったが、晩年は文献学に専念し、アカデミー・フランセーズの会員となる。レヌアールの手紙に対するミシュレの返事も残っており、文学と歴史の関係についての両者の考え方の違いがよく分かる。

「シャルルマーニュ〔カール大帝〕の甥とされるロランの歴史的実在をあなたは認めていらっしゃるが、このロランの父、母、兄弟は物語の中でしか出て来ません。シャルルマーニュの甥であるということも同様です。(…)歴史的な事実と文学的物語(récits romanesques)との間には境界線が引かれるべき時だと思います」(n° 1014)

ミシュレの返事(一二月二六日)「ロランに関しては、民間伝承を書きとめておかねばならないと思ったのです(民衆の信仰もまた事実なのですから)」(n° 1018 傍点は原文イタリック)

②ニザール(一八三四年一月四―八日)

ニザールはこの年一月に『ル・ナショナル』に掲載を予定されていた書評の中でミシュレの歴史を文学的すぎると批判しているが、この手紙はその言い訳であろうか。

『デバ』〔『ル・ジュルナル・デ・デバ』〕の時と同様ここ〔『ル・ナショナル』〕でも、あなたを賞讃するのに困難を感じています。あなたの詩は好かれていません。私自身は好きですが、ただし限定つきです」(n° 1038)

次に挙げるミシュレの書簡は日付もあて先も不明ではあるが、その内容から一八三四年一月、ニザールにあてたものと推測される。そこでは、歴史と文学の関係についてのミシュレ自身の考えが表明されている。

ミシュレの返事「文学的な形式とディテールとが持つ効果については、私はあまり気にしていません。それは批評家に任せます。本質に関することについては、この時代〔中世〕を扱うどの歴史家にもまして私が限りなくより広い基盤を歴史に与えたことを批評家は認めることになるだろうと考えています。なぜなら、私は政治史を、宗教、芸術、文学、法律（…）の歴史によって絶えず照らし出してきたからです。単に広いだけではなく、より堅固な基盤を与えたとも言う必要があります。なぜなら、私は誰よりも公式の記録（les actes）に目を通しましたし、それらが規則的・連続的に書かれるようになる一三〇〇年以前の時代においては年代記を用いたこともありますが、それらを公式の――印刷もしくは手書きの――記録によって補完したからです」

（n° 1051　傍点は原文イタリック）

③ユゴー（一八三四年一月五日）

「あなたは私を華麗で象徴的な言葉によってあなたの本の一隅に位置づけてくれました。あなたの堂々たる建造物（édifice）の壁に私の名が刻まれたことをうれしく思います。私は「建造

図13　ノートルダム大聖堂（1820年頃）

物」と申しましたが、その理由は、あなたのような文筆家は単に文筆家であるだけではなく、建築家でもあるからです。あなたは何物かを築き上げているのです」（n° 1039）

ミシュレの返事（一月一五日）「私たちはすでに運動の詩〔ラマルティーヌ?〕を知っていますが、あなたはイメージの詩を発見し、イメージに情念を与えたのです」（n° 1045）

天才同士の対話についてコメントするのは容易ではない。事実関係としては、ミシュレが『フランス史』第二巻の最終章（「中世における芸術の原理としてのキリストの受難」）でパリのノートルダム大聖堂を描いた時、ユゴーの小説『ノートルダム・ド・パリ』に言及したのがユゴーの目にとまったということだ。それは次のような文章である。

「しかし或る人がこのモニュメントにライオンの爪で印を刻んだので、これからは誰もそれに触れようとする者はないだろう。それは彼の所有物、彼の領地であり、要するにカジモド〔『ノートルダム・ド・パリ』の主人公〕の譲渡不可能な世襲領地なのだ。彼は古い聖堂のかたわらにその塔と肩を並べるもうひとつの聖堂を打ち建てた(37)」

解釈はミシュレ研究者ポール・プティティエにゆずることにしよう。彼女によれば「大聖堂の中に入ること、それはひとつの時代のイマジネールな身体の中に入り込むことだ。建築は歴史の身体であり、ミシュレはそれに愛情をそそぎ温めようとする。彼の作品はそれ自体が何がしか建築的なものになることだろう。ユゴーは敏感にそれを察知していた(38)」。

ここで問題となっているのは、歴史か文学か、事実か哲学かというのと異なる性質の議論であろう。歴史が単なる事実の寄せ集めでしかないなら、歴史という建物は崩れてしまう。理論や観念だけでは身体に生命は宿らない。レトリックで動くのは人間ではなく、人形である。ミシュレが「フランスの景観」で示したような血と肉を備えた有機体（organique）――フランスという人格（personnalité）――が、ここで言われている建築なのである。

文学との関わりについて言えば、ミシュレ自身は詩人と呼ばれることを喜ばなかった。後のことになるが、一八五五年に出版された『フランス史』の続巻――『ルネサンス』と『宗教改革』――の書評の中でミシュレを詩人として評価したH・テーヌに対して、ミシュレは丁重に礼を述べながらも次のように抗議することを怠らなかった。「あなたが私を作家として誉めて下さったことにとまどっています。(…) ご存知ではないかもしれませんが、あなたが私に与えたあの詩人という肩書きは、これまでは歴史家を困らせようとする時に使われてきた、まさに非難の言葉なのです。私は具体的な事例を無数に挙げることで歴史に真面目で実証的な基礎を与えてきましたが、それも無駄だったのでしょうか」。彼はこう言ったあとで、『宗教改革』では銀行の歴史を、『宗教戦争』では財政の歴史を取り上げていることを強調している（一八五六年）[39]。

④セレスティーヌ・ルフェーヴル（一八三四年三月三日）

物質と精神の両面から歴史をトータルに捉え、それを描き出すこと、そこにミシュレの野心があった。従姉のセレスティーヌの手紙は、学者的ではない簡素な言い回しではあるが、問題の核心を突いているように思われる。

「わたしが歴史という言葉によって理解している歴史に出会ったのはこれが初めてです。(…) あなたは、情念によって突き動かされる各時代を生きたままで捉え、わたしたちに手渡してくれました。あなたの作品を生かしているこの生命が、それに小説の面白さと詩の高揚とを与えています」

(n° 1075)

⑤シスモンディ（一八三四年一月一七日）

最後になるが、ミシュレのよき理解者であった歴史家シスモンディのコメントを紹介しよう。合理主義と個人主義を標榜するスイスの歴史家がミシュレの歴史に見出したのは、集合的な存在である peuple（民族あるいは民衆）の不気味さである。

「私はそこに一種のおそれを感じました。（…）何故なら私は、人間存在を支配し、その自由意志を破壊する人種と地理の宿命的な力を拒否するからであり、また個人の人格を消し去る民族の中にあなたが人格を与えていることが、私を困惑させるからです」（n° 1046）

事件の叙述や分析、あるいは人物の性格描写において優れた歴史家は他にもいるかもしれない。だが匿名的な集団――民衆――の描写という点では、ミシュレは類稀なる歴史家である。シスモンディは自身のものとは明らかに異なる歴史家の資質が若きミシュレの中にあることを予感していたのかもしれない（「民衆」については、第5章で触れる）。

第5章　一四世紀から近代が始まる

——『フランス史』第三巻を読む

一八三三年一二月に出版された『フランス史』（第一巻と第二巻）において、ミシュレはフランスの歴史をケルト人の時代から書き始め、ローマ人の征服、ゲルマン人の侵入、フランク王国（メロヴィング朝〜カロリング朝）へと筆を進めながら、最終的にはカペー朝のルイ九世（聖王ルイ）の中に「キリスト教的君主」の理想型を見出した。その後の執筆経過を見ておくと、当初はナポレオンの時代に至るまでのフランス史を全五巻にまとめる予定だったのが、フィリップ四世（在位一二八五―一三一四）からルイ一一世（在位一四六一―一四八三）の治世にまで進むのに計四巻が必要となり、中世史だけでも全六巻の大作となってしまった（一八四四）。

『フランス史』の巻数が増えてしまった理由として、一三〇〇年以降は公文書の整理・保存がよく、年代記に依拠せざるをえなかったそれ以前とくらべて研究条件がよくなったということがまず考えられる（例えばテンプル騎士団の裁判）。と同時に、時代が「近代」に近づくにつれ、歴史家であるミシュレと歴史上の人物（あるいは事件）との間の心理的距離がせばまり、登場人物の心理描写が一層こまやかになっていった。さらに第三巻（一八三七）と第四巻（一八四〇）との間には、妻ポーリーヌの病死という思いもかけない出来事が起こり、ミシュレはその人生観を根底から見直すことを迫られた。第四巻における「シャルル六世、第五巻（一八四一）におけるジャンヌ・ダルクの章などは、ポーリーヌの死を踏み台にして生まれた歴史叙述の傑作である。かくして『フランス史』はより長く、その叙述はより精緻なものとなり、ミシュレの歴史理解はより深く鋭いものとなっていく。

さて、『フランス史』第三巻（一八三七）であるが、その目次は以下のようになっている。

第五篇　第一章　シチリアの晩課
第二章　フィリップ四世とボニファティウス八世
第三章　金、税、テンプル騎士団
第四章　テンプル騎士団の解体
第五章　フィリップ四世の死、三人の息子
第六篇　第一章　イギリス、ヴァロワ家のフィリップ
第二章　ジャン二世、ポワティエの戦い
第三章　三部会、パリ、ジャクリー
第四章　シャルル五世

テキストはミシュレ全集（Flammarion）[1]にも収録されているが、前の章でも説明したように、執筆年代との関係が重要なので、本章でも初版（Hachette）[2]が採用されている。

第五篇の中心に位置するのは国王フィリップ四世（美王）で、彼と教皇ボニファティウス八世との対決は、叙任権闘争における皇帝ハインリヒ四世と教皇グレゴリウス七世の対決と同様、聖俗の戦いにおける大きな節目である。けれども私がアナーニ事件（一三〇三）の叙述を考察の対象として選んだのは、歴史上の重要性というよりは、ボニファティウスの最期を描くミシュレの語り口にある種の意外性を感じたからだ（その理由は第二節で述べる）。反対にフィリップ四世の人物そのものがミシュレによって詳しく描かれることはなく、彼はその官僚であるレジスト集団のかげに隠れてい

る。このレジストたちに対してミシュレは冷淡である。従ってフィリップ四世の政府についても、また「近代」(一四世紀)についてもミシュレは共感を示さない。これもまた私にとっては意外だった。

アナーニ事件のあとで起こったテンプル騎士団の裁判(一三一〇)は、拷問を伴う陰惨な事件だが、裁判のプロセスよりも、騎士団告発の原因となった入信儀礼についてのミシュレの解釈が興味深い。古代の異教あるいは民衆的祝祭から儀礼を取り入れながら発展した騎士団の儀礼が、レジストたちの目には宗教への冒瀆あるいは偶像崇拝と映ったという説明は、まさしく歴史人類学のそれである。神学や教理ではなく、民俗学の視点がそこにはある(ミシュレは一八二〇年代の末からグリムと書簡を交わすようになり、彼にならって民俗学の視点から『フランス法の起源』を一八三七年に出版している)。

第六篇の主役は一三五六—五八年の革命の指導者エティエンヌ・マルセルである。フィリップ四世の場合とは異なり、彼は物語の主人公としてその悲劇的な最期に至るまで常に舞台の前面に立ち続ける。とはいえマルセルは、小説の主人公のように個人として描かれるのではなく、彼が体現する中世のパリとその革命の象徴として描かれている。つまり、マルセルは集団的なもの、匿名的なものの象徴なのだ。同様のことは農民反乱の半ば伝説的な英雄であるル・グラン・フェレ(大いなる鉄人)についても言える。この心やさしき巨人は、半ば人間、半ば野獣だが、それこそミシュレにとっては古き農民のイメージ(Jacques Bonhomme)であり、「民衆」の象徴である。かくして、マルセル(市民)—ジャック(農民)—ジャンヌ(女性)へと変容しながら進化していく「民衆」のイメージが出来上がる。フィリップ四世の拝金主義に失望したミシュレは、「近代」の希望を王権にではなく、「民衆」に託するようになる。

1　滅びゆく中世

この節では『フランス史』第三巻の第五編に登場するフィリップ四世を中心に、彼の治世中に起こった二つの出来事――アナーニ事件とテンプル騎士団の裁判――を取り上げる。ただし、そこに進む前に、ミシュレが一八三四年から一八三五年にかけてソルボンヌとエコール・ノルマルで行なった「近代史」に関する講義について少し触れておきたい。『フランス史』第一巻と第二巻の出版は一八三三年一二月であるが、翌一八三四年一月に、ミシュレはギゾーの代講として初めてソルボンヌの教壇に立っている。その時のテーマが「近代」（一四〜一五世紀）であり、ミシュレは当然ながら『フランス史』第三巻をそこから書き始める計画を持っていたものと思われる。ただし、その刊行は、『ルター回想録』（一八三五）と『フランス法の起源』（一八三七）の執筆のためにやや遅れることになるのだが、とにかく当時のミシュレが「近代」に何を求めていたかが要約されているので、ソルボンヌとエコール・ノルマルの講義にまず目を通しておくことにしたい(3)。

(1)「近代とは何か」(一八三四―三五年の講義)

若いミシュレにとって「近代」とは何であったか。

少なくともソルボンヌの講義の出だしにおいてはそれは明るい未来を予告するものとして提示されている。ミシュレはすでに『フランス史』第二巻の終りに至って、中世とキリスト教に対して一種の幻滅を感じ始めていたのだが[4]、これに対して「近代」とは少なくとも苦しい試練の末に辿り着いた「文明と自由の時代」であるはずだった。開口一番、ソルボンヌの聴衆に向かってミシュレは次のように語り始める。

「わたくしがここでお話しようと考えておりますのは(…)〔中世から近代に至る〕五世紀にわたる長い試練について物語ることにより、人々が幾多の困難の末に文明と自由の時代に辿り着いた、その険しくて暗い道のりを明らかにすることです[5]」

多分、意図的に単純化しているのだろうが、ミシュレは古代・中世と近代とを明暗のコントラストにおいて提示する。古代・中世は奴隷制と没個性、近代は個人と自由、そして産業と市民的平等の社会である。また中世の原理を象徴するのが教皇と皇帝だったのに対して、近代は国家――とりわけフランスとイギリスの王権――の台頭によって特徴づけられる。だが、百年戦争は英仏間の戦争であっただけではなく、政府と民衆との間の戦争でもあった。ミシュレはフィリップ四世を「悪魔」、その役人であるレジストたちを「専制君主政の創立者」と呼ぶ。一四世紀は「金《かね》が世界の神となる」ような時代であり、教皇ボニファティウスに対するフランス国王フィリップの勝利（アナーニ事件）は「詩に対する散文の勝利」を意味していた。

中世から見ていた近代は明るかったが、いざ近寄ってみるとその素顔は醜い。エコール・ノルマルの講義の流れも、期待と嫌悪の間で揺れるミシュレのとまどいを感じさせる。「労働による人間の解放」と題した講義では商人の活動を「自然に対する人間の闘争」というあの『世界史序説』（一八三一）のシェーマで説明しているのだが、近代における「商業と産業」のリーダーであるイギリスを前にした時、このイギリス嫌いのフランス人は《近代》の指標を《金》から「国民」へとずらしてしまう（『フランス』）。だが、新しい政府もやはり《金》によって支配されていることに変わりはなかった（「フィリップ美王とボニファティウス八世」）。[6]

おそらくミシュレは、「近代」の担い手を当初はイギリスの商人とフランスの官僚に見出していたのだろう。だが「金が世界の神となる」ような世界に彼は共感することができなかった。ダンテの言葉を借りながら「この新しい世界は醜い」とミシュレはつぶやく。してみると滅びゆく中世に対しては何やら愛着のような、やさしい気持ちが生じてくるのではないか。ボニファティウス八世、そしてテンプル騎士団は、フランス国王フィリップ四世の前に敗れながらも、焼け落ちる前の城郭のように中世の偉大さを歴史家の前に現出する。「講義」のあとで書かれる『フランス史』第三巻において、一見したところその主人公はフィリップ四世であるかのようだが、歴史家の共感はむしろ「敗者」――中世――の方にある。そして彼らの死の彼方に、真の主人公である「民衆」がおぼろげながらも姿を現すことだろう。

（2）フィリップ四世とボニファティウス八世

『フランス史』第三巻（一八三七）の序文では、一四世紀がフランスにとって新しい時代の出発を意味すると述べられている。

「フランスの国民的紀元（ère nationale）は一四世紀に始まる。三部会、高等法院など、わが国の代表的な制度が〔この世紀に〕始まる、あるいは恒常化する。マルセルの革命においてはブルジョワジーが、ジャックリーの反乱においては農民が、イギリス人との戦争〔百年戦争〕においてはフランスが姿を現す」(p. v)[7]

一四世紀が新しい時代であるとするなら、それはどのような理由によるものか。そしてフランスはそこでどのような役割を担うのか。――ルネサンス〔古代の文芸の復興〕だろうか、あるいは商工業の発展だろうか。だがフランスはイタリアでもフランドルでもない。フランスが他の諸地域に先駆けていたのは、国民国家の形成における早熟性である。フィリップ四世はローマ教皇ボニファティウス八世の圧力をはねのけ、アナーニで彼を襲撃してその権威をひきずり下ろすことにより、カトリック教会のみならず中世そのものに死の宣告を下したのだった。従って「近代」とは教皇・皇帝の権威に取って代わる「国民国家」の時代ということになるが、フィリップ四世の政府が真に国民的な合意に基づくものかと言えば、そうでもない。フランスが真に国民的な結合体であるためには、ブルジョワジーや農民がそこに加わってこなければならない。その意味で第三巻の後半(第六篇)のクライマックスはパリにおけるマルセルの革命と農村におけるジャクリーの反乱である。だが先まわりすることはせず、第三巻前半(第五篇)に描かれている政治の動きから見ていくことにしよう。

第五篇第二章に登場する二人の人物——フィリップ四世とボニファティウス八世——において、一方は勝者、他方は敗者である。フィリップは台頭してくる「近代」の担い手であり、ボニファティウスは滅びゆく「中世」の象徴である。あとで触れるように、アナーニ事件においてミシュレはボニファティウスの表情、仕草、言葉を詳しく描いているが、フィリップについては彼の政策や行動が簡潔に叙述されているだけで、人間としてのフィリップの素顔に触れることはない。舞台の前面に出て活躍するのはピエール・フロット、プラジアン、ノガレといった「レジスト」と呼ばれる法律家あがりの役人たちである。

「聖王ルイの孫〔フィリップ四世〕が最初に行なったのは、司法行政から聖職者を排除し、彼らに対してあらゆる裁判行為を禁止することだった」

(p. 32)

「一二世紀以降のイギリス王、一三世紀の聖王ルイ（…）を牛耳っていたこれらの法学者(légistes)たちは、聖王ルイの孫の時代にはフランスの専制君主となった。鉛と鉄の心を持ったこれら法学の騎士たちはローマ法と帝国税制を盲目的に模倣し、恐るべき冷酷さで事務を執り行なった。彼らは文書を引用し、それらを改竄しながら、中世を、すなわち教皇制度、封建制度、騎士制度を解体した。彼らは大胆にも、教皇ボニファティウス八世を捕縛することさえあえてした」

(pp. 39-40)

国王フィリップ四世に人間の顔がないのと同様、その官僚であるレジストたちも詩や宗教とは無縁の集団で、彼らによって構成されるフィリップの政府はひとつのマシーンの様相を呈する。

「この新しい社会は（…）生産することなく消費した。この機械は金《かね》によってのみ動いた。それ故、この政府が金に貪欲だったとしても、彼らの罪ではない」

(pp. 41-42)

「教会財産の没収は、一三世紀以来、国王たちの関心事だった。教皇に対する国王たちの戦いの主たる原因はそこにある」

(p. 50)

かくしてローマ教皇に対するフランス国王の戦いが始まるわけだが、アナーニ事件へと至るフランス側の動きを見ていくことにしよう。幾度か交わされた言論戦のあと、教皇はフランスの聖職者を一三〇二年一一月一日にローマに召集する決定を下す。これに対してフランス国王はそれより前の四月一〇日に三部会を召集する。

> 「フィリップ美王によって召集された三部会はフランスの紀元元年、その出生証明書である。フランスは三部会が召集されたノートルダム大聖堂において洗礼された。（…）教皇庁の敵〔フィリップ四世〕はそこから民衆に訴えかける。これらのブルジョワ、市長、市参事官（échevins）、市参事会員（consuls）は、はじめのうちはおずおずとへりくだった態度で国王や貴族の言葉を繰り返すために来ていたにすぎないが、それでも民衆が〔政治の舞台に〕初めて登場したことにかわりはない」
>
> （pp. 69-70、傍点は引用者）

ミシュレ独特の語り口（傍点部）がようやく聞けるようになるが、とはいえ「民衆」はまだ登場したばかりである（彼らが主役を演ずるためには、半世紀後のマルセルの革命とジャクリーの反乱を待たねばならない）。アナーニ事件へと至るフランス側の動きを担ったのは、国王から全権を委任されたギヨーム・ド・ノガレである[8]。彼はまずフィレンツェに赴き、フランス国王の取引相手である銀行から資金を調達する。さらに一人のギベリン派〔皇帝党〕に属するローマの貴族（スキアラ・コロンナ）を味方につける。

「この男は教皇から迫害されていたので、彼を殺すためなら生命をも投げ出す覚悟をしていた」(p. 91)

「ノガレは軍人ではないが金《かね》を持っていた。かれはアナーニに共犯者を捜した。そして一万フローリンを使って、アナーニと敵対関係にあった都市フェレンティノの民兵隊長スピーノを味方につけた。(…) こうしてコロンナとスピーノは三〇〇の騎士と多数の歩兵 (…) を伴ってノガレをアナーニ市内に導き入れた」(p. 92)

ここで我々はノガレと共にアナーニの市街に入り、ボニファティウスに対面する。歴史上の道案内はコロンナとスピーノであるが、「語り」の上での案内人はミシュレである。ボニファティウスはすでに敗北を決定づけられているが、それでもキリスト教世界の首長としての威厳を失ってはいない。

「この誇り高い男はコロンナと向かい合った」(p. 92)

教皇の甥も逃げ出してしまい、たった一人となった八〇歳の老人のまわりに敵が押し寄せる。ここで語りの時制が過去形(単純過去)から現在形に切り換わる。それはもはや「歴史」ではなく、目の前で展開する「現在」である。

「ドアが音を立て、窓ガラスが割れる、群衆が侵入してくる。老人は威嚇され、侮辱される。彼は何も答えない。退位するように強要される。彼は言う。私の首が欲しいなら、持っていけ」(p. 93)

ここまで来たところで、ミシュレは案内役を年代記作者のヴィラーニ(一二七五?―一三四八)にゆずる。時制も直説法現在から条件法過去に変わる。

「ヴィラーニによれば、彼〔ボニファティウス〕は敵が近づいたときに次のように語ったという。《私はキリストのように裏切られて死ぬことだろう》。それから聖ペテロの上衣を着、コンスタンティヌスの冠を被り、鍵と司教杖を手にとった」(p. 93)

屈辱的な仕打ちを受けて正気を失い、死んでいく教皇を、ローマ側の年代記作者はキリストになぞらえてそこに尊厳なる死を見出すが、フランス側の史料は哀れな道化としてボニファティウスを描いている。いずれにせよ、中世キリスト教世界はボニファティウスの死をもって転落の道を歩み始めるのであり、ボニファティウスはどちらの意味でも滅びゆく中世の象徴だった。

図 14　アナーニ事件

コロンナは鎧の籠手で老人のほほを打った……（『フランス史』）

(3) テンプル騎士団の解体

パリに本部のあったテンプル騎士団の弾圧についてミシュレはより多くの一次史料に目を通すことができた。テンプル騎士団は、フィリップ四世がその打倒をめざした二つ目のターゲットだが、アナーニ事件の時にくらべてミシュレはより自由な解釈をそこに持ち込んでいる。

事件の叙述に入る前に、ミシュレは時代状況を次のように俯瞰している。「我々が到達したこの時代は、金《かね》が支配する時代である。金こそ、我々が入っていく新しい時代の神なのだ。――フィリップ美王は即位するや否や、顧問会議から聖職者たちを追い出し、銀行家を招き入れた」(p. 107)

政府が世俗化することの反動として、ある種の神秘主義が社会の各層に浸透することになる。それは異教的あるいは異端的な信仰と、近代的な合理主義と物質主義との奇妙な混合だった。錬金術、魔術、そして高利貸しは時代の拝金主義が生み出した中世社会の影である。

錬金術「人間が富を生み出すことができるという近代の偉大な考えに中世はなかなか到達できないでいた。中世は富を〔工業のような〕形式にではなく、物質の中に求めた。(…)だがルルやフランメルのような幸運な成功にもかかわらず、発見された金は、現れたかと思えば、すぐに消えてしまうのだった」(p. 110)

魔術「魔術は、古代の異教の醜い落し子ではあるが、意志への呼びかけだ。ただし悪しき意志、悪魔への呼びかけだ。それは、労働、忍耐、知性だけがもたらしうるものを暴力と犯罪によって獲得しようとする、悪しき個人主義だ」（p. 111）

高利貸し「貧乏人がユダヤ人の許を訪れるためには、税という恐るべき圧力が必要だ。骨の髄までしゃぶろうとする税吏と、魂を要求する悪魔との中間に、彼はユダヤ人を見出す」（p. 113）

ミシュレは時代の心性をこのように描いたあとで、フィリップ四世によるテンプル騎士団解散という事件に入っていく。

テンプル騎士団とは何か。ミシュレはそれを物質的側面と精神的側面の双方から説明する（一八六九年の『フランス史』序文に至るまで終始一貫している彼の歴史方法論）。彼はまずテンプル騎士がパリにおいて支配していた広大な地域とその建物について語ることから始める。教団の名は今もなお地名として残り、教会の塔は一八〇八年に取り壊されるまで様々な歴史的事件の舞台となっていた。

「テンプル騎士団の城壁は淋しく人気《ひとけ》の無い広大な地域を取り囲んでいて、それはいまだに地名として残っている。それは当時のパリの三分の一を占めている〔セーヌ右岸の東半分〕。テンプル騎士団の強力な保護下に、〔教団の〕会員、家族、奉公人、そして罪人までもがそこで暮らしていた。教団の建物はアジールの権利を有していた。フィリップ美王自身、一三〇六年に反乱を起こした民衆によって追いかけられた時は、そこに避難している。一二二二年に建てられた、四つの小塔を持つあの巨大な塔は、国王の忘恩の記念碑としてフランス革命の時代になっても まだ残っていた。塔はルイ一六世の監獄として使われたのだ」（p. 123）

精神的側面としては、「死に至るまで放浪し、聖戦〔十字軍〕を続けること」と定めた聖ベルナール〔ベルナルドゥス〕の規則に触れたあとで、教団を「精神的な十字軍の高貴なる表象」と呼んでいるが、今はこの教団の成立事情について語る時間的余裕はない。ただローマ教皇直属の修道会として全ヨーロッパに支部を持つテンプル騎士団が、フィリップ四世の眼にどう映ったかを以下に確認しておこう。ミシュレは国王が教団を迫害した理由を「それがあまりに裕福で強大だったから」（p. 134）と説明している。

「テンプル騎士団は、古代の神殿《テンプル》がそうだったように、一種の銀行だった」
「国王にとって誘惑は大きかった。モンサン＝ペヴェールの勝利〔一三〇四〕が彼を破産させていた」（p. 139）

財政上の理由のほかに、フィリップを教育したドミニコ会士や彼を支えたレジストたちとテンプル騎士団との間に存在していた、ある種の階級対立も迫害の動機となった。つまり、ドミニコ会や托鉢修道会などの修道士、そしてレジストのような法学出身の官僚たちの大部分が平民出身だったのに対して、テンプル騎士団は貴族の結社だった。フィリップのブレーンであったレジストと修道士との間には、騎士である貴族に対する共通の敵意、平等主義的な憎悪が存在していた。このように、騎士団の弾圧には物質的かつ心理的な動機が働いていたのだ。

一三〇七年一〇月、国王はテンプル騎士団の総長ジャック・モレ及び教団の幹部をパリに招待し、彼らを手厚くもてなして油断させる。新教徒が多数殺された聖バルテルミーの虐殺（一五七二）の前夜のように。一〇月一三日、総長はパリにいた一四〇人の騎士団員と共に逮捕される。「拷問によってたちどころに一四〇の自白が得られたが、そのためには鉄と火が用いられた」(p. 145)

かくして獄中における被告たちの苦難が始まるのだが、裁判そのものが開始されたのは逮捕から二年半後の一三一〇年三月二八日である。それまでフランス国王とローマ教皇（当時はクレメンス五世）との間で種々の駆け引きがあったが、裁判に反対していた教皇も、フランス国王によるボニファティウス八世の異端審問の要求をしりぞけるために、結局は騎士団を見捨て、裁判を容認する。判決は迅速で、その年の五月一一日に下され、(1) はじめから罪を認めていた（自白していた）者は放免、(2) 最後まで罪を否認していた者は終身刑、(3) 一度罪を認めながら、前言を撤回した者（戻り異端 relaps）は火刑（五四名）とされた。処刑は翌日の五月一二日、パリのサンタントワーヌ門の前で執行された。

テンプル騎士団の事件においてミシュレの心を痛めたのは、逮捕から判決に至る約三年の間に、被告である囚人たちに対してなされた残忍な取り調べ〔拷問〕である。その事件についてミシュレは詳しく裁判記録に目を通しており、被告たちの切々たる訴えを聞くことができた[9]。

ミシュレは裁判記録の中から、拷問に抗議するひとりの被告の訴えを引用している。「この裁判は唐突、暴力的、不当、不正であり、残忍な暴力、容認しがたいテルールに他ならない。（…）獄中生活と拷問によって実に多くの者が死に、他の者も一生障害を負うことだろう。幾人かの者は、自身と教団に対して嘘を言うことを強制された」（p. 173）。これにコメントを付しながら、歴史家の感覚は耳から目へ、言葉からイメージへと移っていく。「異端審問の暴力と、被告に自白させるために当時一般的に用いられていた方法の不道徳性に対して、中世の人々がどれほど慣れっこになっていたとしても、〔被告たちの〕こうした言葉は心を動かさずにはおかなかったはずだ。だが、どんな言葉にもまして雄弁だったのは、囚人たちの憐れな様子、やせ衰えた蒼い顔、拷問の痛々しい傷跡である。（…）一四番目の証言者であるアンベール・デュピュイは三度拷問され、三六週間にもわたって不潔な塔の底〔地下室？〕に閉じ込められ、パンと水だけで生きねばならなかった。またある者は性器を縛られて吊るされた。ベルナール・デュゲ（de Vado）は燃え盛る火で両足を焼かれたため肉が焼け落ちてしまった踵の骨二本を見せた」（p. 174）。

このようにテンプル騎士団の裁判は、身体に課せられた拷問という暴力性によって中世の野蛮さを露呈させているが、拷問についてミシュレは裁判記録を忠実に引用しているだけで、それ以上に踏み込んだ解釈をしているわけではない。むしろテンプル騎士団を破滅に追いやったフィリップ四

図 15　テンプル騎士団の裁判

ベルナール・デュゲ騎士は，燃え盛る火で両足を焼かれたため踵から落ちてしまった二本の骨を見せた（『フランス史』）

世の時代の心性の方に注目している。結論から言えば、騎士団は中世のエリート的な信仰を保持していたのだが、そのためにレジストたちの反感あるいは不信を招き、訴えられることになった。一四世紀における心性の変化についてのミシュレの考察は、現代のアナール派社会史による構図――民衆文化とエリート文化、あるいは伝統的心性と近代的心性の対立――を先取りするものだが、ミシュレにこうした視点を与えたことの背景としては、彼がヴィーコを通して民間伝承の重要性を知り、さらにドイツの民俗学者グリムに触発されて自ら『フランス法の起源』をまとめたことが考えられる。後年の『魔女』にも通ずる民俗学者としての側面がここにも顔をのぞかせている。

ではテンプル騎士団の罪とは何だったのか。ミシュレはその答を教団の入信儀式におけるひとつの象徴的な仕草の解釈に見出している。

「告発の主たる理由になっているキリスト教の否認の説明は曖昧である。被告たちは〔拷問にかけられて〕キリスト教を否認したと告白したのかもしれないが、実際に背教者だったわけではない。何人かの者が明言しているように、この否認は象徴的なものだった。つまりそれは聖ペテロによるキリストの否認の模倣であり、古代の教会が宗教のもつ真面目な行為に付け加えた、あの宗教劇〔pieuses comédies 神聖なる喜劇〕のひとつだったのだが、一四世紀にはその伝統が失われ始めていたのだ。この儀式は、時には罪に値する軽々しさ、あるいはさらに不敬虔な逸脱を伴って行なわれたのかもしれないが、それは幾人かの罪であって、教団の規律ではなかった」

(pp. 203-206)

ミシュレは「宗教劇」について註を付し、さらに以下のように解説を加えている。

「異教の酒神祭〔ディオニュソスやバッコスの祭り〕のこうした模倣は、人間が肉欲に別れを告げるための儀式としてキリスト教によって容認されており、幼な子イエスの祭りやキリスト割礼の祭りにも継承されていた」(p. 203)

テンプル騎士団の入信儀式で行なわれていた「宗教劇」は、その起源を辿るなら、中世の祭り〔愚者の祭り〕を経て古代の異教の祭りにまで遡るもので、ヨーロッパの社会生活に深く根を下ろしていた。従ってキリスト教会も中世の中頃まではこうした慣行を容認していた〔ミシュレは『フランス史』第二巻でこれらの民衆的な祭りや演劇についてかなり詳しく言及している〕(10)。テンプル騎士団の悲劇は、ミシュレによれば、「散文的」な近代が「詩的」な中世の象徴主義をもはや理解できなくなり、騎士団によるキリスト否認のパロディを文字どおりの瀆聖行為とみなしたことにある。

ペテロによるキリストの否認という聖書の故事は、テンプル騎士団によって入信の儀式に取り入れられ、そこではさらに十字架に唾を吐くという芝居がかった仕草が付け加えられていた。このことが「背教」あるいは「偶像崇拝」という嫌疑をかけられる口実となるのだが、この仕草の意味するところについて、ミシュレは裁判の証言者たちの何人かに次のように語らせている。

「証言者の一人の言うところでは、神を否認し、十字架に唾を吐くことを彼が拒んだところ、入信の案内者のレノー・ド・ブリニョルは次のように言った。《心配しなくてよい。これはお芝居にすぎないのだから》」

「アキテーヌの導師は、その重要な証言の中でこの種の儀式について語っており、その起源についての説明を与えてくれる。〔入信儀式の〕案内人は、彼に教団のマントを着せたのち、ミサ典礼書の上に置かれた十字架を示し、十字架にかけられたキリストを否認せよと言った。彼は恐れおののき、《ああ何ということか。どうしてそんなことができましょう》と叫んで、それを拒否した。これに対して案内人は次のように答えた。《恐れずに、そうするのだ。そうしたからといって、おまえの魂と良心が傷つくことには決してならない。何故なら、それは教団の儀式なのだから》」（p. 204）

テンプル騎士団を破滅に追いやったものは、モラルの退廃でもなければ、異端やグノーシス主義でもなかった。破滅の真の原因は騎士団の儀礼が「キリストを否認し、十字架に唾を吐いた」という猛烈な非難の口実を与えたことだった。

「このように、中世の象徴主義的な精神を高度に表現していた教団は、その象徴がもはや理解されなくなったために死んだのだ」
「この事件は（…）詩と散文との間の永遠の闘いの一エピソードにすぎない」
「散文的で冷酷な時代が始まっていた」

(pp. 206-207)

2　民衆の世界

「この新しい世界は醜い」（第五篇第二章「フィリップ四世とボニファティウス八世」）というのが、一四世紀に入った時のミシュレの偽らざる心境だった。それが滅びゆく中世の象徴――ボニファティウスとテンプル騎士団――に対する哀歌を歴史家に歌わせることになった。しかしそれにもかかわらず、歴史は前進していく。フィリップ四世の召集した三部会（一三〇二）におそるおそる登場した「民衆」は、半世紀後にはエティエンヌ・マルセルに率いられて国政を掌握する（一三五六―五八）。それまで権力の犠牲になる弱者として描かれることの多かった民衆は、次第に変革の主体として歴史にその姿を現すようになる。マルセルの革命とジャクリーの反乱は失敗に終わるけれども、一五世紀のジャンヌはフランスを危機から救い、再生させる（『フランス史』第五巻、一八四一）。ミシュレは五年後には『民衆』（一八四六）を書き、フランス革命についての講義を始めることになるだろう。

我々もまたマルセルの革命を中世の一エピソードとしてではなく、一七八九年に至る民衆の政治参加の先駆として考察する必要がある。

(1) エティエンヌ・マルセル――パリの革命(一三五六―一三五八)

フィリップ四世の死後、三人の息子が相次いで王位に着いたものの、いずれも短命で、第三子シャルル四世の死(一三二八)をもってカペー家は断絶し、王位はフィリップ四世の弟だったヴァロワ家のシャルルの息子フィリップに移る(ヴァロワ朝フィリップ六世、在位一三二八―一三五〇)。他方、フィリップ四世の娘イザベルはイングランド国王エドワード二世と結婚し、後のエドワード三世(一三一二―一三七七)を生んだので、イングランド国王はカペー朝の血筋を引くこととなり、そのためヴァロワ家の正当性を認めず、自らフランス王位の継承者をもって任ずるようになる。かくして英仏両国の間に百年の戦争が始まるのだが、戦闘においては英軍が優勢で、クレシーの戦い(一三四六、フィリップ六世)、ポワティエの戦い(一三五六、ジャン二世)、そしてアザンクールの戦い(一四一五、シャルル六世)などフランス側の敗北が目につく。マルセルの革命は、ポワティエの戦いで国王ジャン二世が英軍の捕虜になるという政治の空白状況の中で始まった(後にシャルル五世となる王太子はまだ一九歳だった)。

「しかしパリは王太子を必要としていなかった。パリは自らの手で防衛にとりかかった。商人

頭（prévôt des marchands）のエティエンヌ・マルセルがそれにあたった」（p. 374）

「この偉大なる民衆〔パリ市民〕の昔からの（naturel）の指導者は、国王代官（prévôt royal）のような常に不人気な政府の役人ではなく、市の参事官（échevins）を統率する商人頭〔市長に相当〕だった。ポワティエの戦いの後で王国が直面した王の不在という状況において、イニシアチヴをとったのはパリであり、パリにおいてはその商人頭だった」（p. 380）

一三五六年一〇月一七日、三部会が召集され、約四〇〇人の代表がパリに集まった。貴族身分は大部分の領主が戦争の捕虜となっていたから代理人が出席した。イニシアチヴをとったのは都市の代表、とりわけパリの代表たちだった。翌一三五七年二月五日に、再び三部会が召集され、そこで承認された陳情書（cahiers de doléances）は、三月三日、王太子に提出された。

「王太子が署名することを余儀なくされた一三五七年の大いなる王令（ordonnance）はひとつの改革以上のものだった。それは、政府を一挙に変えようとしていた。それは行政を三部会の手に委ね、王政を共和政に変えようとしていた。民衆（le peuple）がいまだ存在しないのに、政府を民衆に与えようとしていた」

「現実において、フランスは政治的人格（personne politique）として存在していただろうか。（…）確実に言えることは、権威はいまだ王政の中にあったということだ」

「三部会によって承認された王令は、十中八九、ひとつのコミューン、〔パリという〕偉大で知的なひとつのコミューンの作品にすぎなかった」(pp. 387-388)

それ故、パリによる改革は王令(一三五七)の作成だけでは終わらなかった。王太子の政府とマルセルのコミューンとの間では、貨幣の改鋳をめぐって対立が深まっていく(一三五八年の一月から二月にかけて王太子は改鋳の命令を繰り返す)。こうした険悪な雰囲気の中で生じたひとつの「悲劇的な事件」が対立を一気に反乱にまで高めていくのだが、ミシュレらしい印象的な描写があるので以下に紹介しておこう。

事件そのものは、二頭の馬の代金不払いから起こった小さなもめごとにすぎない。両替商のペランという男が王太子に馬を売ったのに支払ってもらえないので、出納役のバイエに支払いをせまったところ、役人は何かと理由を設けて支払わない。二人は口論となり、ペランはバイエを殺害し、サン゠ジャック教会に逃げ込んだ。この教会はSaint-Jacques-la Boucherie(肉屋)とも呼ばれており、職人や商人などパリの庶民にとっては信仰の対象であり、その保護者でもあった。従ってペランの逃げ込んだサン゠ジャック教会の境内は一種のアジールだったのだが、彼を追いかけてきて境内に入った王太子の役人たちは教会の神聖なる特権を犯したことになる。

「王太子の家来たちは、(…)アジールの掟を破り、ペランをシャトレ〔裁判所〕に連行し、ペランンの手首を切った上で、彼を絞首刑にした」
「〔王太子とマルセルの〕衝突は目前に迫っていた。マルセルは、仲間が大勢であることを見せることによって市民たちを勇気づけようとした。すなわちパリの色である青と赤の頭巾（chaperon）を彼らに被らせた」
(p. 395、傍点は筆者)

「手首を切る」という行為は、ガリアを征服しようとしたローマのカエサルが彼に抵抗した原住民に対してこれを行なっている（『フランス史』第一巻）。中世においては当たり前に行なわれた刑罰のひとつなのかもしれないが、現代人である我々読者にとってはやはり衝撃的な行為である。他方、赤と青の頭巾については、『フランス革命史』におけるシンボル（三色旗）が連想される。頭巾を被った群衆は、ひとりひとりの顔（名前）は分からなくとも、行動する群衆——革命的群衆——の威力を感じさせる。『フランス革命史』を書き始める以前に、ミシュレはマルセルのパリを描くことですでにひとつの革命史を書いていたのだ。

一三五八年二月二三日、マルセルは同業組合を動員し、武装させて聖エロワ教会に集めた。赤と青の頭巾を被った群衆の先頭に立った商人頭は王太子の館に赴き、厳しく彼の責任を糾問する。だが王太子が横柄な答え方をしたので、商人頭は怒りを爆発させる。「殿下、これからは何を御覧になっても驚きになられませんように。かかる上は止むをえません」と言ったあとで、マルセルはカプチン僧の被る先のとがった赤いフードで顔を隠した（?）男たちに指令を送る。「然るべき仕事にすぐとりかかれ[11]」。

「すぐさま男たちはシャンパーニュ元帥に襲いかかり、王太子のベッドのそばで彼を殺した。王太子はもう駄目だと思った。血が彼の服にまで飛び散っていた。従臣たちはすでに逃げ去っていた。命だけは助けてくれ、と彼は商人頭に言った。マルセルは王太子に何も恐れることはありません、と言った。彼は王太子と頭巾を交換し、彼にはパリの色の頭巾を被らせた。マルセルは大胆にも、一日中王太子の頭巾を被っていた」　(p. 397)

マルセルが市庁舎 (Maison aux Piliers) のあるグレーヴ広場に戻ると、そこには群衆が待っていた。彼は市庁舎の窓から彼らに向かって演説をする。殺されたのは裏切り者だ。あなた方は私を支持してくれるだろうか、と彼は問う。私たちはあなたを支持し、あなたに命を捧げる、と彼らは答える。このあとマルセルは武装した一団を伴って王宮に戻った。

「そこには恐怖と苦痛にとらわれた王太子がいた。商人頭は彼に言った。《殿下、悲しむことはありません。なされたことは、より大きな脅威を避けるためであり、民衆の意志にもとづくことなのです[12]》。そしてすべてを承認するようにと求めた」　(pp. 397-398、傍点は筆者)

「民衆の意志」によって殺人を正当化することができるのか。それは革命の歴史では常に提起される問題だが、ミシュレはマルセルの行為については明快に「否」と答えている。だがマルセルの「評価」に入る前に、革命のその後の展開とマルセルの死に様について見ておくことにしよう。

マルセルにとって没落の原因のひとつとなったのは、正当性の根拠だった三部会をうまくコントロールすることができなかったことだ。パリは地方の支持を得ることができなかった。マルセルがジャクリーと同盟したことも地方のコミューンの態度を硬化させた。だがマルセルにとっては巨大な人口をかかえるパリを食べさせるためには農村との同盟が不可欠だったのだ。それよりもマルセルの犯した最大の過ちは、野心家のナヴァール王シャルル（フィリップ四世の曾孫）との同盟だった。セーヌ河の通行を支配していて、パリへの穀物輸送を妨害しようとする王太子の軍隊に対抗するためには、ナヴァール王の騎兵隊が必要だった。だがこの貴族はジャクリーを弾圧しただけでなく、パリ民兵隊長の肩書きをよいことにして略奪を繰り返したから、パリ市民の評判はすこぶる悪かった。

四面楚歌となりはてたマルセルに、もはや選択の余地は残されていなかった。「彼に残された唯一の方法は彼とパリを……ナヴァール王に委ねることだった。（…）彼はナヴァール王にパリの鍵を渡すことを約束した」（p. 414）。

七月三一日の深夜、マルセルは腹心の部下数名を伴ってパリの北への通路となるサン＝ドニ要塞に入る。だが彼を疑い始めていた――あるいはすでに王太子と通じていた――かつての仲間たち

（マイヤールほか）に現場を押さえられてしまう。最後の場面は、彼とマイヤールの口論、そしてマイヤールの斧の一撃でマルセルが倒れることで幕となる。語りの史料になっているのはフロワサールの年代記で、たしかに臨場感あふれる叙述ではあるが、そこに象徴的な歴史のドラマ――ボニファティウスの死がそうであったような――を見出すことは難しい（歴史家もまた史料に縛られるということかもしれないが、あるいはこの時のマルセルが、パリをナヴァール王に売り渡そうとしたことによって、民衆の象徴であることをやめたことがその原因であるのかもしれない）。ここでマルセルの革命についてミシュレが下した評価について検討することにしよう。

（2）マルセルの評価

「この男の生涯は短かったけれども恐るべきもので、善と悪とが狂おしいまでに入り混じっていた」（p. 417）と述べたあとで、ミシュレはマルセルの功罪を以下の四点にまとめている（傍点は筆者）。

1 一三五六年〔ポワティエの敗北〕に、彼はパリを救い、それを守った。

2 ロベール・ル・コック〔ランの司教〕と協力して、彼は王太子に歴史的な一三五七年の王令を受諾させた。

3 一コミューン〔パリ〕の指導下における王国の改革は暴力的な手段によってしかなしえないものだった。マルセルは次第に法に反したおぞましい一連の行為に引き寄せられていった。

4 彼はナヴァール王シャルルを監獄から引き出し、王太子に対抗させようとしたが、結果として野盗たちに指導者を提供することになった。

ミシュレはマルセルの革命を後のフランス革命と比較する。それはあまりに早く来てしまった未完の革命であり、フランス革命のように国民的な規模にまで達することはできなかったけれども、いくつかの点で比較可能な連続性と相似性をもっている。これもまた以下の四点にまとめられる。

1　マルセルは三部会を思うままにあやつり、議員を作り出し、貴族の議員をパリのブルジョワに代えたが、これによって三部会を殺し、三部会から見離された（国民議会との比較）。

2　パリはフランスを指導することができなかったし、マルセルには恐怖政治を行なう政治力（指導力）が欠けていた。彼は（モンターニュ派のように）リヨンを鎮圧することも、ジロンド派をギロチンにかけることもできなかった（ロベスピエールとの比較）。

3　食糧調達の必要性が彼を農村に依存させ、彼は反乱農民と同盟したが、地方の都市はそれに反発した（ブルジョワと農民の同盟）。

4　農民反乱が挫折すると彼はナヴァール王とも同盟し、この軍人に王国を与えようとしたが、それは犯罪であり、そのために身を滅ぼすのだが、それは当然の報いであった（ナポレオンとの比較）。

マルセルの犯した「犯罪」の中でミシュレが特に重視し、批判しているのは、マルセルが「人民の安全」（salus populi）という理論によって殺人（王太子の側近の殺害）を肯定したことである。ミシュレは当然のことながらフランス革命下のテルールにおける「公安」（salut public）の理論を念頭においている。

「人民の安全という古典的な理論は一四世紀のはじめに教皇〔ボニファティウス八世〕に対抗した国王〔フィリップ四世〕によってすでに検証されていた。半世紀もたたないうちに、マルセルはそれを王国それ自体（…）に向けて用いている。それは、血を流すことによりすべてを癒すことができるという、不毛で暴力的な経験論である。……このような手段は有効だったろうか。むしろそれを採用しようとする者にとっては災いとなるのではないか。大多数の者の幸福、人民の安全はその理由とはならない。もしあなた方が民衆に問うことができるとしたら、彼らは群衆の中にある神のごとき本能によって次のように答えることだろう。《人類愛と正義が滅ぶくらいなら、むしろ人民が滅ぶほうがよい》と。血のしたたりが稔りをもたらすものなのか、私には分からない。〔けれども〕血を吸った木が立派に成長し、枝を四方に伸ばして世界をおおうことになったとしても、殺人をおおいかくすことはできないだろう」（p. 418、傍点は筆者）

『フランス革命史』（一八四七―五三）においてもミシュレは同じ立場を貫いている。九月虐殺（一七九二）を煽動したマラーを、テルールを擁護したロベスピエールをミシュレは決して正当化したりはしないだろう。マルセルに理解を示しつつも、彼は善と悪との間にあえて明確な一線を引いたのだ。こうした価値判断の表明はミシュレの歴史にしばしば見られることだが、その際、一人称と二人称が用いられていることに注目したい（下線部を参照）。ミシュレはここでは歴史家として過去と距離を置きながら物語るのではなく、説教師となって読者に直接語りかけている。

「対象」との一体化、あるいは自己との同一化。ギゾーやトクヴィルなら、対象とは距離を保ちつつ、それを冷静に分析することだろう。ティエリなら自己主張することなく、事件を物語ることに徹したことだろう。客観性あるいは中立性――それが歴史家としての絶対的条件だとするならば、ミシュレは歴史家として失格なのかもしれない。だが、反乱農民についての力強く豊かなイメージなどはミシュレのように深く対象に入り込むことなくしては作り出せるものではない。かつてＬ・フェーヴルはいわゆる実証主義的な歴史学を批判し、歴史とは生きた人間を描くのであって、死体を切りきざむことではないと言った。ミシュレは死者を蘇らせ、彼らに語らせることを歴史家の使命と考えるようになるが、そのためにはミシュレ自身が研究者という立場を離れて対象と一体化することが必要だった。一人称と二人称による対話は最も彼らしい歴史の文体だったと言える。

ポーリーヌの死（一八三九）を経て書かれた『フランス史』第四巻（一八四〇）は、死者との一体化が最も色濃く現れた作品となっているが、それ以前においてもこうした傾向がなかったわけではない。ただし、『フランス史』第二巻で讃美されていたキリスト教に対して、ミシュレは次第に距離を置くようになる。ミシュレが第三巻で語りかけるようになるのはもはや神でもキリストでもなく、マルセルやジャクリーのような「民衆」である。フランス革命の歴史家であることに少しずつ気づき始めていたミシュレは、彼にとって新しいキリストとも言うべき「民衆」を中世のフランスの都市や農村に捜し求めるようになる。

手短にではあるが、マルセルの革命と同時期に発生したジャクリーの反乱についての叙述を取り上げておきたい。

(3) 民衆的英雄──ジャック・ボノム Jacques Bonhomme

「〔一三五七年の〕王令がフランスにおける最初の政治的文書 (acte) であるとするなら、〔一三五八年の〕ジャクリーの反乱は農村の民衆による最初の飛躍 (élan) である」(p. 418)

ミシュレは年代記作者 (Nangis の後継者) の語りの中に「この新しい精神の、おそらく最初の兆候」を見出す。「このきまじめな証人は、〔国から〕見捨てられた農村の民衆が大胆にもイギリス軍に立ち向かい始めた、その有様を一部始終に至るまで物語ろうとする時、いつもの乾いた調子から脱け出ている」(p. 419)

ミシュレの心を打ったのは、コンピエーニュに近い農村での農民たちの戦いぶりである。農民たちは民兵隊を組織し、隊長はおそらく平民あがりのギヨームいう男だが、彼の従者として獅子奮迅の働きを見せたのが「大いなる鉄人」Le Grand-Ferré と渾名された一人の農夫だった。彼は「驚異的な腕力を持った農夫で、体は太っていて非常に背が高く、活力と勇気に満ちあふれていたが、その巨大さにもかかわらず、自分自身については謙虚で慎しい考えを持っていた」(p. 420)

それはマルセルのようなブルジョワとも、ジャンヌ・ダルクのような少女とも違う、男性的で荒々しい民衆のイメージである。この巻（一八三七）における民衆（ル・グラン・フェレ）の描写と、『フランス史』の序文のために晩年になって書かれた草稿「雄々しい心」[13]とを比較してみるならば、時の流れを経ても変わることのなかったミシュレの民衆観を見出すことができる。

「疑うことを知らない、これらの農民たち、強いけれども慎しく、伝説の聖クリストフのように服従することを知っているこの善良な巨人、これらはすべて農民の美しいイメージを現わしている。この民衆はあきらかに素朴で、粗暴ですらあり、怒りっぽくて盲目的な半人・半獣(demi home et demi taureau)だ」

（『フランス史』第三巻、一八三七）

「動物とか無学の人々、未開人、文盲といった単純素朴な人やものたちの魂が一つにまとまりあわされる様は、私にとってはあの感動的な言葉、幼年期の一語に要約されるのだ。（…）各世紀の奥底から、われわれのもとへ届いてくる群衆の思考が、私の心に一つに重なってくるのが感じられた。それだからこそ私はこの歴史〔中世〕をたどり直してみようと思いたったのだ」

（「雄々しい心」一八六九）

かくしてマルセルからジャック、ジャックからジャンヌへと成長していく「民衆」のイメージが明確になってくる。それは、外見がどんなに粗野であろうとも、まぎれもないフランスの民衆、つ

図 16　ル・グラン・フェレ

壁を背にした彼〔ル・グラン・フェレ〕は一瞬のうちに五人の兵士を殺す（『フランス史』）

まりミシュレ自身なのだ。

「これらの農民こそフランス人なのだ。恥じることはない。それはすでにフランスの民衆であり、あなた方自身であり、フランスそのものだ。（…）歴史の中の民衆は（…）美しくもあり醜くもあるけれども、あなた方が彼らを見まちがえることはないはずだ。（…）私たちはありのままの彼らを歴史の法廷に呼び出し、一四世紀の古い民衆に向かって言うことだろう。《あなたは私の父、あなたは私の母だ》と」

(pp. 423-424　傍点は筆者)。

3　象徴の歴史学

ミシュレの歴史が文学的すぎるという知人の意見に対して、文学的なスタイルやディテールにはあまりこだわっていないとミシュレ本人は答えている（第4章の補遺を参照）。さらに加えて歴史を全体として捉えること、それを史料という確固たる基盤の上に立たせることが自分の歴史の特徴だとも述べている。晩年のミシュレ（『自然史』以後）はともかくとして、一八三〇年代のミシュレが歴史家以外の何かになろうと欲していたようには思われない。彼の文体を分析したルフォールは、次のように言っている。

「ミシュレに空疎な美文家という呼び名を与えるのは正しいことだろうか。私はそうは思わない。

天性のものである彼の激しい情熱のほとばしりは学者の計算や弁論家の小細工とは相容れない。（…）であるから、彼の文体を純粋に芸術的な技巧という枠の中に閉じ込めようとすることは大きな誤りだということになる。そうではなく、全く技巧を伴うことなしに、情熱のみによって同様の効果をもたらすことがありうる。弁論術を知らずとも、確信さえあれば、弁論家になりうるのである[14]」。

歴史を書くことにのみ没頭したミシュレは、その情熱によって文学作品を生み出したということだろうか。従ってわれわれもまたミシュレにとっての主たる関心だった歴史に戻ることにしよう。『フランス史』第三巻の主たるテーマは「近代」だった。彼は一四世紀の社会を全体として捉えようとする。政治だけではなく、宗教、芸術、法律を、なかんずく財政には最大限の注意を払う。国王だけではなく、その役人たち（レジスト）、そして都市のブルジョワや職人たち、さらには《金》を作り出す錬金術師、魔術師、ユダヤ人にも眼を向ける。だが、歴史家は大空を舞う鷹のように、地上の景観に一瞥を投げかけながら、真の獲物を求めて飛び続ける。そして目ざす獲物が視野に入ってきた時、彼は急降下してそれを捉えるのだ（ボニファティウスやマルセル）。

文学的な表現ではなく、歴史学的に言うならば、ボニファティウスの死は中世キリスト教会の終焉を意味し、マルセルの革命は市民革命の可能性を予告するものだった。だが、そうした全体図を示すことだけなら、ギゾーの「文明史」がすでにそれを行なっている。ミシュレの歴史の特徴――あるいはミシュレ独自のテクニック――は、「象徴」を通して全体を語ることだった。テンプル騎士団における「入信儀礼」もひとつの象徴だったし、マルセルの反乱のきっかけになった両替商ペランの「手首」も同様である。また反乱を起こした市民たちの被った青と赤の頭巾はフランス革命のフリギア帽あるいは三色旗を連想させる。象徴はそれまで目に見えなかったものを一瞬のうちに可視化する。ペランの手首を切り落としたのは非情なる「専制」であり、青と赤の帽子を被って現れたのは、それまで声を上げることをしなかった「民衆」なのだ。意識の底に潜んでいたものを、ミシュレは象徴を用いることによって歴史の舞台に引き上げる。

このように象徴を見出す能力は天性のものなのだろうか。ルフォールが否定するようにミシュレの文体が単なるレトリックではないとしたら、こうした能力はどこから生まれるのだろうか。「確信さえあれば」とルフォールは言う。「情熱」のみがレトリックの不在を補う。ここで想起されるのは、ミシュレが反乱農民に対して示した強い一体感である(「あなたは私の父、あなたは私の母だ」)。対象との一体化、過去と現在の同一化はミシュレ史学における最大の特徴のひとつだと言ってよい。この「時代と一体化する」というミシュレの「特異な才能」については多くの研究者が語っているが、それを肯定的に受けとめたのはミシュレを社会主義者の系譜に位置づけた批評家エドマンド・ウィルソンである。「ミシュレの歴史への没頭ぶり、対象との一体化は並外れたものだ。彼の感情、彼の人生のさまざまなできごとが、たえず物語のうちに侵入する。逆に言えば、歴史上のできごとが彼に起こっているように見える」[15]。

しかし歴史を共に生きるというミシュレの特異な才能が開花するのは、私の見るところでは『フランス史』第四巻（一八四〇）以降からのように思われる。第二巻におけるキリスト教讃美、第三巻における民衆礼讃にはまだ何かが欠けている。だがシャルル六世の狂気とオルレアン公の暗殺を軸に展開される第四巻は、たしかに陰々滅々たる時代の歴史ではあるが、暗い中にも異様な輝きを放っている。疑いもなく、第四巻執筆の直前にこの世を去った妻ポーリーヌの亡霊が夫たるミシュレに歴史への橋渡しをしていた。歴史を生きるというよりは共に死ぬというべきだろうか。あるいはR・バルトにならって「死者たちを貪り食う」と言うべきか[16]。

ポーリーヌの死によって何もかもが変わってしまったと言うのは性急かもしれない。とはいえ早すぎる妻の死が歴史家ミシュレの変容を促進したことは否めない。ポーリーヌと共に死ぬことにより、ミシュレは歴史上の人物たちと出会い、彼らを現代に蘇らせる術を身につけた。そこから死と再生のドラマが始まる。

第6章　歴史上の個人をどう描くか——『フランス史』第四巻を読む

『フランス史』第三巻（一八三七）を刊行したミシュレは、一八三八年二月にはコレージュ・ド・フランスの教授に選出され、四月には「私とパリ」Moi-Paris と題して講義を開始しているが、内容的にはすでに刊行されていた『フランス史』（第一〜三巻）からの抜粋である。新しい成果が盛り込まれるのは夏の休暇をはさんで一八三八年一一月末から始まる一八三九年度の講義で、前半は一四世紀（シャルル六世の時代）、後半は一五世紀（シャルル七世とルイ一一世の時代、フランドル、ブルゴーニュ）が対象となっている。(1) ミシュレは一八四〇年度には「ルネサンス」を取り上げるつもりでいたようだが、本人が全く予想もしていなかったある「事件」のために、講義と著作の計画は大幅な修正を余儀なくされてしまった。(2)

『フランス史』第四巻（一八四〇）の序文の中で、ミシュレは次のように言っている。

「この巻と、まもなく出る予定の第五巻（一八四一）とは共通のテーマを持っている。それは一五世紀の大いなる危機のことだが、フランスが沈んでいくかに見えたこの危機には二つの側面がある。この巻は死を、これに続く巻は復活を語ることだろう(3)」

第五巻がジャンヌ・ダルクとシャルル七世にあてられるであろうことはこれによって予想されるのだが、第四巻ではどのような人物と事件が描かれることになるのだろうか。以下にその目次を紹介しておこう（簡略化してある）。

第七篇
第一章　シャルル六世の青年期（一三八〇—一三八三）
第二章　続き（一三八四—一三九一）
第三巻　シャルル六世の狂乱（一三九二—一四〇〇）
第八篇
第一章　オルレアン公とブルゴーニュ公——オルレアン公の暗殺（一四〇〇—一四〇七）
第二章　二党派の争い——カボシュの乱——国家と教会における改革の試み（一四〇八—一四一四）
第三章　続き（一四〇九—一四一五）
第九篇
第一章　イングランドの国家と教会——アザンクールの戦い（一四一五）
第二章　アルマニャック元帥の死、ブルゴーニュ公の死——ヘンリー五世（一四一六—一四二二）
第三章　ヘンリー五世とシャルル六世の死（一四二二）

全体は三部構成になっており、第一幕の主人公はシャルル六世だが、その発狂が繁栄を謳歌したフランス王国に不吉な未来を予感させる。第二幕ではライバル関係にある二人の王子——オルレアン公とブルゴーニュ公——が登場し、その対立は一方による他方の暗殺へと至る。二党派の抗争の間隙を縫うようにしてパリでは「革命」が起こる。だが第三幕において、フランスの真のライバルが姿を現す。イングランド王ヘンリー五世がアザンクールの戦いにおいてフランス軍を完膚なきまでに打ち破り、オルレアン公シャルルをはじめとして多くの王族・貴族を捕虜にし、イングランドに連行する。だがまもなく、「死の舞踏」が勝者も敗者も区別することなく呑み込んでしまうことだろう。

1　シャルル六世——狂気の王

(1) 王の生涯

シャルル六世（在位一三八〇—一四二二）の父はシャルル五世（在位一三六四—八〇）、祖父はジャン二世（在位一三五〇—六四）である。シャルル五世は王太子時代にマルセルの「革命」を体験している（一三五六—五八）。イングランドとの百年戦争が始まった頃のことで、国王ジャン二世がポワティエの戦いで敵軍の捕虜となったため、当時パリの商人頭だったエティエンヌ・マルセルが政治の指導権を握り、王太子に対して武力でもって改革を迫ったのだが、一九歳の王太子はマルセルの要求を呑みながらもこれを実行せず、巧妙に立ちまわってマルセルの自滅を待ったのだった（本書第5章）。

シャルル五世は、のちに「賢明王」と呼ばれたように老獪な政治家で、敗戦と内乱の混乱からフランスを回復させ、再びヨーロッパの強国とした。軍事的には名将デュ・ゲクラン（一三二〇頃―八〇）を重用してイングランドに奪われた土地を取り戻した。だが一三八〇年、デュ・ゲクランとシャルル五世は相次いで世を去る。あとを継いだシャルル六世はまだ一一歳の少年だった（一三六八年一二月六日生まれ）。

実権を握ったのは三人の叔父（シャルル五世の弟たち）――アンジュー公ルイ（一三三九―八四）、ベリー公ジャン（一三四〇―一四一六）、ブルゴーニュ公フィリップ（一三四二―一四〇四）――である。最年長で摂政格だったアンジュー公はイタリア遠征（一三八四）で客死し、代わって母方の叔父ブルボン公が後見役に加わることになるが、幼い国王に影響力を持ったのは、「大胆公」の異名を持つブルゴーニュ公フィリップだった。彼はフランドル伯の女婿で、義父の死後にはフランドル伯となる（一三八四）のだが、一三八二年に始まったフランドル諸都市の反乱に介入し、一三歳のフランス国王を戦場にまで連れてゆく（ローゼベクの戦い）。シャルル六世は即位三年目にして輝かしい勝利を得る。

「この恐るべき光景を眺め、こうしたことすべてを行なったのが自分であると信じ、嫌悪してしかるべきこの大殺戮に対して異常な快楽を覚えたことが、若い精神を根底から混乱させる原因となった」

シャルル六世は、父ほどの知略を持たなかったとはいえ、容貌も悪くはなく、身体的には秀でた能力を持っていたらしい（騎馬槍試合には危険をもかえりみずに参加したし、達者な舞踏家でもあった）。さらに加えて騎士道物語の愛読者でもあった。少年はローゼベクに続く輝かしい勝利を夢見ていたのだろうが、そうしたことは、以後、現実には起こらなかった。二〇歳に達した時、彼は叔父たちから権力を取り戻そうと試みるが失敗し、やがて政治に情熱を失い、そのはけ口を祝宴や舞踏会に見出すようになる。

破局は一〇年後に訪れる。国王の信任あついクリソン元帥の暗殺に関わったと疑われたブルターニュ公を討伐するために自ら軍の戦闘に立った二三歳の国王は、八月の暑さのためか、あるいは突如あらわれた不審な男の不吉な予言のためか、正気を失い、弟のオルレアン公に切りかかり、従者数名を殺すなどして暴れまわったあげく、取り抑えられる（一三九二）。

「眼はあやしく空をさまよい、誰をも識別せず、一言も発しなかった」

王はまもなく意識を取り戻し、様々な治療を受けることになるが、理性と狂気の間を行きつ戻りつするばかりで、完全に回復することはなかった。そのことが、オルレアン公ルイ（実の弟）やブルゴーニュ公（叔父のフィリップ、そしてその息子である従弟のジャン）の政治的野心をかきたてることになるのだが、それでも彼は王座にとどまり続け、オルレアン公とブルゴーニュ公の死を目撃し、アザンクールの敗戦後はイングランド王ヘンリー五世をパリに迎える（一四二〇）。だが勝利者ヘンリーはその年の八月三一日に死に、彼より二〇歳年長のシャルルはやや遅れて一〇月二一日に死ぬ。

（２）王のイメージ

「私は《復活》としての歴史を明示した。そうした歴史がかつてあったとすれば、それは第四巻（「シャルル六世」）においてである。……それは苦悩の噴出によって、あの時代の魂の熱狂にさそわれてなされたのだ。……そこでは死者たちが踊っていた」（一八六九年の序文）

「時代の魂」は、現代の歴史家なら「時代の心性」と言うところのものだろう。あるいはL・フェーヴル流に climat（雰囲気）と呼んでもよいだろう。とにかく、それはひとつの時代もしくは社会の心理的状態を指すのだけれども、ミシュレはそれをいきなり大きな画面の上に展開するのではなく、具体的な個人もしくは事件を通して象徴的に描き出すことを得意としてきた。狂気の王シャルル六世はまさしく狂気の時代の「象徴」だった。

だが、ここで少々厄介な問題——王権論——を片づけておく必要がある。それは、シャルル六世がミシュレにとってフランス王の「典型」であったのかという問題である。ポール・プティティエは最新版の『フランス史』第四巻の解説においてミシュレの王権観に触れ、シャルル六世をルイ（ルートヴィヒ）一世（在位八一四—八四〇、好人物帝または敬虔王とも呼ばれる）からルイ一六世に至るまでのフランス王の典型の中に位置づけている。[4] つまりそれは、カール大帝やナポレオンなどのような強い王（英雄）ではなく、反対に辱しめられ、犠牲に供される弱い、無力な王（聖人）である。日本の研究者では真野倫平氏がこの説を受け継いでいる。[5]

たしかにミシュレには早い時期から「聖人王」に対する共感があった。『世界史序説』（一八三一）において、歴史を「物質」に対する「精神」の闘争であると定義した時から、世俗的な支配者は精神的権威の前にひれふさねばならなかったし、加えて自身の体験——ナポレオン支配下におけるミシュレ家の困窮——から英雄タイプの支配者に対しては反感を持っていた。従ってミシュレが好意的に描く国王は、カール大帝やフィリップ四世のような強い男性的な王ではなく、ほとんど自虐的と言えるような「無為なる王」だった。以下にその例を示す。

①メロヴィング朝末期の王

カール・マルテルのような実力者（宮宰）の影にかくれ、ただのあやつり人形にしか見えない「無為なる王」も、その弱さゆえに民衆からは崇敬の念を持たれていたとミシュレは言う（『フランス史』第一巻、第二篇第二章「カロリング朝」）。

「二〇〇年近くも前から、メロヴィング朝の王たちはモマーニュ Maumagne の館か修道院に閉じ込められ、影のような存在になっていた。春になり、畑に種を蒔く日が来ると、この王国の偶像は聖域から引き出され、民衆に見せられた。ふさふさとした髪と髭を生やしたこの王（年齢がどうであれ、髪と髭は国王になくてはならない徴だった）は、重々しく口を開かず、大地の女神ヘルタのように、牛がひくゲルマン式の車にのってゆっくりと進んでいった。……けれども、この無為、この無垢が王の神聖さについての深い観念を民衆の心に抱かせたにちがいない。彼らから見て国王とは、非難の余地なき存在であり、彼らの不幸を共有する仲間のような存在だったが、彼に欠けていたのは、彼らをその不幸から救う力だけだった(6)」

②ルイ好人物帝（在位八一四―八四〇）

偉大なるカール大帝の三男ルイは父の帝国を継承するが、その息子たちは彼に反抗し、帝位を簒奪しようとする。父はあらゆる屈辱を耐え忍ぶ。ルイは「聖人王」の典型である。

「それは歴史の法則である。終わろうとする世界は、ひとりの聖人によって閉じられる」

「ロタール〔長男〕は、決して立ち直ることのできないほど屈辱的な公開改悛をルイ〔父〕に強いて、その体面をおとしいれようと考えた」

「哀れなルイは何の抗議もしなかった」

「しかし巨大な憐憫が帝国の中に沸き起こった。自身も不幸な民衆は、老いた皇帝のために涙を流した」

（『中世』上、「ルイ好人物帝」）

③ルイ九世（在位一二二六―七〇）

彼を「弱い王」と呼ぶことはできないかもしれない。ルイ九世は父フィリップ・オーギュストの遺産を立派に守りながら、強いフランスを孫のフィリップ四世へと残した名君と言うべきであろう。しかし「聖王」と呼ばれたルイには父や孫のような強い君主とは違う側面があった。カトリック教会への奉仕の心である。そのために企てた最初の十字軍遠征（第六回、一二四八―五四）では若さ故の無謀な突撃のためにイスラム軍の捕虜になり、晩年に再度試みた十字軍（第七回、一二七〇）は彼に死に場所を与えることになるだろう。捕囚の身から解放されて祖国に戻ったルイは次のように語ったという。

「私ひとりが恥辱と不幸を耐え忍ぶのなら、私の罪が世界の教会の迷惑にならないのなら、私もあきらめがつく。しかし、悲しいかな、キリスト教世界全体が私によって恥辱と混乱に陥ったのだ」

ここでもまた「歴史の法則」が見えかくれする。聖王ルイは終わろうとするキリスト教世界の理想の象徴だった。

「聖王ルイの十字軍は最後の十字軍となった。中世はその理想を、その花と果実をあたえた。中世は死なねばならなかった。聖王ルイの孫フィリップ美王において近代が始まる」

（『中世』上、「聖王ルイ」）

④「近代」の英雄

フィリップ四世美王（在位一二八五―一三一四）は明らかに「聖人王」の系譜には属さない。彼はむしろ「悪魔」であり、レジスト（法曹官僚）という「専制君主」たちによって支えられている。彼らが作り上げつつあった近代的国家装置はセーヌ川に棲む怪物のように金《かね》をむさぼり食う。金こそ彼らの神である。「新世界は醜い」。一四世紀にあえて「聖人」に近い人物を捜すなら、フィリップとの戦いに敗れて死んでいった教皇ボニファティウス八世であろうが、「犬のように死んだ」と揶揄された、この老獪な政治家は、たしかに滅びゆく中世の象徴であったかもしれないが、「聖人」の列に加えるには人間味（世俗臭）が強すぎる。では、パリの革命を指導し、挫折したエティエンヌ・マルセルの場合はどうだろうか。マルセルは、たしかにこの時代に生まれつつあった「国民」――もしくは「市民」――の代表者だった。マルセルから、農民反乱の伝説的英雄ル・グラン・フェレ（大いなる鉄人）、さらにはジャンヌ・ダルクへと連なる民衆的英雄の型が見えてくるが、彼らを①～

③の中世的な聖人王の延長とみなすことはできない。
中世の「王」についてミシュレが『フランス史』（第一～二巻）の中で与えたイメージを、それ以降の時代に当てはめるのは無理かもしれない。「聖人王」とはキリスト教が世俗の王権すら支配下に置いていた時代の理想であり、社会が宗教から離れていった時、そして何よりも歴史家であるミシュレ自身がキリスト教の役割に疑いを持ち始めていった時、「聖人王」という理想は現実味を失うのではないだろうか。一五世紀を扱う『フランス史』第四巻（シャルル六世の時代）は、まさしくその意味で「変化」を露呈するものであった。古い価値は滅びつつある。だが新しい理想はまだ正確には示されていない。シャルル六世の時代とはまさにそうした混迷の時代であり、だからこそシャルルの狂気は「時代の魂」の象徴だったと言えるのだ。

（3）衣装と祝祭――時代の雰囲気

「一二世紀の死者たちは、羞恥と嫌悪の念なしに一四世紀の後裔を見ることはできないだろう。人々が恥じらいもなく身にまとったこの時代の奇怪な衣装……によって〔サン＝ドニ修道院の〕ホールが埋めつくされたとき、彼らの嘆きはいかばかりであったろうか」

「男女の服の交換、キリスト教徒がまとう悪魔のお仕着せ、ならず者や娼婦の肩をおおう祭壇布、これらはすべて華麗な宮廷風サバトを描き出していた」

（『中世』下、「シャルル六世――狂気の王」、以下の引用はすべてこの章から）

図 17　奇怪な服装――時代の雰囲気

男たちの靴のつま先は，サソリの尾のようにとがっていた。(…)
女たちは，巨大なエナンを男たちの頭の上に突きたてていた（『フランス史』）

一三八九年五月一日、サン＝ドニ修道院で行なわれた祝宴の特徴は、参加者の装いがカーニヴァル的な転倒の原則に従ってなされていたことだ。①まず男女の服の転倒――一二オーヌ〔約一三メートル〕のガウンを引きずって歩く女装の男たち（hommes-femmes）。②次に獣への変身（hommes-bêtes）――これはあとで取り上げるサテュロスの祭り（一三九三）で悲劇的な展開を示す。③そして聖と俗の転倒――そもそも歴代国王の墓所として神聖視されていたサン＝ドニ修道院でこのような宴会を催すこと自体が冒瀆的なのだが、「神も、聖母も、諸聖人も、祭りを盛り上げる」単なる装飾になってしまった。④それ以上に活躍したのは「悪魔」である。「〔悪魔の〕角を、女たちは頭に、男たちは足に付けた。男たちの靴のつま先は、〔獣の〕角、爪、サソリの尾のようにとがっていた。とりわけ女たちは〔見る者を〕戦慄させた。胸をはだけ、頭をまっすぐに立てた女たちは、角を付けた巨大なエナン〔円錐帽〕を頭の上に突きたてていた」。⑤そしてきわめつきは王と市民の関係の転倒だろう。市民は国王のガウンをまとって高等法院の判事となり、領主たちを裁く。国王は市民の服を着て街路を出歩き、警吏にぶたれる。……

サン＝ドニの祝宴は一見したところ、とりとめのないカーニヴァル的な無秩序であるかに思われるかもしれないが、政治と軍事において自分にふさわしい役割を見出せないでいた若き国王が祭りの道化を演じることで民衆との接点を得ようとしていたことが伝わってくる。王が道化である限り、彼の前にはたしかに観客が存在したのだ。

サン＝ドニの祝宴から三カ月しかたたない一三八九年八月には、四年も前にバイエルン公国からフランスに嫁いできた王妃イザボー・ド・バヴィエールのパリ入城式が盛大に催された。それはまさしく市民参加の陽気で騒々しいお祭りだった。美しく着飾った王妃が市民から歓迎を受けるのを、夫のシャルルは一市民に変身して見物に出た。行列に近づきすぎたために、「警護の兵士から一度ならず殴打されたことさえあったが、その晩、王は貴婦人たちの前でそれを自慢するのだった。王様が騎馬槍試合に出るのを見たことがない、と祭りに来た多くの外国人が不平を言っているのを聞くと、この人のよい王様は、彼らを喜ばせるために自ら試合に参加するのだった」。このことからも、彼が行動的な若者で、ダンスだけでなく、スポーツにもたけていたことが分かる（この時、彼はまだ二〇歳の若者だった）。

それから四年後の一三九三年に宮廷で催されたサテュロスの祭りについても触れておかねばならない。シャルルは前年（一三九二）のブルターニュ遠征で発狂しており、病人の気を紛らわすことがこの祭りでの目的だったようだが、祭りの演出はかなりふざけたもので、いわば「狂気によって狂気を癒す」ものだった。

ただし表向きの理由は、王妃の女官の再婚を祝うということで、そこには「何をしても許される狂気の祭り」、すなわちシャリヴァリの雰囲気があった。サテュロスとはギリシア神話の半人半獣の森の神で、王と五人の騎士がこれに変身した。彼らは一種の着ぐるみをまとっていて、それは

図 18　王妃のパリ入城

彼は若くて美しいドイツ女を見るために市民の群の中に身を投じた。あまり近づきすぎたために警護の兵士から「一度ならず殴打された」ことすらあった（『フランス史』）

「布の上に樹脂を塗り、その上に麻屑の毛を貼りつけたもので、羊のように見えた」。こうして変身した国王たちが、顔の知れないのをよいことに女性たちとふざけている所に、王弟のオルレアン公とバール伯がやってきた。「二人の粗忽者は、婦人たちを怖がらせるために、サテュロスの毛〔麻屑〕に火をつけることを思いついた。麻屑は樹脂に付着していたから、たちどころにサテュロスは火に包まれた。衣装は縫合されていたから、中にいた人間はそこから出ることができなかった」。炎に包まれたサテュロスたちは叫びながら部屋中を駆けまわった。幸いにも国王は火の粉を免れたが、他の騎士たちは焼かれ、三日後に死んだ。

シャルルの病状は、当然のことながら、この事件のあとで悪化する。王は自己を否定し、シャルルでも王でもないと言い張る。ところで、弟のオルレアン公はなぜそのような「いたずら」をしたのか。もしかしたら狂人の兄を殺害しようとする意図があったのではないか。ミシュレは何も語っていない（二人の関係については「オルレアン公の暗殺」の所で考察する）。

ミシュレがこのように「祭り」を具体的に描いているのは、本来は健康な若者だったシャルルを狂人に変えていく時代（宮廷）の雰囲気を描くためだったと思われる。偉大な政治家を父に持ち、自らもそのようになりたいと欲した若き国王は、一一歳の若さで王となり、一三歳で輝かしい勝利を手にしたのだったが、実際には三人の叔父たちに操られる人形にすぎず、二〇歳に達した時には「遊び」以外にすることがなかった（舞踏、騎馬槍試合、そして恋のアバンチュールにかけては達人だった）。彼は狂人になる前にすでに「道化」だった。道化と狂人との間にはどれほどの距離があるのだろう

図 19　サテュロスの祭り

サテュロスは火に包まれた。衣装は縫合されていたから，中にいた人間はそこから出ることができなかった。

か。ともかく、宮廷の祝祭は国王の心を蝕み、少しずつ狂気へと近づけていったのだ。

(4) 発狂へのステップ

一三九二年八月の最初の発作(ブルターニュ遠征)へ至る道のりをまず確認しておこう。

①サンリスの森における不思議な鹿との出会い(一三八〇年)

即位してまもない一一歳の国王は大の狩猟好きで、ある日のことパリの北にあるサンリスの森で鹿を追っていた。この広くて深い森の中で王は不思議な鹿に出会う。この鹿は、美しい銅の首輪を付けていて、そこにはラテン語で次のような銘が刻まれていた。「カエサルがこれを私に与えた」。「騎士道物語の悪影響をすでに受けていた幼き国王の想像力はこの冒険的な出会いによって強く刺激された」。セルバンテスの時代とは異なり、騎士道精神は一四世紀の末にはまだ時代遅れではなく、将来の支配者である王子にとってはむしろ望ましい教養でもあった。

②ローゼベクの戦い(一三八二年)

ローゼベクの体験が、騎士道にあこがれていた若き国王に過剰な自信を与えてしまったことについてはすでに触れた。だがミシュレにとって、戦場は見るに耐えないものだった。「そこには窒息した何千という男たちが積み重なっていた」。それは当時最強のフランス騎兵部隊がにわかづくりのフランドル市民軍を粉砕したもので、ミシュレは戦闘の様子をきわめてリアルに再現している。

「〔フランドルの市民軍は〕集団で突撃し、〔フランスの〕騎兵隊によって分断されないように互いに結合していた。集団は全体がハリネズミのようになり、その矛を肩や胸から勇敢に突き出しながら、無言で前進した。彼らは前進すればするほど、彼らを左右から攻撃する〔フランスの〕騎兵たちの槍の中に深く入り込んでいった。騎兵たちはじわじわと接近してきた。槍は矛より長かったので、フランドル人は相手を突くことができずに突かれた。〔フランドル軍の〕最前列は二列目の方へと後退した。軍は圧縮されながら前進した。緩慢だが恐るべき圧力が集団にのしかかった。途方もない圧力がそれ自身の上に狂ったようにはねかえってきたのだ。血が流れたのは外側の戦列だけだった。中心にいた兵士たちは窒息していた。聞こえてきたのは、戦闘の時に通常生ずる喧騒ではなく、呼吸を奪われた者たちの声にならない叫び、低いうなり声、肋骨の折れる鈍い音だった」

③サン＝ドニの祝宴（一三八九年）

一三八九年の五月（サン＝ドニ）と八月（パリ）に盛大に行なわれた祝典には政治的な背景がある。幼くして即位した国王には三人の叔父が後見人として付いていた。彼らは国内ではパリのマイヨータン一揆やラングドックのテュシャン一揆を鎮圧し、国外ではフランドルの市民反乱を粉砕した。

だが成人に達した国王は、一三八九年、ランスに大顧問会議を召集し、二人の叔父——ベリー公とブルゴーニュ公——に引退を命じ、身分は低いが国王に忠実な新しい顧問官を登用する（彼らは、その反対者たちからは「マルムゼ（小型の怪物）」と呼ばれた）。だが、シャルル六世はルイ一四世にはなれなかった。マルムゼの政府は高邁な希望や壮大な思想を禁じていた。その結果、現実の戦闘の代償として、祝祭、舞踏会、騎馬槍試合が若い国王に割り振られたのである。だが、マルムゼに不満を抱いたのは、シャルル六世だけではなかった。「新参者」たちに権力を奪われた大貴族たち——王の叔父たち、そして王の弟であるオルレアン公も？——は、反撃の機会を伺っていた。

ここまで説明したところで、我々はようやくシャルル六世の発狂の核心へと近づくことができる。王の信任あつい元帥クリソンに対する暗殺（未遂）事件が国王と王族の間でくすぶっていた相互不信を一気に表面化させ、発狂という破局を招くことになる。従って④と⑤については詳しく見ていく必要がある。

④クリソン元帥の暗殺（未遂）事件（一三九二年六月一三日）

クリソン（一三三六—一四〇七）は名将デュ・ゲクランの死後（一三八〇）に元帥に任命され、ローゼベクの戦いで功績をあげた軍人だが、ブルターニュの生まれでありながらブルターニュ公ジャン四世（一三三九—九九）とは対立していた。なぜならブルターニュ公はフランス王権に対する独立心が強く、むしろイングランドとの同盟を重視していたからだ。フランス国王に忠実であると同時に、アンジュー家ともつながりのあったクリソンはブルターニュ公に反抗する地元の領主たちを支援していた。これに対してブルターニュ公はクリソンを抹殺するのに格好の人物を見出した。アンジュー地方の領主ピエール・ド・クラオンという男で、彼はアンジュー公がナポリ遠征に出た際に主人の金庫を奪い、それがために補給がとだえて公は客死してしまった。公の未亡人とクリソンはこの男の行方を捜していた。一方、クラオンはブルターニュ公にクリソン暗殺のはかりごとをもちかけた。

「〔シャルル六世の発狂という〕この狂気に満ちた歴史は、白昼堂々と行なわれる多くの大胆かつ傲慢な犯罪を物語ることになるのだが、その始まりは待ち伏せという夜の卑劣な犯罪だった」

「彼〔クラオン〕はひそかにパリに戻り、夜にまぎれて市内に入った。……ついに〔一三九二〕六月一三日、聖体の祝日がやってきた。サン＝ポールの館〔王宮〕では盛大な式典が催され、騎馬槍試合のあとは、宴会と舞踏会が真夜中まで続いていた。元帥はほとんど一人でパラディ通りにある彼の館に帰るところだった。広くて淋しいマレー地区は、今日でさえ人通りの少ない所だが、当時はなおさらそうだった。そこには貴族の館と庭園、それに修道院しかなかった。クラオンは馬にまたがり、四〇人の刺客と共にサント＝カトリーヌ通りの角で待ちかまえていた。クリソンがやってくると、彼らは松明のあかりを消し、クリソンに襲いかかった。元帥ははじめは国王の弟〔オルレアン公〕による戯れだと思った。……元帥は短剣しか所持していなかったけれども、かなりよくもちこたえた。しかし、とうとう頭に一撃を受けて倒れた。ところが幸運にも倒れた勢いで、その時わずかに開いていたパン屋の戸を押し開けた。パン屋は夜も更けたこの時刻にかまどを暖めていたのである。……けれども四〇人の勇者どもはあえて馬から降りようとはせず、元帥は致命傷を負ったにちがいないと判断して、サン＝タントワーヌ門を通って大急ぎで逃走した」

「その始まりは待ち伏せという夜の卑劣な犯罪だった」とミシュレは言う。一五年後に起こるオルレアン公の暗殺も同様に「夜」の犯罪である。しかも事件の現場はマレー地区（パリの旧市街の北東部）を東西に走るフラン＝ブルジョワ通りで起こっている（**地図1**を参照）。「広くて淋しいマレー地区は、今日でさえ人通りが少ない所だが、当時はなおさらそうだった」。国王が住むサン＝ポールの館はマレー地区の東のはずれにある。深夜、国王の許を辞したクリソンはサン＝タントワーヌの大通りに出るとサント＝カトリーヌ通りを北上し、まもなくフラン＝ブルジョワ通りに出る。彼の住まいはこの通りを左に、すなわち西に向かって三〇〇メートルほど行き、旧テンプル通りを渡るとその先に続くパラディ通りにあった。クラオンはクリソンの帰宅経路を心得ていて、サント＝カトリーヌ通りとフラン＝ブルジョワ通りの交差点あたりで待ち伏せていたのだ。ちなみに、フラン＝ブルジョワ通りと旧テンプル通りの交差する所には王妃の住むバルベットの館がある。一四〇七年一一月、ここに来ていたオルレアン公は国王の使いと称する男に誘い出されて旧テンプル通りからフラン＝ブルジョワ通りへ曲がろうとした所でブルゴーニュ公の刺客に襲われた。二つの事件の現場はフラン＝ブルジョワ通りの東西の端で起こっており、その間は三〇〇メートルしか距たっていない。

このあたりは、現在は国立公文書館やパリ歴史図書館、カルナヴァレ美術館などがあって、歴史研究者には馴染みの土地だが、ミシュレにとっては少年時代の思い出とも結びついていた。例えば彼が通ったことのある唯一の学校コレージュ・シャルルマーニュはサン＝ポールの館の左側——サン・ポール通りをはさんでその西側——に今もある。学校からの帰路でいうと、クリソンと同じようにサン＝タントワーヌの大通りを渡ってサント＝カトリーヌ通り〔現在のセヴィニェ通り〕を北上し、サン・ルイ通り〔現在のテュレンヌ通り〕をさらに一キロ近く登ると〔現在の〕共和国広場に達するが、それを左に行くと、彼の家のあるノートル＝ダム＝ド＝ナザレ通りに行き着く（中世のパリならばテンプル騎士団の北側を半周したことになる）。ミシュレの父がそこに居をかまえていたのは一八一一―一二年のことである。(7)

ミシュレはフランス人である前にパリジャンであり、さらに下町（マレー地区）の人間だった。そこは、ラテン区のようなインテリの街でもなく、サン＝トノレ街のような金持の街でもなかった。地区の北にはサン＝マルタンのフォブール〔城外区〕、東にはバスチーユとサン＝タントワーヌのフォブールがある。そこにはミシュレの父ジャン・フュルシのように地方からやってきた職人や労働者がうごめいていた。ミシュレが中世の歴史を辿り、シャルル六世やオルレアン公の足跡を追ってい

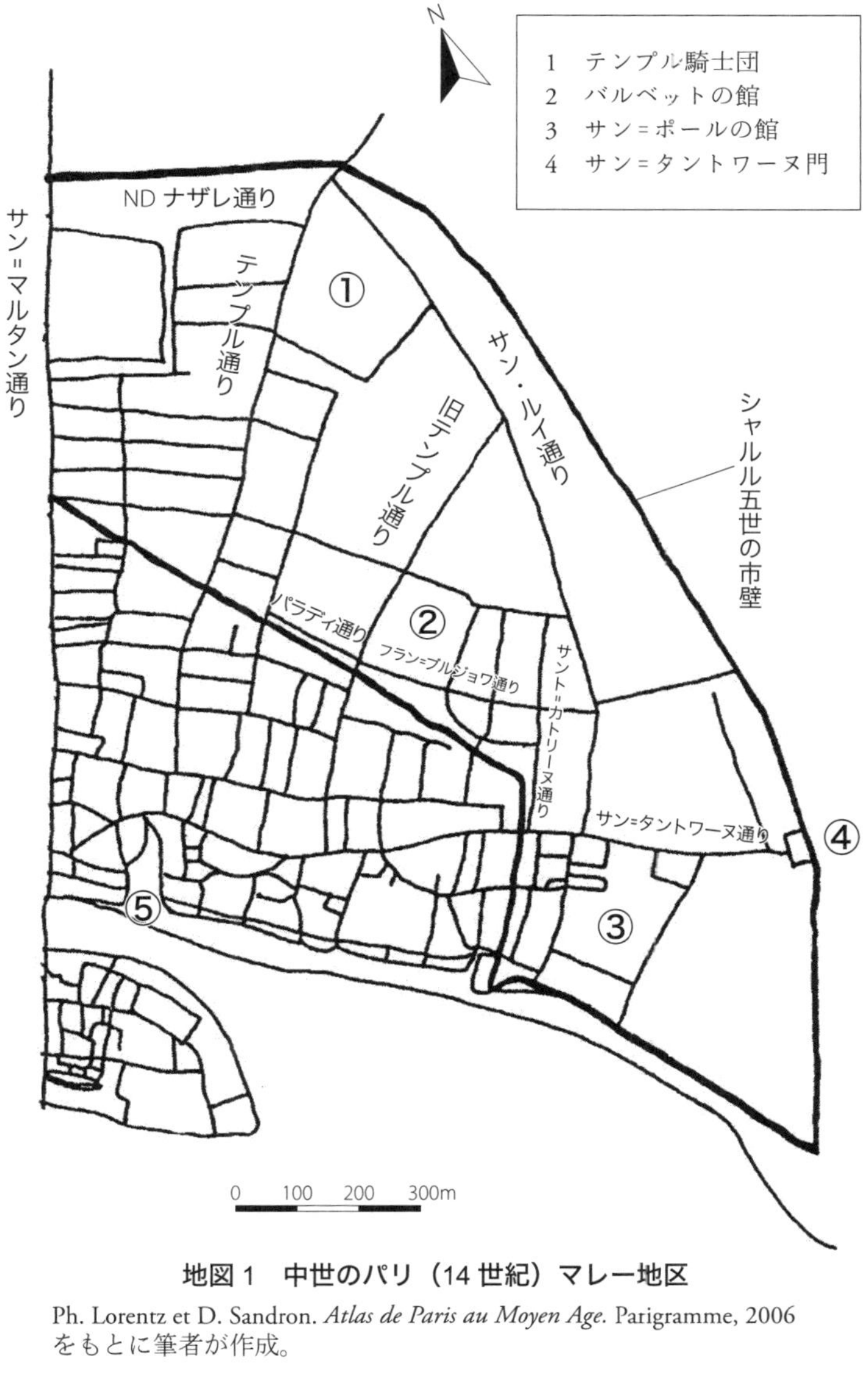

地図1　中世のパリ（14世紀）マレー地区

Ph. Lorentz et D. Sandron. *Atlas de Paris au Moyen Age.* Parigramme, 2006 をもとに筆者が作成。

た時、子供時代の思い出もまた蘇ってきたのではなかろうか。そしてその思い出は――コレージュ・シャルルマーニュで味わった屈辱のように――必ずしも懐しく美しいものばかりではなかった。私には、ミシュレが描く中世のパリの街の暗さがどうしても気にかかってならない。夜の深さと、そこで生きる者たちの同じくらいに深くて暗い孤独が。

⑤ブルターニュ遠征(一三九二年八月)

クリソン元帥襲撃の知らせはその夜の内にも王宮に伝えられた。「王は服を着る間も惜しみ、寝巻きの上にガウンをまとい、従者の来るのも待たずにやってきた」。王は彼に報復を約束する。そして、犯人のクラオンを捕え、その黒幕であるブルターニュ公をこらしめるためにすぐさま遠征に出発する――かの印象を読者は持ってしまうのだが、実際には事件発生(六月)から遠征(八月)までには二カ月を要している。遅延の理由は国王の叔父たち――またしてもブルゴーニュ公とベリー公――が慎重で、色々と口実をもうけては引き延ばしを計ったためだった。そのあたりの事情はフロワサールの『年代記』では実に詳しく書かれているが、ミシュレはこれをわずか一パラグラフで片付けてしまっている。(8)

フロワサールの「年代記」とミシュレの「歴史」を――この事件に関する記述の仕方について――比較してみると、情報量については圧倒的に前者がまさっている(分量にしておよそ一〇倍)。ミシュレの方は情報を選択し、要約しながら、眼を見張るスピードで事件を展開させていく。彼は宮廷の駆け引きなどは数行で片付けてしまい、二カ月の延滞を一気に飛び越して、シャルル六世を八月の太陽に焼かれるル＝マンの森に連れていく（シャルトルを出て約一二〇キロ。だが目ざすレンヌはまだ一四〇キロも先だ）。わずか数頁ではあるが、そこからの叙述の中にシャルル六世の悲劇が凝集されている。[9]『フランス史』（中世）六巻の中でも屈指の名場面である。

メーヌ地方の単調な風景の中を軍隊が行進していく。季節は八月。夏の盛りである。太陽は容赦なく馬上の王に照りつける。

「それは太陽が焼けつき、八月の太陽が重くのしかかる、夏の盛りだった。国王は黒いビロードの服に身を包み、やはりビロードの真っ赤な頭巾をかぶっていた。……陽が差しこむので目が眩むほど暑く、真夏の空に舞い上がる砂は幻覚をさそった」

行列の中で国王は孤立していた。ブルゴーニュ公やベリー公、そして弟のオルレアン公は王からかなり離れた所をあとから付いてくる。諸侯たちは互いに寄りそって話を交わしたりしているが、王はたった一人だ。このように国王を先に立たせていたのは、王に対する敬意であり、また「砂埃をかけてはいけない」という配慮だったのかもしれないが、遠征前のごたごたを想起するなら、諸侯たちの不服従を暗に示す態度であったようにも思える。ミシュレは『フランス革命史』の中で、最高存在の祝典に出席する国民公会議長ロベスピエールの孤独を次のように描くことだろう。

「ロベスピエールは落ち着かない様子でせかせかと歩くのが常であった。国民公会の歩調とはまるで合わない。ときおり、彼のうしろをふりかえる。彼は自分がひとりぼっちであるのを知った」
（桑原武夫ほか訳『フランス革命史』下、中公文庫、二〇〇六、二九六頁）

このようにシテュエイションを簡潔に把握した所で、ミシュレはシャルル六世の心の中に入っていく。あるいはミシュレ自身がシャルルになり代わって語っている。フロワサールのような年代記作者ならこういうことはしないだろう。彼らは自身が見聞きしたこと、あるいは証人たちから聞きとった「事実」を忠実に書き残そうとする。年代記に作者の解釈は不要なのだ。そこに年代記作者と歴史家の違いがある。歴史家は「事実」をすべて書くのではなく、書くべき事実を「選択」する。それだけでなく、事実の「意味」を解明しようとする。だが、歴史の意味は常に歴史の表面にあるとは限らない。無数の出来事の奥底まで深く入り込まなければ、歴史の意味は明らかにならないだろう。ミシュレは、ヴィーコやクーザンの「歴史哲学」に惹き付けられた青年期以来、ずっとこの問題を考えてきた。主体と客体、歴史家と歴史、現在と過去とは、どこでどのようにして共鳴することができるのか？

とにかく、メーヌの森の中で、ミシュレはシャルルに代わって語り出す。

「一二年前〔一三八〇〕、未来を約束する不思議な鹿に出会ったのも森の中だった。何という違いだろう。そのとき彼は若く、希望に満ち、志は高く、野心に満ちていた。けれども現実は甘くはなかった。王国の外では、彼は至る所で失敗した。何をやっても駄目だった。王国の中においてすら、彼は王と言えただろうか。すべての者——諸侯、聖職者、大学——が彼の顧問官たち〔マルムゼ〕を非難していた。その上、彼の元帥〔クリソン〕を殺害しようとして彼自身に最大の屈辱を与えているのに、誰も騒がなかった。このような場合、ただの貴族であっても二〇人の友が集まり、彼に助太刀を申し出るのではないか。王は彼の親族たち〔叔父や弟〕すらあてにできなかった。……それ故、彼には友人もなければ安全もなかった。王のひざ下で彼の元帥を襲うことを恐れなかった者たちが、彼自身に手をかけるのを躊躇するとは思われない。裏切り者たちの間で彼はたった一人だった」

このようにシャルルに代わって彼の過去、現在そして未来〔の予感〕について語ったあと、ミシュレは年代記作者に席をゆずる。具体的な事件の進行については、フロワサールたちによる記述と大差はない。つまり、突然、不審な男が現れて警告を発する。(10)「高貴なる王よ、止まれ。油断召されるな。裏切り者がおりますぞ」。そして正午になって生じたアクシデント——王の槍を持っていた小姓が馬上で居眠りをしてしまい、槍を落とし、それが他の小姓の鉄兜にあたって音をたてた。

「鋼の音と光に驚いた王は震え上がり、剣を抜き、二人の小姓を刺し、叫んだ。《出会え、裏切り者だ……》」

王は近くにいたオルレアン公にまで切りかかる。公は何とか逃れたが、四人が切り殺された。結局、騎士の一人が王をうしろからつかまえた。彼はおとなしくなり、地面に寝かされた。「眼はあやしく空をさまよい、誰をも識別せず、一言も発しなかった」。

王の叔父たちは遠征の中止を決め、失態の責任を王の侍従であるラ・リヴィエールなどのマルムゼたちに帰し、彼らを政権から放逐した。以上が事件の顚末である。

(5) 病いを癒す法

王の発狂の原因は、彼が心に大きな不安を抱えていながら、それを誰にも話すことができなかった所にあると思われるが、医者たちは――そして王の親族たちも――そのことに目を向けてはいなかった。「当時の医学はすでに今日と同様、心をいたわらずに体を直そうとする唯物論的な医学であり、第一の原因が〔体ではなく〕他の所にある時でも、精神的な病いを捜し出そうとせずに身体的な病いを治そうとする。国王はまもなくこのような治療にうんざりし、ひととき正気に戻った時には、医者たちを追い出した」。

次に宮廷が試みたことは「狂気によって狂気を癒す」こと、つまり余興や祝祭を催すことだった。

図 20　狂気の王

あわれな君主は，少しばかり理性の光が差したあとには，発作の近いことを予感した（『フランス史』）

その一例――おそらくは最悪の――が「サテュロスの祭り」だった（本章1―3「衣装と祝祭」）。サテュロスを焼き殺した悪夢のあとで、病状はさらに悪化した。

「王は、結婚もしていないし、子供もいないと言い張った。狂気のもうひとつの症例……は、自己の存在の否定、つまり自分はシャルルでも王でもないと欲することだった。……彼は言っていた。《私の名はジョルジュ、私の武器は剣で刺されたライオンだ》」

周囲の者から見捨てられたと信じ込んでしまった人間が自己の存在を否定するのはありがちなことだが、ミシュレが限りない愛情と共感をふりそそぐのはこのような不幸な人間に対してである。家族に見捨てられた孤独な魂は、自己を否定し、荒野をさまよいながら、それでも何かしら自分に似た者を捜し求める。それが「悪魔」と呼ばれるものであったとしても。では狂ったシャルルを惹き付けたのは誰であったか。

「女性だけが影響力を持ち続けていた」

それは王妃イザボーでもなく、サテュロスの火から彼を救ったベリー公妃でもなく、義理の妹にあたるオルレアン公妃ヴァレンティナだった。

「王は彼女を大変信頼しており、彼女を《親愛なる妹》と呼んでいた。彼女には毎日会わねばならず、彼女なしには一日とて過ごすことはできなかった。……この若い女性は、すでにその夫からは見放されていたが、なぜか哀れな狂人を大いに惹き付けていた。彼らは二人とも不幸だったのだ。国王は彼女の言うことだけは聴いた」

「この陶酔 infatuation という現象、つまり恋愛に似てはいるが、恋愛ではない、この奇妙な磁力 fascination については、私の知る限り、それをうまく説明した者は一人もいない」

オルレアン公妃ヴァレンティナ（一三七〇頃―一四〇九）はミラノのヴィスコンティ家の出身で、一三八九年、当時はトゥーレーヌ公だった王弟ルイに嫁した。ルイがオルレアン公となったのは、一三九二年、あのブルターニュ遠征の直前のことだ。この二人について語るとなると、どうしても一四〇七年のオルレアン公暗殺事件に触れなければならないので、ヴァレンティナと国王シャルルの関係については深入りせず、ミシュレが二人の関係を説明している「陶酔」infatuation という言葉の意味を少し考えておきたい。先に引用した文章に続けてミシュレは次のように書いている。

「そうした力を持つのは人間だけとは限らない。場所もまたそうした作用をもたらす。シャルルマーニュ〔カール大帝〕の目を釘付けにしたと言われる湖もまたその一例である」

「陶酔」という言葉は、『フランス史』第三巻〔「フィリップ美王とボニファティウス八世」〕にも出てくる。それは一三〇〇年の「聖年」に、ヨーロッパ各地からローマに集まってくる巡礼者たちについて語っている部分である。

「土地と習慣の影響から逃れ、異郷に出て新しい生活を始めることはなかなかのことではないだろうか。ジャン＝ジャック・ルソーが〔ヴァランス夫人と共に〕暮らしたシャルメットの村、バイロンの松林、あるいはシャルルマーニュが魅せられたと伝えられるアーヘンの湖など、人の心をとりこにするこれらの場所には、人を陶酔させ盲目にさせる悪魔的な力が存在するのではないだろうか」

ポール・プティティエによれば、infatuation というフランス語は、ラテン語の fatuus（非常識、無分別、道化）から来た言葉で、「度を越した自己満足」を意味する。つまりシャルルの場合、国王になりたての時にサンリスの森で出会った「不思議な鹿」や、ローゼベクでの輝かしい勝利の体験が、もともと騎士道物語によって養われていた少年の心に常軌を逸した野望と妄想をかきたて、それが後の発狂の下地になったという。(11)

初期段階における infatuation は従って「自己陶酔」とでも訳すべきだが、すでに見たようにシャルルはその後現実の壁にぶちあたり、自信を喪失する。そして発狂後には完全なる「自己否定」の症状を呈するようになる。このようにすべてを喪失したシャルルを惹きつけたのが、ヴァレンティナであり、ミシュレはこの関係をも infatuation と呼ぶのだが、この場合は「他者への陶酔」ということになるのだろうか。だが、ヴァレンティナもシャルルに惹かれる所があったらしいから、「磁力」は相互的だったと見るべきだろう。

実際、国王シャルル自身は人の心を惹きつける磁力を全く持たなかったのだろうか？——そんなことはない。おそらくは本人も予期せぬ所で、シャルルは民衆の心を捉えていた。

(6) 王と民衆

ミシュレはここでメロヴィング朝末期の「無為なる王」を読者に想起させる。

「牛にひかれた車の上に乗って年に二回、民衆の前を通るこれらの物言わぬ無為なる国王たちを、民衆は心から敬愛していた」

「血と暴力を好む傲慢な君主たちに取り巻かれていた民衆が、シャルルのような、神の手によって賤しめられた憐れな人間を贔屓にしたということは少しも驚くべきことではない。神は、賢い人間を用いるだけではなく、彼のような人間を用いることによっても王国の病いを癒そうとしたのだろう。彼は大したことをしたわけではないが、あきらかに民衆を愛していた。……民衆もまたそれに報いた……。民衆は最後まで王に忠実だった。どれほど惨めな状態に陥ろうと、民衆は王の中に希望を抱くことをやめず、王によって救われることしか望まなかった」

「狂気の王」に希望を抱き続ける不幸な民衆――これもまた時代の狂気と言うべきかもしれない。王と民衆のうるわしい一体性は喜劇でもある。

「パリの民衆はいつでも彼らの王を見たがった。病状があまりひどくない時には、王は公共の場へ姿を現わした。キリスト受難の信心会がサン＝ドニの大通りで上演していた「聖史劇」にはどんなに具合が悪くても出かけていった。シャルル六世はこの劇を演ずる者を王令の中で《王の友人にして親愛なる信心会士たち》と呼んでいる。だが、民衆にとって真の役者はシャルル自身だった」

「彼自身が大いなる聖史劇の悲しい役者であり、あわれな道化だった。……彼は観客であるにとどまらず、自らが見物の対象だった。民衆は彼の中に王国の受難を見出していた。国王と民衆は互いに見つめ合い、互いに憐れみを感じていた」

国王と民衆は互いに見つめあった。演劇の視点から言えば、彼らは観客であると同時に役者でもあった。舞台と客席の区別はもはや存在しなかった。なぜなら、彼ら——王と民衆——は共に不幸であり、互いの中に「自己」を見出していたのだから。従って「聖史劇」の作り出す雰囲気は、ルソーが言うところの「祭り」に近い。そこにはある種の「一体感」unanimitéが形成されていた。だからこれもまた「陶酔」infatuationの一形態なのかもしれない。だが、シャルルがもし「狂人」でなかったら、こうした民衆との一体性は生じていただろうか。プティティエや真野氏の言う「聖人王」という概念は、これを説明するという点でたしかに考慮に値する。国王が「無力」であり、「無垢」である時、民衆はそこに王の「聖性」を感じとる。それはキリスト教的な王権の概念だったのかもしれないし、それを越えて存在する民衆世界における文化人類学的な王の表象だったのかもしれない。

だがその一方で、シャルル六世の「個性」にも目が向けられねばならない。狂人となったシャルルは没個性的な「道化」となって国民にその姿をさらすことになるのだが、ミシュレが三章を費やしてシャルルを描いたのは、ただそれだけのためであったのだろうか？——否。我々もまた（1）から（6）のプロセスを経てシャルルの半生を追ってきた。それは紛れもなく個性的な一度限りの人生であり、それ故の苦悩と絶望に満ちたものだった。シャルルの人生が「聖人王」の類型に還元されえない特異なものであるが故に、ミシュレの叙述もまた生彩に富んだものとなったのだ。たしかにミシュレは個人を時代の「象徴」として描く手法を早くから身につけていた。ただしその場合でも、力点は「個」ではなく、「全体」にあった。『フランス史』第三巻のマルセルやル・グラン・フェレはまさしくその意味での「象徴」だったと言える。だが『フランス史』第四巻のシャルル六世やオルレアン公ルイの場合、バランスは「全体」よりも「個」へと傾いているように感じられる。「時代」や「社会」だけではなく、人間それ自体がその「個性」において具体的に描かれているのだ。

史料の問題、歴史家としての技量の問題も関わっているのかもしれない。しかし、理由は他にもあるかもしれない。このことを、次節においてオルレアン公を例にとって考えてみることにしよう。

2　オルレアン公の暗殺

国王の発狂は新たな政権抗争を生む。ブルゴーニュ公たちは国王の顧問官（マルムゼ）たちを追放することに成功したが、王弟のオルレアン公ルイ（一三七二―一四〇七）はいつまでも名ばかりの摂政に甘んじてはいない。一方、ブルゴーニュ家ではフィリップ大胆公（在位一三六五―一四〇四）が亡くなり、息子ジャンが後を継ぐ（のちにジャン無畏公 Jean Sans Peur とあだなされる）。オルレアン公ルイとは従兄弟の関係にあるが、一三七一年生まれのジャンはルイより一歳年長だった（二人の関係をミシュレはカインとアベルのそれになぞらえている）。野心にかられたジャンは、刺客を使ってオルレアン公を暗殺する（一四〇七）。反ブルゴーニュ派は、ルイの遺児シャルルの義父アルマニャック伯の下に結集する。こうしてブルゴーニュ派とアルマニャック派がフランスを二分し、長い内乱へと導いていく。

(1) オルレアン公の罪 (一八三四―三五年の講義)

繰り返される暗殺や集団殺戮が人間的感覚を麻痺させる中で、オルレアン公ルイの死は、格別の共感をこめて描かれている。品行方正とは言えなかったこの遊興人の死にミシュレはなぜそれほどの同情を示すのか。

「この人物にはたしかに責められるべき点があった。けれども、ある意味ではそれ故にこそ、私たちは彼を悼むのだ。……私たちは彼の中に私たち自身を、つまり人間が本来もっている悪を見出し、泣くのだ」(『中世』下、「オルレアン公の暗殺」)

だが、ミシュレがオルレアン公の中に「彼自身の罪」を見出すようになったのはさほど古いことではない。ミシュレは一八三四―三五年にエコール・ノルマルで「中世の終焉」La fin de Moyen Ageと題する講義を行なっているが、そこでのルイに対する評価はかなり厳しい[12]。講義は一四世紀と一五世紀をカバーし、『フランス史』の第三巻(フィリップ四世、ボニファティウス八世、テンプル騎士団など)と第四巻(シャルル六世、オルレアン公、ブルゴーニュ公など)に対応している。シャルル六世の部分などは、密度はともかく、講義と著作との間で解釈や評価に大きな違いがあるようには思われない。だがオルレアン公とその妻ヴァレンティナについては看過しがたい評価の変化がある。

オルレアン公

「それは行動的で、真底から堕落した人間だった。外観は軽薄だが、その陰にはとてつもなく大きな企みを隠していた」

「彼の目的が弟のために兄の廃位を宣言させることにあったのは全く疑いない」

「彼が政府をとりしきる時まで、これ以上はなはだしい無駄づかいはかつて一度もなされたことはなかった」

「彼は民衆を貧窮のどん底に突き落とした」

オルレアン公の暗殺

「オルレアン公の死を知ったとき、パリは大喜びしたし、フランスも同様だった。税の取り立てて人が死んだのだから」

「民衆について言えば、ブルゴーニュ公に忠誠をつくすために〔彼を弁護した大学の説教師〕ジャン師の弁証法を聞く必要などなかった。それは当然の報いだと彼らは前々から言っていたのだから」

公妃ヴァレンティナ

「悪賢い君主〔ミラノ公〕の娘であるこの女性は如才がなく、とりわけ栄光には貪欲だった」

「この女性はシャルル六世の心に対して他の誰よりも大きな影響力を持っていた。いかなる手段によってか？　それは妖術によってであると民衆の間では言われていた。おそらく、それは間違ってはいなかっただろう。……またオルレアン公と王妃の密通が公然のものである以上、国王と公妃との間で同様の犯罪的行為がひそかになされたとしても、それを妨げる者など果していただろうか？」

以上がエコール・ノルマルでミシュレが行なっていた講義（一八三四―三五）におけるオルレアン公ルイとその妻ヴァレンティナに対する評価である。ところが以下に見てゆくように、『フランス史』第四巻（一八四〇）の「オルレアン公とブルゴーニュ公」の内容はかなり変わっている。否定的見方は大幅に修正され、オルレアン公とその妻に対しては温かい同情のまなざしがそそがれている。変化の理由は何か？――はじめに答を出してしまうなら、『フランス史』第四巻の執筆中に起こった私生活上の事件――ミシュレの妻ポーリーヌの突然の死（一八三九年七月二四日）――が大きく関わってきている。

(2) ポーリーヌの死

妻の死とオルレアン公の評価との関連を示すために、ミシュレの『日記』の中の記述と、『フランス史』の叙述との間に存在する類似的表現をピックアップして対照表を作ってみた(**表1**参照)。妻ポーリーヌに捧げられた嘆きの言葉は、形を変えてオルレアン公への哀悼の辞となっている。歴史上の人物の死と家族の死とは、それ自体は無関係なはずだが、妻ポーリーヌの死は、いわば歴史家ミシュレの変容における触媒であって、単なる私生活上の一事件ではなく、ミシュレの歴史哲学においては本質的な意味を持つ出来事なのだ。

たまたま執筆中に妻が病死したから、オルレアン公の評価が変わったということではない。「死とは啓示だ」とミシュレも言うように、それまで気づかずにいたことが、「死」に直面することによって見えてきたということだろう。では、何が見えてきたのか?――それは、彼がかつて『世界史序説』(一八三一)の中で歴史における闘争の対象としてきた「自然」に属する領域である(「東洋」「女性」「身体」「民衆」――要するに反近代・反文明的な負の世界)。ミシュレは『フランス史』を書き進めていく過程で、初期の図式の中に留まることに違和感を持つようになるのだが、方向転換するためには何かのきっかけが必要だった。ミシュレ本人が挙げている事例としてはランスの大聖堂で見た「奇妙な光景」が有名で、反乱を起こし刑に処せられた市民の像を見て「中世」に疑問を感じ、フランス革命史を書こうと思ったと述べている(一八六九年の序文)。だが、この告白は言葉どおりには受け取れない。ミシュレはこの「事件」をあたかも『フランス史』第六巻（一八四四）執筆中のことであるかのように言っているが、彼がランスの大聖堂を訪れたのは第一巻刊行の年（一八三三）であり、そのことは『日記』の中にも記されている。一八三三年の体験がなぜ一八四四年になってミシュレを変えたか私には理解できない。むしろ、公然と語られた理由よりは、より身近な、秘められた出来事の方に、より重要な真実が隠されているように思われる。「死は……隠されていたものを突然あきらかにする」。ポーリーヌ・ルソーの死（一八三九）は、社会的上昇の階段を駆け上がってきたミシュレをその頂点から突き落とした。そのかわり、彼は亡き妻の中に隠されていた「民衆」と「女性」の長所に気づく。ミシュレは、敗者がむしろエリート的精神主義者だった自分自身であることを妻の死を通して知るのだ。と同時に、女性たちに愛された「天真爛漫なこのわがまま息子」――オルレアン公ルイ――の評価も変わる。「自然」のままに生きたこの遊蕩児を、ミシュレは、その欠点にもかかわらず、赦し、愛するのだ。

さて一八三九年のミシュレだが、この年の三月に彼は娘のアデールを伴ってリヨンに小旅行をしており、機織り職人・労働者の生活を詳しくメモしている（これは『フランス史』や『民衆』などに生かされる）。しかし、妻の健康についての記述はない。おそらく六月になって急に悪化した妻の病状と、ほとんど突然といってよい彼女の死は、ミシュレにとってまさしく青天の霹靂だったにちがいない。それ故に、彼の受けたショック、悲しみ、後悔の念はたとえようもなく大きかった。

ポーリーヌの病状悪化のために中断されていた日記は、彼女が病院で息を引き取った七月二四日に再開され、堰を切ったかのごとくミシュレの告白が始まる。[13] まず、ポーリーヌの入院の日（六月六日）の回想。「彼女はたしかに病んでいた。しかし、胸が冒されているとは、彼女も私も思っていなかった。彼女の性格は変わってしまっていた。彼女は私から隠れ、まるで別人になってしまっていた。その時すでに、彼女は死んでいたのだ」（七月二四日）。

彼女の病いは単に身体的な病いではなかった。アルコールへの依存については一八三四年あたりから日記や手紙の中にそれを気づかう記述がある。要するに、国王シャルル六世の発狂についてミシュレが指摘していたように、ポーリーヌの場合も精神的な病いが重い意味を持っていたのだ。少なくともミシュレは妻の病気をそのように解釈し、その責任が自分にあったと意識する。「彼女を一人にしておいたのは私のあやまちだった。自分が彼女を軽蔑しているのではないかと疑っていた。彼女は、自分が無視され、忘れられているのではないかと疑ってしまった」（七月二四日）。

ソルボンヌあるいはコレージュ・ド・フランスの教授になることを目ざしてがむしゃらに研究成果を上げてきた歴史家は、一八三八年にその栄光（コレージュ・ド・フランス）をかちとり、一八三九年にその家族を失う。そして数年後には大変化が生じるだろう（「イエズス会」のスキャンダラスなミシュレ、『民衆』と『革命史』の戦闘的なミシュレ）。だが、一八三九年の七月に戻ろう。変化はまずポーリーヌの再評価から始まる。「子供の時から大切に扱われたことがなかったのに、彼女は生来の魅力——古きフランスの快活さ——を失わなかった。それは何にもまして、フランスの女、快活で気高いひとつの人格だった」（七月二四日）。

三日後の七月二七日、ポーリーヌはペール＝ラシェーズの墓地に埋葬される。それから三九日目の九月四日、ミシュレは妻の墓を再び掘り出し、柩のふたをあけ、妻のなきがらを凝視する。「何と、うじ虫しか見えなかった」。七月から九月にかけて『日記』には深い思索が刻まれている。ミシュレが妻に別れの言葉――Pauline, adieu!――を捧げるのは一〇月二〇日のことだ。

ここまで来れば、『日記』（ポーリーヌ）と『フランス史』（オルレアン公）の対応関係を読み取るには十分だろう（**表1**参照）。

表1 『日記』と『フランス史』の類似的表現

『日記』	『フランス史』
①彼女の罪	
7／24　神よ、彼女の罪の責任は私にある。なぜなら、それは私の罪であるから。……私は人間の本性を悼んで泣いた。	この若者が、それほどの愛に値するのかと問われたならば、フランスはあなたがたに次のように答えることだろう。「彼を愛していたから」と。
8／22　欠点とは、人間そのもの、彼らの人格そのものに他ならない。……私は彼女をその欠点ゆえに愛していた。人はまず第一に愛する対象のすべてを愛するのだ。……彼女の欠点は私の欠点である。	人は良いことのためにのみ愛するのではない。愛する者はすべてを愛する。その欠点でさえも。彼には善も悪も備わっていたが、フランスは彼をあるがままのものとして慈しんでいた。フランスは、彼の欠点それ自体の中に愛すべき輝かしい精神が宿っているのを見た。

『日記』

9／12　私たちは何故、悪徳に染まった友人を悼むのか？……私たち自身がそうであり、私たち自身の本性において彼らを悼み泣くのだ。

②フランスの女、フランスの精神

7／24　子供の時から大切に扱われたことがなかったのに、……彼女は生来の魅力――古きフランスの快活さ――を失わなかった。それは何にもましてフランスの女、快活で気高いひとつの人格だった。

7／30　私はすぐそばに、フランス的精神の快活で、あるがままの代表、その素朴な個性を持っていたのに、それを失ってしまった。

〈フランスはひとつの人格である〉

『フランス史』

この人物にはたしかに責められるべき点があったけれども、ある意味ではそれ故にこそ、私たちは彼の死を悼むのだ。彼はそれだけ一層、哀れな人類に属している。それだけ一層、私たちに似ているのだ。彼の罪は私たちの罪でもある。私たちは彼の中に私たち自身を、すなわち人間本性の悪を見出し、泣くのだ。

彼の精神は一時代の精神ではなく、フランスの精神そのものなのだ。こわばったゴシックの精神から脱け出したとき、フランスは本来の自分の姿を、すなわち躍動性、軽やかな優雅さ、優美な空想をはじめて見出した。……ルイ・ドルレアンは最も愛されたフランスの末子であり、すべてが許されたので、彼は思うままに振る舞い、破壊することができた。

天真爛漫なこのわがまま息子たち。

ルイが生まれながらに持っていたこれらの素質を彼は誰から受け継いだのだろうか。あきらかにそれは彼の魅力的な母親から来た……。ひとりの女が彼に優雅さを与え、女たちがそれを洗練させた。

③かけがえのない個人

7/25 〔『詩篇』の〕朗読には、かくも個人的で親密な苦痛に対してはあまりにも一般的な何かがある。

9/12 ひとりひとりの人間は世界史であり、ひとつの世界である。……人格はかけがえのない存在であり、同じものなどない。……あらゆる意味でより秀れた、他の世代がやってくるかもしれないが、それは同じものではないし、去っていったあの個人ではない。

④人生の秋

9/12 サン＝クルー。人にはそれぞれ熟年期、黄昏時というものがある。成熟ならばよいのだが。だが、それは年をとるということではなく、希望が小さくなり、努力し結局無駄となり、目の前に壁ができて、行く手を遮る。そんな年代のことである。……その時に死とは、フェヌロンが言うように、私たちの本性の奥底にある病いに対する薬なのだ。

フランスの精神がヨーロッパにおいて最も輝かしいものになったのは、彼女たちの力による……。

一人一人の人間は人類であり、世界史である。だがそれだけではなく、無限の普遍性を担っているこの存在は、同時に特別な個人、ひとつの人格、たったひとりのかけがえのない存在なのだ。前にも後にも同じものなどない。神といえども人生をやりなおさせることはできない。おそらく、別の者たちがやってくることだろう。世界は倦むことなく別の人間を、おそらくはもっと良い人間を連れてくることだろう。けれども、それは決して同じ人間ではない。決して……。

人にはそれぞれの秋があって、何もかもが活力と生気を失っていく黄昏時というものがある。「成熟」ならよいのだが、たいていは熟年に達するよりずっと前にやってくる。まだそれほど年寄りではないのに、身のまわりでは障害が増え、努力しても結果は出ず、希望は小さくなり、陽は傾いて夜の闇が次第に迫ってくる。……そういう時が訪れるものなのだ。そのとき人ははじめて死とは救いであり、容易に成し遂げられない運命から人を救い出しに来てくれるのだ、ということに気づく。

『日記』

⑤死は啓示

7／26　死は大いなる啓示だ。それは人間の中の隠されていたよきものを突然あきらかにする。

9／12　死は大いなる啓示だ。……それは、一人一人の人間においては悪よりも善がより多くあるという偉大なる真実を私たちに教える。

⑥サン＝ジェルマンの森にて

9／12　……私が昨日サン＝ジェルマンの森で見た蔦の蔓や枝のように。私はその葉をむしりとったが、蔓は木の幹にしっかりとからみついていたので、切り離すためには刃物が必要だった。

『フランス史』

驚嘆すべき死の力！　死のみが生をあきらかにする。生きている人間は、役に立つにせよ迷惑をかけるにせよ、ただ一面からしか見られない。もし彼が死んだなら、その時から人は彼を無数の新しい側面から見るようになり、彼が社会とのあいだに持っていた様々な関係を発見する。

例えば、楢の木にからみついている蔦を木から引き離そうとしても、下の方を見れば無数の蔓がからまっていて、幹から切り離すことができないことが分かるだろう。それらは切断されるかもしれないが、生き残るのだ。

（原注）私はこうした観察をある日のこと、サン＝ジェルマンの森でした（一八三九年九月一二日）。

⑦妻の墓

9／4　柩を開く。過酷な試練。何と、うじ虫しか見えなかった。土に返る、ということか。……あの生気のない物質が生きている物質に生命を吹き込んでいる。そこにあるのは、キリスト教の耐え忍ぶ屈辱のように、見るもおぞましい様相だ。……

彼女を想う気持であふれ、憐憫と愛に心動かされながら、少なくとも一分間は彼女の面影に再会したいとやってきた私だが、その光景は見るに耐えないものだった。

体の形は屍衣の下で、比較的よく保たれていた。緑色がかっていたが、押しつぶされた何かのように、〔ある部分は〕固く、突き出し、〔ある部分は〕重くるしく丸まっていた。

9／12　私はいとも誇り高き精神主義者が、墳墓の恐るべき醜さに惹かれ……イネス・デ・カストロの悲しき物語を再び繰り返すのを見た。

「あなたがたは同じ肉体となる」とは、ただの空文句ではない……。暖炉、パン、寝床、子供たちの共同体。大いなる神。それ以上の何があるだろうか？

「あなたがたは同じ肉体となる」とは結婚を意味する言葉だが、ただの空文句ではない。それは生き残った者にとっても意味を持ち続ける。……彼〔妻に先立たれた男〕は毎月、妻の墓にとりすがっては問いかけ、答を要求する。墓はそれに答える言葉を持たない。……死を認めたがらない男は、おぞましき石を取りのける。苦しみも自然も死滅する墓の中、彼は死者をおおう布をあえてはぎとり、光が見ることを欲しないものを光にさらし、うじ虫から何やら形も分からぬ恐ろしげなものを奪い取る。はたせるかな、それが〔彼の妻〕イネス・デ・カストロなのだ。

(3)『日記』(ポーリーヌ)から『フランス史』(オルレアン公)へ

① 「彼女の罪」はオルレアン公の罪(欠点)に置き換えられる。この二人の生き方をミシュレは心から受け入れようとする。何故かと問われたなら、彼(フランス)は彼女(オルレアン公)を愛していたから、と答えるほかはない。だが、オルレアン公のライバルであったブルゴーニュ公(無畏公ジャン)の死に際しても、ミシュレは同じように答えるだろうか。——否。

② 「民主派」の仮面をかぶった「ゴシックの精神」(ブルゴーニュ公)よりも「天真爛漫なわがまま息子」をミシュレは愛する。なぜなら、それは来るべき「ルネサンス」の精神を予告するものだったからだ。それはルイ一一世よりもフランソワ一世を、ロベスピエールよりもダントンを愛する歴史家の「好み」と言うべきだろうか?——否。それはただの気まぐれではなく、より大きな価値観に基づいた歴史家の「選択」なのだ。ポーリーヌに対する評価と比較してみよう。彼女は何にもまして「古きフランスの女」(素朴で快活な女)だった。つまりキリスト教的な倫理に押し込まれる前の——ケルトの——「自然」のままに生きていた「民衆」の心をもった女なのだ。貴公子ルイは、そうした「フランスの精神」を女たちから受け継いだ。「民主派」であったにもかかわらず、男性的なブルゴーニュ公やロベスピエールをミシュレが支持しないのは、彼らの性格が反=自然だったからだ。

③「個人」に対する偏愛は歴史家の判断から「客観性」を奪うことになるのではないか。この疑問にミシュレは無関心ではなかった。少なくとも歴史が個人の主観や想像にゆだねられるべきだなどと彼が主張したことは一度もない。歴史は地理のようなしっかりした土台の上に立てられねばならないというのが、若い頃からの彼の歴史観だった。とはいえ、クーザンやギゾーといった「純理派」のように、歴史を上から見下し、一般化・抽象化してよいはずはない。ポーリーヌの葬儀で朗唱された『詩篇』の中にも、ミシュレはこのような「一般化」の味気なさを感じていた。なぜなら、ポーリーヌは「かけがえのない存在であり、同じものなどない」からだ。エコール・ノルマルの講義でミシュレが選んだ「一般的」解釈を、『フランス史』のミシュレは投げ棄てる。時代や社会一般ではなく、「特別な個人」「ひとつの人格」「たったひとつのかけがえのない存在」としてのルイ・ドルレアンがそこにいる。

④「人生の秋」——ポーリーヌを亡くしてからというもの、ミシュレは残された二人の子供——アデールとシャルル——を伴ってパリの公園や近郊の森を散策することが多くなる。七月二四日以来、時は流れ、秋の気配が感じられるようになった。四一歳になったばかりのミシュレが人生の「秋」を感じたのは、葬儀に伴う精神的疲労のせいだったかもしれない。ともかくミシュレは、一四〇七年秋のオルレアン公をそうした心理状態において見直したようだ。税を

めぐる「民衆の怨嗟」。――「すべてが裏目に出ていた」。彼はボーテ城に引きこもる。セーヌの上流にあるこの美しい城は「人をメランコリックなやさしさに包む不思議な魅力」を持っていた。オルレアン公はまだ三六歳だった。だが彼は「死期が迫っている」ことをはっきりと予感していた。ある夜のこと、「彼は死神を見た」（セレスタン修道院）。――ミシュレは、時間や場所、そしてシテュエイションなどを正確に記述しながら、そこに生きている「個人」をその心理の奥まで描き出そうとする。

⑤⑥⑦　ここでは、相互に絡み合いながら、《死》についての思索が展開されている。「死は大いなる啓示だ」「死のみが生をあきらかにする」――生きている間は良い面か悪い面、つまり人間の一面しか見えないのだが、人は死ぬことによってその存在の「全体像」を示す。たしかに「全体性」という概念は、ミシュレの歴史観においては大きな意味を持っていた。コレージュ＝サント＝バルブの教師であった頃、二七歳のミシュレは「科学の単一性」という講演（一八二五）において、文学、歴史学、哲学あるいは自然の諸科学は互いに無関係ではなく、相互に関連するものだということを強調している。そして晩年の『フランス史』序文（一八六九）においても、「精神」と「物質」の総体である歴史の全体像に言及している。だが、ミシュレの思想を抽象化しすぎないようにしよう。私にとっては、講演や序文の中で簡潔に要約された思想よりも、ミシュレが折に触れて書きとめた体験や観察の方が興味深い。例えばサン＝ジェルマン

の森の中で、楢の木の枝をおおう蔦の葉をむしりとっているミシュレは、葉をとり去ってもなお無数の蔦が深く幹にからみついていることを発見する（かくのごとく歴史上の人物の人生も複雑に社会とからみあっている）。そして妻の墓を開いてその亡骸を凝視するミシュレ。おそらく一生の間に幾度あるとも思えぬこのような体験（「過酷な試練」）は彼の脳裏から消え去ることは決してなく、彼が歴史家として「死」を叙述する時、その記憶は幾度もよみがえったにちがいない。「歴史は復活だ」――それはただの空文句ではない。「あなたがたは同じ肉体になる」という言葉が空文句ではないように、それは生き残った者にとっても意味を持ち続けるのだ。

腐り始めた妻の体を――おそらくは恐怖と嫌悪感にとらわれながらも――凝視し続けるミシュレの中に、私は「身体」の価値に目覚めた歴史家の責務のようなものを感ずる。『フランス革命史』の場合もそうだが、ミシュレにおいて「死」の場面は重要な位置を占めている。しかも、処刑や虐殺のように暴力的で残酷なシーンが少なくない。かくも陰惨でグロテスクな情景から目をはなさずに、それを描き続ける歴史家にはサディスティックな傾向があるのではないかと疑ったこともある。それについては判断しかねるものの、『日記』と『フランス史』を対照しながら理解しえたことは、歴史家としてのミシュレが「見る人」voyeur だったということだ。たとえ目にもおぞましいものだったとしても、ミシュレは決してそれから目を離さないだろう。生き生きしたもの、美しいものにだけ目を向ける――歴史家としてそれは決して誠実なものの見方ではない。人が死んで醜く変わりはてたとしても、ミシュレはその人から目をそむけない。それが彼のものの見方、愛し方なのだ。

（4）事件の現場

最後に「事件」の場所と人の動きを確認しておこう。「旧テンプル通りとフラン＝ブルジョワ通りの交差点には今日でも、一五世紀に建てられた瀟洒な塔を見ることができる」。それは王妃イザボーが、国王シャルルと別れて住んでいるバルベットの館だ。王妃は〔一四〇七年〕一一月一〇日に出産をしたが、死産だった。一方、オルレアン公とブルゴーニュ公はリエージュの司教をめぐって再び対立していた。叔父にあたるベリー公は一一月二〇日、「二人の手をとって教会に連れていき、ミサを聴かせ、同じ聖体を受けさせた。そのあとで和解のための宴会を催し、二人を抱擁させた〔一一月二二日〕」。だが、暗殺の準備はすでに完了していた。

「和解の会食の翌日である一四〇七年一一月二三日水曜日、オルレアン公ルイはいつものとおり、王妃の館にいた。彼は哀れな母親をなぐさめようとして、そこで夕食をとり、陽気にふるまっていた」。そこに国王からの使いが来て、サン＝ポールの館に来てほしいと伝える。「まだ八時にしかなっていなかった。……けれども、この辺鄙な場所で、しかも一一月には遅い時間だった」。一五年前のクリソン元帥と同じように、オルレアン公は人気《ひとけ》のない夜のマレー地区に出て行く。数名の従者だけを連れて。「公は黒いダマスク織のマントをまとい、家臣を先に立たせて、旧テンプル通りを進んだ。陽気であろうとする人らしく、低い声で歌い、手袋を弄んでいた」。

事件の目撃者は旧テンプル通りとフラン＝ブルジョワ通りの交差する所にあるリューの館に居住

している靴職人の妻だった。夫の帰りを待ちながら窓から通りを見下ろすと、「一人の殿様が馬に乗って通るのが見えた」。その直後に、人の叫び声が聞こえ、もう一度窓にかけ寄ると、「さきほどの殿様が帽子もかぶらずに道路にうずくまっているのが見えた。……覆面をした男たちが斧や剣で彼を打ったり、突いたりしていた」。公が倒れたのち、「赤い頭巾を目が隠れるほどまぶかにかぶった」首領格の男が大きな角灯を持って現れ、地面を照らして見ていた。「彼らの仕事振りは申し分のないものだった。死体はバラバラに切り分けられていて、右腕は二箇所——肘と手首——で切断され、左の手首は打ち込みの激しさのために遠くへ切り飛ばされていた。頭は目から耳へ、耳からもう一方の耳へと切り開かれ、頭蓋骨は割れて、脳みそが石だたみの上に流れ出ていた」(『中世』下、「オルレアン公の死」から)。

3　歴史における「個人」

本章では『フランス史』第四巻(一八四〇)に収められているシャルル六世とオルレアン公ルイに関する諸章を重点的に取り上げ、ミシュレの歴史における「個人」の描き方について検討してみた。従来、ミシュレの歴史学の特徴は、時代を全体として捉え、エリートよりは民衆を、事件よりは心性を明らかにする所にあると言われてきた。この見方は、まちがってはいない。だが今回、中世史をあつかった『フランス史』六巻を通読してみて、特に印象深かったのはシャルル六世の人物描

図 21　オルレアン公の暗殺

人の叫ぶ声が聞こえた。「くたばれ！」(『フランス史』)

写だった。それは必ずしも「狂気の王」という題材の面白さのためばかりではない。それよりも、平凡な若者が歴史の流れに翻弄されながら、それに抗い、もがき、結局は理性を失っていくプロセスが実に丹念に描かれていて、それが読む者に鮮烈な印象を与えるからだ。それ故、私は「個人」の描き方という視点から『フランス史』第四巻を分析してみようという気になった。

思い起こせば、若い頃のミシュレの歴史への近づき方は、かなり観念的だった。クーザンやヴィーコの歴史哲学に触発されて歴史への道に進んだミシュレではあったが、いわゆる年代記的な歴史にはあまり関心がなかった。個々の「事実」はさほど重要ではなく、それらの根底にある「法則」もしくは「理念」のようなものに惹かれていたのだ（本書第2章）。その意味で三〇歳をすぎてまもない時に発表した『世界史序説』（一八三一）はまさしく彼のマニフェストであり、歴史家というよりは思想家としてのミシュレの一面をよく示していた。「歴史は、自然に対する人間の、物質に対する精神の、宿命に対する自由の絶えざる闘争である」。要するに、具体的な事実よりは、観念的な見取り図というものが先に存在していたのだ。従って『フランス史』の最初の二巻（一八三三）においても、理念先行という印象はぬぐいきれなかった。「人種」にしても、「王権」にしても、「地理」にしても、着眼はユニークで、論理も明快ではあるが、どこか一方的で押し付けがましく、深みに欠ける所がある。意地の悪い言い方をすれば、「迷い」というものが感じられない。勿論、支離滅裂では困るのだが、あまりに整合的で首尾一貫した歴史というものは薄気味悪いものだ。

ただし、興味深いのは、『フランス史』第二巻の最終章である「芸術の原理としてのキリストの受難」において、ミシュレが聖王ルイ（九世）の「疑い」について触れていることだ。信心にこりかたまっていたかに見えるこの「聖人王」ですら懐疑の念に囚われていたとするならば、若いミシュレの中にも何らかの「変化」が生じていたと考えてもおかしくはないだろう。キリスト教会の役割に対する懐疑、民衆の野卑な祭りに関する興味——それは『世界史序説』のシェーマとは反対に、「精神」に対する「物質」（身体）の反抗を暗示していた。キリスト教会と民衆が親と子のようにひとつの家族を形成するというミシュレ初期の理想は、歴史の現実の前で色あせつつあったのだ（本書第4章）。

調和が破れ、対立が鮮明となったことで、『フランス史』第三巻（一八三七）の歴史はかなり躍動的なものになった。フィリップ四世の政府は「金」をむさぼり食う怪物——つまり近代的な官僚国家——だったが、その尖兵である法曹官僚（レジスト）たちは骨の髄まで現実主義者であり、「国家理性」に従って教会の財産を簒奪していく。「新世界は醜い」——これはダンテの嘆きであるばかりではなく、近代の物質主義（資本主義）に対するミシュレの本能的な嫌悪感を表明したものだが、重要なのは、それにもかかわらず、ミシュレがそうした「近代」の負の側面から目をそむけずに、辛抱づよくフィリップとレジストたちの行動を描き続けたことだ。要するに、「理念」よりも、現実の動きに目を向け続けたことだ。私にはそれこそが歴史家らしい歴史の描き方であるように思われる。

従って、「個」への着目は時間の問題だったのではないかと思われる。エティエンヌ・マルセル

（第三巻）においてはいまだ「象徴」に留まっていた個人は、シャルル六世（第四巻）においてはじめて心と肉体をあわせもった人間らしい相貌を見せ始める。ミシュレは史料（年代記）が伝えていない心の中の動きまでも描こうとする。シャルル六世はもはや単なる時代の象徴なのではない。むしろ時代の要請に応えることができなかった国王シャルルは理性を失い、自己を否定する。個（身体）は全体（精神）に反抗する。さらにまた、オルレアン公ルイに対するミシュレの評価の変化もまた興味深い。ライバルであるブルゴーニュ公ジャン（無畏公）がどちらかと言えば「民主派」であり、パリの民衆に人気があったに対して、オルレアン公は根っからの貴族主義者——遊興人で浪費家——だったから、当初ミシュレの評価は低かった（一八三四—三五年の講義）。にもかかわらず『フランス史』第四巻においてミシュレは評価をあらため、オルレアン公の「罪」を赦したばかりか、彼を「フランスの精神」の華とまで褒めそやす。わずか五年の間に大きな変化が生じたのだ。

われわれはここで歴史家（ミシュレ）における「個人」としての側面にも目を向けた。すでに見たように「オルレアン公の暗殺」の中には、一八三九年の『日記』に類似する表現が多数ちりばめられている。オルレアン公に捧げられた哀悼の辞は、もともとはその年に急死した妻ポーリーヌにささげられたものだった。最も身近かなはずの人間の突然の死に接することでミシュレの人間観察は格段に深まり、当然のことながら歴史叙述へもそれは投影された。ミシュレの「変化」が最も早く、そして最もストレートな形で現れたのが「オルレアン公の暗殺」だった。対象と自己との同一化というミシュレ史学の特徴はこの章においていかんなく発揮され、やがてジャンヌ・ダルク（第五巻）

の圧倒的な描写へと連なることだろう。

背景には様々な事情があったにせよ、シャルル六世とオルレアン公という二人の人物において、ミシュレははじめて歴史の個性的な描写を試み、人物の性格と心理をリアルに浮かび上がらせることに成功した。「民衆史家」だけではなかったミシュレのもうひとつの側面がそこにはある。

終章　現代に影響を及ぼすミシュレ

本書を締め括るにあたって、まずはじめに実証主義を批判することで出発した「新しい歴史学」――アナール学派――とミシュレとの親和性を検証し、[1] 次にフランス革命史や記憶の歴史との関わりを見たうえで、ミシュレの現代性について考察しておきたい。

1　アナール学派とミシュレ

(1) L・フェーヴル

第二次世界大戦――フランスにとっては四年間のドイツ占領という暗い屈辱の時代――が終わってまもない一九四六年に、『アナール』の創立者L・フェーヴルは叢書「自由の古典」の一冊として『ミシュレ』を出版している。約一八〇頁の小冊子の半分はフェーヴルによる序文（「ミシュレあるいは精神の自由」）であり、残り半分がミシュレ自身のテキスト（大部分は『世界史序説』からの抜粋）である。[2] 序文の冒頭は次のように皮肉な――あるいは諧謔的な――調子で始まっている。「ミシュレをご存じか？……彼のことなら知りすぎている！……時代遅れの老人で、おめでたい人道主義者、排他的愛国主義者……」「もう死んだ人間だというもよかろう」（大野訳、一八三頁）。

勿論、これはレトリックであって、アナール第三世代の歴史家ル・ゴフの言い方を借りるなら、「表層」においては断絶していても、意識の「深層」においては連続していることを知りつつ、フェーヴルは読者――「占領」を体験したフランス人――に向かって語りかけていく。彼はミシュレの『民衆』（一八四六）を取り上げて次のように言う。「一〇〇年後のわれわれ、一九三八年の、一九四〇年の、一九四四年のわれわれフランス人は……同じ強烈さで、そうした戦慄を感じとる」。――一〇〇年前のフランスは、ミシュレ（一七九八―一八七四）の前半生にあたるが、ナポレオンの没落（一八一五）に始まり、王政復古（一八一五―三〇）を経て、七月王政（一八三〇―四八）へと至り、二月革命を目前に控えていた。フランスはその間、外国（主にロシアとイギリス）の支配に屈し、自由を忘れ、自らが「革命の子」であることを否認してきた。だが今や自由を取り戻すべき時だ。ミシュレは二月革命の予感の下で『フランス革命史』（一八四七―五三）を書いた。一〇〇年後のフェーヴルは、ドイツ占領下のコレージュ・ド・フランスで「ミシュレとルネサンス」について講義をする（一九四二―四三）[3]。そして戦後の解放的な雰囲気の中で、今や誰はばかることなく、「フランス的な自由」について語る。「自由への生き生きとした息づかい」「ミシュレは自由の古典的作家だ」「自由は存在するのではない、自由は作り出されるのだ」（大野訳）――だが、引用はこれくらいにしておこう。フェーヴルのミシュレ礼讃は、いわば彼らが共有する「体験」――戦争体験――から生ずるもので、それを知らない「戦後世代」の心を打つとは限らない。より冷静になり、もっと知的な方面においてミシュレと現代をつなぐものを捜すべきだろう。フェーヴルはこの方面においてもさすがに博識であり、ミシュレの歴史学が「新しい歴史学」にとっての良きモデルであることを、幾度も力説している。

（2）新しい歴史学のモデルとしてのミシュレ

①地理学

歴史と地理の相互補完性を意識していたフェーヴルは『大地と人類の進化』の序論[4]において、ミシュレの「タブロー・ド・ラ・フランス」（「フランスの景観」、一八三三）と一八六九年の序文[5]を取り上げてミシュレの歴史・地理観を高く評価しているが、それは地理が歴史の「土台」だからということだけではなく、ミシュレにおいては物質と精神とが不可分なものとして捉えられており、しかもそれが変化していくところに目が向けられているからだ。つまり、地理と歴史、物質と精神の全体が問題なので、どちらか一方が他方を決定するものではない。歴史における決定論を拒否することにおいてミシュレとフェーヴルは完全に一致していた。なお、「地理」「物質」への関心はF・ブローデルに受け継がれ、「長期持続」（longue durée）、「物質文明」という概念を生み出している（F. Braudel, *La Méditerranée et le monde méditerranéen à l'époque de Philippe II*, 1949; *Civilisation matérielle et capitalisme*, 1967）。

②climat

「気候」もしくは「風土」と訳されることの多いこの言葉は、フェーヴルにおいては独特の使われ方をしており、アナール史学（社会史、心性史）においてのキーワードのひとつである。M・ヴォヴェル『フランス革命の心性』（原著一九八五、立川ほか訳、岩波書店、一九九二）においてもこの言葉が使用され、共訳者がはじめに採用した「精神的風土」という訳を、立川があえて「時代の雰囲気」という訳に換えさせたことが想起される（「訳者あとがき」を参照）。その変更の理由としては、著者ヴォヴェルに直接尋ねたところ、それは不動のものではなく、変化しうるものだと説明してくれたためでもある。先に取り上げた地理にしても、このclimatにしても、物質的な決定論とは別のものとして理解しなければならない。

L・フェーヴルはエコール・ノルマルで行なった講演において、次のように語っている。

「ミシュレが一八三四年の講義で学生にこんなことを言っています。「歴史はスターンの小説と同じだ。サロンで起こっていたことは、台所でも起こっていた。二百里も離れたところで、一方が時を刻むと、他方は時を告げる、二個の感応時計のように」。そして次の例をつけ加えています。《アベラールの哲学が自由を告げると、時を同じくしてピカルディー地方の自治都市が自由を刻む》。実に見事に表現したものです。ついでに指摘しますとミシュレは、人間の様々な活動に位階制とか階級的分類を設けたりしませんでした。第一層、第二層、第三層あるいは第一段、第二段、第三段といった石工の単純極まりない形而上学を抱いていません。……むしろ精妙にして賢明な「共通の雰囲気」（climat commun）という概念を持っていました」(6)

（長谷川輝夫訳）

「石工」の例は、マルクス主義的な史的唯物論――経済・政治・文化の垂直的な三層構造――を批判したものと思われるが、climat のもつ同時進行性は政治史的な因果関係論（年代主義）とも相容れない。アベラールと労働者のように身分の異なる人間が全く離れた所にいながらも、「自由」という同じ空気を吸っている。それは従来の政治史・文化史の方法では説明がつかないとフェーヴルは考える。実はそこから「心性史」という概念・方法が生まれてくる。

③民衆の世界

二〇世紀後半のアナール学派（社会史）に至るまで、「民衆」が歴史の主役になることはまれで、歴史家の関心は「文明」（ヴォルテール）であったり、政治・外交・軍事（ランケ）であったりした。一九世紀の後半になってマルクスの史的唯物論が被搾取階級としての農民にスポットライトをあてることになるとしても、それはあくまで「階級」としての農民であり、具体的な生活のレベルやその心性にまで掘り下げて観察されることはなかった。勿論、パリ生まれのミシュレが、農民あるいは農村の住民と身近に接触していた訳ではない。彼が自らの体験と重ねて語ることができたのは、都市の――とりわけパリの下町の――商人や職人についてだった（フランス革命下のパリのサンキュロットの分析については、一八七一年に焼失したパリ市庁舎の文書を使用していることもあり、永遠にその価値を失わない）。だがミシュレはすでに『フランス史』（中世）を書き始める頃から、民俗学にも関心を示し、『ドイツ法古事誌』の著者であるヤーコブ・グリムに幾度も書簡を送っている（一八二九年以降）。『フランス史』の最初の二巻（一八三三）はキリスト教への憧憬が前面に打ち出されているとされるが、それでも教会に集まって独自の振舞（祝祭―阿呆の祭りなど）に興ずる農民の姿が生き生きと描かれている（邦訳『フランス史』Ⅰの最終章「芸術の原理としてのキリストの受難」を参照）。さらに一八一五年に亡くなった母コンスタンスの実家であるミレー家がロレーヌ地方（アンデルヌ県）の農民だったことも当然考慮に入れる必要がある。ジャンヌ・ダルクの生まれたドンレミ村もそこからそれほど隔たっていないのだ。ピカルディーの都市ランからパリに出て来て印刷工になった父と、農民出身の母から生まれたミシュレの中には、民衆の二つの系譜――職人と農民――が入り混っていた。

ミシュレにおいて身近なものであった民衆の世界――勿論、現実においてというよりは、想像の中でいうべきだが――は、フェーヴルにおいては全くの未知の世界、異文化の世界として提示される（もっともこれは彼独自の戦略でもあって、現在と過去とが不連続であるという前提から彼は議論を進めるのだ）。

「われわれ二〇世紀のフランス人とは、そもそも何者であり、何であるのか？……基本的に都会人であり、定住民であり、洗練された人間である」

「フランス一六世紀の具体的な人間、生きている人間、骨と肉とを持った人間と、われわれ二〇世紀のフランス人とは、ほとんど似たところがない。あの野人、あの放浪者、あの村人。彼は何とわれわれから遠いことか！」(7)（二宮敬訳）

一六世紀ルネサンスのフランスを、上から王侯貴族（宮廷社会）、芸術家、商人（ブルジョワ）へと下って来たフェーヴルは、最下層の民衆世界を前にして自らの知的能力の限界を告白する。歴史家にとって、それは永遠の闇の世界なのだ（アナール第三世代に属するル・ゴフやル・ロワ・ラデュリも同様の発言をしている）。だが彼らにはミシュレという道案内がいた。

「それがどんなことかは、すでにミシュレが『フランス史』第七巻（ルネサンス）の「序説」の中で」語っている。野や森や曠野《ランド》、妖精の宿る柏の木、あるいは夜、日の光を浴びて真珠のように輝く伝統的な蛇やドラゴンが水を飲みに現れる。冷たい泉……彼らの胸の奥底には、とうに消滅したと思われていたさまざまな信仰の血脈、密かな異教的信仰が、表立つことなく執拗に、束縛なしに生き続けているのだ。民衆的な自然信仰《ナチュラリスム》、本能的汎神論の逞しい流れが、中世全体を、そしてルネサンス全体を貫流していることを、忘れてはなるまい(8)」（二宮敬訳）

魔術と混じりあった民衆文化――ミシュレが『フランス史』と『魔女』によって描き出した、悲惨でありながらも生命力にあふれた民衆世界の研究は、アナール第二世代のマンドルー、第三世代のドリュモーによって継承されていく。ただし、これら現代の歴史家たちとミシュレとをつないだのがフェーヴルによるラブレー研究だったことは言うまでもない。

④身体、女性、自然

ミシュレの『魔女』（一八六二）が民衆文化の研究においてパイオニア的存在だったことはすでに述べたとおりだが、民衆文化はミシュレにおいては心性と身体の双方から考察されている。魔術はキリスト教の異端であったばかりでなく、中世における医学、民間における医療でもあった。ミシュレは言っている。「ルネサンス期の偉大で力強い博士、パラケルススは、ラテン、ユダヤ、アラビアを問わず、すべての古代の医学の学識深い書物を焼き払った一方、民間の医学から以外、善良な女たち、羊飼いたち、死刑執行人たち以外から、何ひとつ学ばなかったと宣言している」（篠田浩一郎訳、岩波文庫、上巻、一七八頁）。「魔女たちが行う最大の革命、中世の精神に反抗するさかさまの、最大の一歩前進、それは、腹の、つまりさまざまの消化機能の名誉回復と呼ばれるべきものだ。……物質について研究することは、このときを境に、制限を取り除かれ、解放された。医学は可能となった」（一八八頁）。

「身体」に対するまなざしは、ミシュレにおいては長いみちのりをくぐってようやく得られたものだった。少なくとも、初期の『世界史序説』（一八三一）のシェーマ——人間と自然、精神と物質の闘争——からは想像もできない変化である。青年ミシュレにとって自然、物質、身体、女性はすべて敵対的な存在だったのだ。だが中期（『フランス革命史』）においては「民衆」が主役となり、晩年に至ってようやく、自然の中に生きるすべての存在に対してあふれるばかりの共感が寄せられる。

身体も女性もあるがままのものとして受け容れられることになるのだが、『フランス史』（近代）におけるる食物や病気に対するミシュレの描写はアナール学派に多くの研究素材を提供することになる（二宮宏之編『アナール論文選（2）医と病い』新評論、一九八四。藤原書店から新版『叢書　歴史を拓く3　医と病い』二〇一一）。

（3）マルク・ブロック

L・フェーヴルと並んで『アナール』の創立者の一人であったM・ブロック（一八八六―一九四四）についても触れておきたい。ドイツ占領と共にパリ大学を追われたブロック（ユダヤ系だった）は、レジスタンス活動に加わり、終戦直前に銃殺刑に処されるのだが、その間に書きためた歴史論（『歴史のための弁明』など）、――M.Bloch, *L'Histoire, la Guerre, la Résistance,* (Gallimard, 2006) に再録――にはミシュレが一三カ所にわたって言及されている。ティエリ、ギゾー、あるいは少し後の時代の中世史家フュステル・ド・クーランジュと並んで紹介されている所もあるが、重要と思われるのは次の二点である（共に「現在」と「過去」という時間の観念に関わる）。

①現在と過去

「我々は絶えず現在について語っている。……けれども、それに先立つ諸々の時代を認識することなしに、我々が生きている時代（le moment du la durée）を理解することが可能であるかどうかを知ることは、まさしくひとつの問題、きわめて重大な問題だ」

「《現在を知るためには、まずそこに背を向けなければならない》と言っていたのは……職業的歴史家ではなく、それとは反対に何よりも永遠なるものの研究に専念していた社会学者のデュルケムだった。そして彼以前には、あの『民衆』という名の奇妙で深遠な本の中で、我らが偉大なるミシュレが書いていた」

「《現在に、今あるものに追従しようとする者は、今が何であるか理解することがないだろう》。この歴史家〔ミシュレ〕は、十分な知識を持たない一部の人々からは、ほとんどもっぱら過去のピトレスクでドラマチックな側面にのみ関心を持っていたと、勝手に誤解されていたのだ。《歴史に何を求めるのか》」(9)


L・フェーヴルとは違って、地味な学究肌のブロックならではのミシュレ評である。「ピトレスクでドラマチックな側面」(事件史)ばかりがミシュレの本領ではない。社会学者デュルケムにも通じる時間の捉え方がある、つまり表面的な出来事の推移の根底には変わることのない、あるいは緩慢にしか変わらない時の流れ(集合記憶)がある、とブロックは言いたかったようだ(彼はミシュレの『民衆』を挙げているが、トクヴィルの社会学的な作品はなぜか参照されてはいない。引用は一回だけである)。

②アンリ・ピレンヌのエピソード

これはブロックにおける「遡行的方法」（現在による過去の理解）にまつわるエピソードとしてよく引用されるものである。

「ストックホルムに私はアンリ・ピレンヌと同行して行った。我々がそこに着くやいなや、彼は私に言った。《まず何を見ることにしようか。ま新しい市庁があるようだから、まずあれから始めようではないか》と。次に私が不思議に思うのを見越すかのように、彼は付け加えて言った。《もしも私が好古家であるならば、古いものにしか注意しないだろう。けれども私は歴史家である。だから、私は生活を愛する》と。生きているものを理解するこのような能力、これこそまさしく歴史家の優れた能力である。……我々のうちの最も偉大な人びとはみな……ミシュレに劣らず、この優れた能力をもっていた[10]」（鑽井鉄男訳）

「私は歴史家である。だから生活を愛している。」というピレンヌの言葉は、むしろミシュレにこそふさわしい言葉であろう。あまた存在する過去の偉大な歴史家たちの中で、ミシュレが今もなお現代の歴史家の模範となっているのは、人間としてのミシュレの魅力による所が大きいのではないか。彼は歴史家あるいは研究者である以前に、何よりも誠実な教師だった。この点に関して、自身の生活についてはむしろ寡黙だったブロックよりも、より饒舌な先輩のフェーヴルに語ってもらうことにしよう。ストラスブール大学からパリのエコール・ノルマルに戻ったフェーヴルは、一〇〇年前に同じエコール・ノルマルの教師だったミシュレの講義ノート（一九一四年にH・オゼールが刊行したもの）を読み、それを現在（一九三四）の若きノルマリアンたちに伝えている。

「一八三四年七月一〇ヨ、まさにこの場〔エコール・ノルマル〕で行なわれた講義のノートがあります。……地方の町の王立中学校で教師としての辛い仕事が待ち構えている青年たちを、ミシュレは激励していました。……ミシュレがその権威と、情熱のこもった言葉と、そして天才の光輝をもって試みたことを……私も諸君に対して試みようと思っているのです。……もし歴史家であり続けながらも自己の人生を全うしうるという自信を諸君に与えることができるならば、この時、本学に対する私の負債をいささかはお返ししうることになるでしょう[11]」

（長谷川輝夫訳）

フェーヴルは現代——一九三〇年代のヨーロッパのことだが——を「危機」の時代、「人間精神の大いなる危機」の時代と捉えているが、それは学問が発達すると同時に専門化、細分化して、学者が全体的な展望を持てなくなっている時代だった。それ故、若い歴史研究者に対してフェーヴルは次のような反語的な調子で提言を行なったのだ。

「歴史を研究するためには、決然と過去に背を向け、まず生きなさい。生活に没頭しなさい。……諸科学を、諸君の眼前でめくるめくような速さで変えている偉大な運動に目を閉じてはなりません。そればかりか実生活をも生きなさい。荒れ狂う海に生じていることを、岸辺から物憂げに眺めるだけで満足してはならない。難破しかけた船の中で、ぶるぶる震えて面目丸潰れのパニュルジュや、……天を仰いで助けを乞う、お人好しのパンタグリュエルであってはなりません。修道士ジャンのように腕まくりして、水夫が船を操るのを手伝いなさい」(12)

(長谷川輝夫訳)

皮肉なことに、勇敢なる修道士ジャンの役割を引き受けたのは、フェーヴルより八歳年下のブロックだった。一九三九年、五三歳になり六人の子持ちであったにもかかわらず、ブロックは予備役将校から現役に復し、ダンケルクの敗戦に立ち合う。ナチスによって銃殺されるまでの四年間、歴史への考察をメモに綴りながらも、レジスタンスの活動を続けたのだ。

ミシュレに戻るならば、彼はその歴史学だけでなく、その生き方によって後世の歴史家たちを魅了してきた。教育の自由を守るためにイエズス会と闘い、ルイ・ナポレオンの独裁に抗議して職を失いながらも、ポーランドからの亡命者を支援し、プロイセンとの戦争を阻止するためにマルクスやルイ・ブランと連名で声明を出した。サルトル風に言えばengagementということになるだろうか。だがそれ故にまた、ミシュレの評価は政治の動きによって左右されることにもなる。

2　『フランス革命史』のミシュレ

(1) ソルボンヌ革命史講座

『フランス革命史』(一八四七―五三)がミシュレの代表作であるかどうかはさておき、それはミシュレの最もよく知られた著書であり、ミシュレと言えばフランス革命を連想させる。「ミシュレを読むまでは何人も革命の偉大さを感ぜず、テーヌを読まずしては革命の恐ろしさを感じることは出来ない」とアクトンは言っている(グーチ『十九世紀の歴史と歴史家たち』上、筑摩書房、一九七一、二三九頁)。

文芸批評家として著名なテーヌには『現代フランスの起源』(一八七五―九四)という大作があるが、テーヌによる革命批判に反論したのがソルボンヌ革命史講座の初代教授となるA・オラール(一八四九―一九二八)で、彼はその就任講義(一八八六)において、科学的公平性を保ちながらフランス革命の政治的価値を擁護するという離れ技を演じている。(13) 次の言葉は――革命史家の間では――よく知られている。

「フランス革命に共感しない者は、その表面しか見ていない。それを理解するためには、それ

を愛さなければならない」　(p.16)

だが、そのあとに次のような言葉があることはあまり知られていない。

「この愛がなかったなら、ミシュレのあの天才をもってしても、革命家たちの魂と革命の意味の洞察に辿り着けたであろうか？」　(p.16)

「この歴史家の中には国民の魂が息づいていたと言える。若者が、その感動的な頁を読みながら、高邁な目的のために生きることを誓わないのであるならば、嘆かわしいことである。ミシュレの書物はフランスの学生のすべてにとって道徳心の一部となるべきであろう」　(p.37)

現在の生活と直接かかわることのない古代史や中世史と違い、フランス革命はミシュレにとっては同時代史だったし、第三共和政期（一八七〇―一九四〇）の論客――王党主義のテーヌ、共和主義のオラール――にとっても現代史だったから、もともと「公平」「客観的」に論ずること自体が無理だった。歴史（革命）の評価は――例えば、政教分離の問題ひとつとってみても――個人の価値観や団体の利害と深く関わっていたから、一方が正しいとみなすことも、他方から見れば誤った考えだということになる。ところが皮肉と言うべきか、時代の風潮はロマン主義を去って実証主義・

科学主義へと移行しつつあった。フランス革命史をとってみても、もはやコレージュ・ド・フランスのミシュレのように花形学者が高い所から市民に直接語りかける時代ではなく、古文書学校(École des chartes)出身の専門家が一次史料の分類を行ない、それをもとにしてソルボンヌの研究者が学位論文を作成するという、現在もそうであるような研究スタイルが出来上がりつつあった。それが実証主義の歴史学であり、それがまた歴史の異端児であるL・フェーヴルの眼には我慢ならぬ閉鎖主義と映ったのだ。

とはいえ、フランス革命史の歴史家たち(オラール、マチエ、G・ルフェーヴル)とアナールの創立者たち(L・フェーヴルとM・ブロック)との関係は悪くはなかったようだ。特にG・ルフェーヴルはストラスブール大学においてフェーヴルの同僚だったし、彼がデュルケム社会学をフランス革命史に応用した論文「革命的群衆」は長らく心性史のお手本的な存在だった。そして理論面ばかりでなく、共和主義的な愛国心においても、彼らが奉仕する第三共和政が存続する限り、フランス革命史は国民史(ナショナルヒストリー)であり、ミシュレはその輝かしい代弁者であり続けることができた。だが、第二次世界大戦後「共和主義」が社会主義と自由主義とに分裂すると、ミシュレは主に後者から批判されるようになる。

(2) フランス革命は終わった?

風向きが変わったのは一九八〇年代だった。

勿論、変化はそれ以前から生じていたはずなのだが、それが一気に表面化したのは、フランス革命二〇〇周年(一九八九)の企画が打ち出されたあの一〇年の間だった。まずミテラン大統領の登場(一九八一)という驚き、そして社会主義への期待があって、ほどなく期待は失望と幻滅に取って代わられる。一九八九年、パリで革命二〇〇周年が祝われている頃、世界の目はベルリンに向けられていた——「壁」の崩壊、そしてソ連邦の解体。皮肉なことに、二〇〇周年は「革命」の終焉を確認する機会となった。

だが早くから、こうした事態を予言していた歴史家がいた。F・フュレ(一九二七—九七)である。「フランス革命は終わった」という彼の挑発的な発言は、当時フランスに留学していた私にとっても衝撃的だった。と同時に何かしら新鮮なものを感じたのもまた事実だった。私を指導してくれていたM・ヴォヴェル(当時はエクスの大学の教授で、後にソルボンヌの教授となり、革命二〇〇周年行事の委員長となる)はとても温厚な人なのだが、さすがにこの本(『フランス革命を考える』原著一九七八、邦訳一九八九)[14]に対しては厳しい表情を隠さなかった。« C'est une histoire conceptuelle »(「概念史」あるいは「観念的な歴史」、つまりプロの仕事ではない、ということか?)。

だがフュレによれば、一九世紀的な「左翼」(共和派)と「右翼」(王党派)の対立はもはや消滅していて、フランス革命そのものは「国民的な伝統」になってしまっている。右か左かではなく、第三の道——自由主義?——を捜さなければならない。従って「革命」はもはやその歴史的使命を終えたのだとフュレは言う。マルクス主義的な歴史家たち(ソルボンヌに多い)はフュレを「修正主義者」と呼んで非難したが、フュレは彼らを「ジャコバン主義者」と呼び返した。かくして「修正主義」と「ジャコバン史学」との論争が繰り広げられたのだった。

「論争」の細部についてはここでは立ち入らない。ただ、国民的伝統、アイデンティティとしてのフランス革命ということになれば、ミシュレに言及しない歴史家はいない。フランス革命やナショナリズムが批判される時、ミシュレもまた何らかの形で批判の対象とならざるをえない。ところで、左右の対立(一九世紀)の一方を担った「右翼」(王党派とカトリック)は現代ではほとんど問題にならない。他方「左翼」(共和派)は第三共和政(一八七〇―一九四〇)において支配的勢力となり、その正統的なイデオロギーの担い手となった。フランス革命は「国民史」における起源として位置づけられ、公立学校において生徒たちに教え込まれた。明治以来の日本の学校教育において古代天皇神話が歴史として教えられたのと構図は同じである。ただし皇国史観が敗戦によって否定されてしまったのと違い、フランスの「革命神話」は大戦後もなお維持された。ドゴール将軍は貴族主義者であったかもしれないが、パリ解放の時にはラ・マルセイエーズを歌うことをためらったりはしなかった。このように「祖国」と不可分なものになってしまったことが、フランス革命から逆にその「革命」的性格を奪うことになった。革命は「変化」を拒む「伝統」「制度」になってしまったのだ。

二〇世紀のコンテクストで言うと、同じことはソ連をはじめとする社会主義国家でも深刻化していた。ボルシェヴィキの革命はプロレタリアートの解放を謳いながら、現実には共産党による一党独裁とスターリンによる苛酷な粛清を容認してしまった。にもかかわらずA・マチエやG・ルフェーヴルのようなフランス革命史の本流は、フランス革命（ブルジョワ革命）がロシア革命（社会主義革命）によって完成されるものと期待していた。ロベスピエールの独裁とジャコバン派のテルールとは、確かにブルジョワ革命の限界を越えるものであったかもしれないが、それは新たなる革命への実験として——その代償の大きさにもかかわらず——容認されていたのだ（「ジャコバン史学」の伝統）。だがスターリン批判（一九五六）の矛先はフランス革命にも跳ね返ってくる。

「私がこの文章を書いているのは一九七七年晩春である。この時期には、ソヴィエト全体主義、……マルクス主義を標榜するいっさいの権力にたいする批判が左翼の考察の中心論題になった」（大津真作訳、二二頁）

「ソルジェニーツィンの作品（『収容所列島』一九七二—七五）が、ソヴィエトの経験を参照する際の歴史的な原点になった」（二二頁）

「ロシアの例が、ブーメランのように、そのフランス的『起源』に打撃を加えに戻ってくるのは避けがたいことである。……本質を共有する二つの革命の断罪が反対に行われている」（二三頁）

フュレの主たる標的は当時ソルボンヌ革命史講座の教授で世界的に知られていたA・ソブール

〔一九一四―八二〕だったが、フュレの議論は学界的な論争を越えて史学史的にはミシュレとトクヴィルとの対比、思想史的にはルソーとモンテスキュー〔あるいはロック〕との対比にまで及んでいる。ただしフュレはミシュレを否定しているわけではない。ミシュレの類まれなる才能を十分に認めた上で、現代にはもっと別なタイプの歴史が必要だと言う。

> 「私には大革命史家〔フランス革命の歴史家〕がミシュレかトクヴィルかの選択をこれまでしてきたし、今後も絶えずし続けていくように思えてならない。もちろんこのことは共和主義的なフランス革命史か保守的なフランス革命史かの選択を意味しない。……つまりミシュレは、大革命を内部から蘇らせようとする。ミシュレは大革命と一体化し、それを奉賀する。それにたいして、トクヴィルは、当事者の意図と彼らが演じている歴史上の役割とのあいだにはひらきがあるのではないかと考えており、たえずそれを問うてやまない。ミシュレは革命の透明性に腰を落ちつけ、……一致を祝っている。トクヴィルは、……透明性や一致が人間行動とその現実的意味とのあいだにある最大限の不透明性を覆い隠している、と考えている」
> 〔三〇―三一頁、傍点は原文のまま〕

ミシュレに関するフュレの言い分は公平であるように思われる。ミシュレを高く評価したエドマンド・ウィルソンもまた次のように書いている。「ミシュレの歴史への没頭ぶり、対象との一体化が物語（story）化して、好感がもてる人物は善玉で、そうでない人物（ロベスピエール、ナポレオン）は並外れたものだ」（岡田正明訳『フィンランド駅へ』上、みすず書房、一九九九、三三頁）。ミシュレ自身がこのような一体化を意識していたことは、本人による「序文」（一八六九）からも分かる。「歴史と歴史家はこのまなざし（感動した心の透視力）の中に混ざりあってしまう。それは良いことだろうか、悪いことだろうか？」（邦訳『フランス史』I、二九頁）。

もっとも、中世から一九世紀に至る『フランス史』の中で、ミシュレが常に対象と一体化できた訳ではない。一体化の例としてフュレが挙げているのは、『フランス革命史』の最初の部分（一八四七年に刊行された第二巻）における「連盟祭」の叙述である。これはミシュレ自身が「我らが生涯の最良の日」と言っていたように、歴史上の人物の意識と行動においても、また歴史への歴史家の共感においても、稀有な事例だった。だが一八四八年の二月革命とそれに続く権力闘争を目撃したあとで書かれた諸巻（第三巻、一八五〇年以後）になると、「一体化」には困難がつきまとう。九月虐殺（一七九二）において囚人を殺害した民衆の行動をミシュレは肯定できないし、それを理解できたとも明言できない。彼はむしろ沈黙して事件の推移をひたすら叙述するのみだ（少なくとも私にはあの部分はそうとしか読むことができない）。晩年のミシュレはロベスピエールの独裁に対してははっきりと距離を置き批判的になるし、『革命史』の第二版（一八六八）に書き加えられた序文「専制君主」Le Tyranではむしろ断罪口調になっている。

そこにミシュレ的な「共感」の歴史学の限界が存在するのかもしれない。そこでは歴史（history）

悪玉として描かれる。他方、トクヴィル（一八〇五―五九）は常に対象との距離を保っている。『アメリカの民主主義』（一八三五―四〇）を書き、そうした生活スタイルを肯定していたようには思われないが、それでも彼はアメリカのスタイルが未来のフランスのそれになることを予告している。『旧制度と大革命』（一八五六）の主役は絶対王政と革命政府だが、貴族的な自由主義者トクヴィルにとってはどちらも自由の敵――中央集権――だ。しかし批判の矛先は、抑圧的であることが自明な王権よりは、民主主義を標榜しながら国家の権限を拡大していく革命政府に向けられる（逆に王権の方は、実は意外にも進歩的だったという評価が下される）。言説と行動、意図する所と結果の落差――この逆説を解明することがトクヴィルの「社会学」――あるいは「概念史」――の課題なのだ。トクヴィルは一九世紀のフロイトだったのかもしれない。

われわれはトクヴィルと比較することで、ミシュレの歴史の欠陥なるものを見た。しかしそれはフュレというフィルターを通して見たミシュレであり、本人の意志に反して第三共和政における「国民史」の歴史家たちの仲間に入れられてしまったミシュレなのだ。

3　記憶の歴史

(1) 国民史の解体

修正主義（フュレ）とジャコバン史学（ソブール）の論争は、フランス革命史という一分野での現象だったが、これは、一九世紀以来の実証主義史学に対する「新しい歴史学」（アナール学派）の挑戦という、より大きな──世界的な広がりのある──運動の中の一コマだったとも言える。この運動について語ることがここでの目的ではないが、その一例としてP・ノラ編『記憶の場』[15]を取り上げ、そこにおけるミシュレの位置づけを見ておきたい。

日本語版の監修者である谷川稔によれば、P・ノラたち──つまり「新しい歴史学」の担い手たち──が標的とみなす「古い歴史学」の特徴は次の二点に要約される。

(1) 史料中心の実証主義（事実の歴史）

(2) フランス革命を起源とする国民史（ナショナリスム）

これに対してノラが企てる「記憶の場」の歴史はポリフォニック（多様）なフランス（les France）を提示しようとしているのだが、それはむしろ実証主義以前のロマン派の歴史学──「一昨日の歴史学」──への先祖がえりのようにも見えるという（谷川、四頁）。

第三共和政以来の「国民史」が第二次大戦後のフランスで維持できなくなったことについては、前節（フュレ）でも触れたとおりだが、P・ノラはその原因を「アイデンティティ」の崩壊だと言っている。歴史にはもはや連続性もなければ客観性もない。あるのは個人（主体）の記憶――それも断片化した痕跡のようなもの――でしかない。しかし、だからこそ、想像力を持った――ミシュレのような――個性的な歴史家の再現力が期待されるのだとノラは言う。つまり「歴史とは、……本物の小説をもたない時代〔現代〕のリアルな小説だ」（一九八四年の序論「記憶と歴史のはざまに」邦訳第一巻、五六頁）。

ノラの企画は、フランス革命二〇〇周年とは異なった意識の下に始められたものだが、これとは別のもうひとつの運動によって側面から支援された。それは一九八〇年に始まった世界文化遺産の運動である。これは地域主義（régionalisme）あるいは地方分権化（décentralisation）の運動とも連動するものだったが、パリではなく、地方から、下から始まった。これまで歴史や文化から「排除」されていた人々（労働者、地方の住民、女性……）が彼ら（彼女ら）の失われた伝統を復活させようとして立ち上がったのだ（一九九二年の総括、「コメモラシオンの時代」邦訳第三巻）。ノラによれば、「記憶の場」の企画が受け入れられたのには「新しい歴史学」（社会史）の成功による所が大きい。なぜならそれは「記憶への門戸開放を、また歴史的なものから記憶的なものへの転換の一形態をまさに意味していたからだ」（四五四頁）。「過去はおのずとその内奥を明かすわけではない。事実の明白さの陰、当事者の言説や行為の背後、……資料の向こう〔側〕、こういった所でこそ、ミシュレの言う『歴史の沈黙』が語り出す。すなわち大多数の匿名性のうちで、また統計の示す反論の余地のなき、長期的な持続の重み、構造の規定力のうちでこそ語り出すのである」(四五五頁)。

おそらくはバルトやフーコーを意識しつつ、ノラは、何を書くか(題材)ではなく、いかに書くか(歴史家の意識や態度)が問題だと付け加える。

しかし、「いかに書くか?」とは必ずしも技術(技法)のありようのみを意味しない。むしろ、歴史を書いている「自分とは何か?」という問いを書き手に突きつける。我々はここで再びミシュレに出会うことになる。

(2) ミシュレをどう読むか?

「歴史の沈黙」を前にして、歴史家はそれをいかに叙述できるのか?——「沈黙」が生じるのは、それを目撃した人がそれについて語る必要を感じなかったからかもしれないし、あるいは語ることができなかったからかもしれない。前者の場合、その出来事は日常的で、平凡だから、語るに価しないとみなされたわけだ。これは歴史というよりは民俗学の対象であり、いわゆる通過儀礼——誕生から死に至るまでの人生の諸段階を確認する慣行——などがその一例だが、他にも性愛、暴力、犯罪、死や病いなども、大事件にならない限り、歴史がそれを書きとめることはなかった。第一節で触れた農民の世界が長らく「闇の世界」に留まっていたのも同じ理由からだ。反対に語ることがはばかられた、あるいは禁止されていたために「沈黙」のヴェールに覆われてしまう場合がある。

王政復古期におけるフランス革命についての沈黙などもその典型的な例であろう。日常的な例としては「死」や「性」も一種のタブーとして語られなかった。あらゆる種類のアウトサイダー、宗教的・社会的・文化的なマイノリティ——異端、魔女、ユダヤ人、ジプシー、犯罪者、精神病者、同性愛者——の歴史が書かれるためには、アナール学派の登場を待たねばならなかった。

だが、ミシュレの『フランス史』全二〇巻に目を通し、その日本語版を編集した我々（大野・立川）は、ミシュレがそうした事例を決して見過ごしたりせず、それに多くの頁を費やしたことを知っている。教会や王国の歴史の傍らには、名もなき多くの男女の知られざる歴史がある。メジャーな歴史とマイナーな歴史のはざまで、どれを取り、どれを捨てるべきか判断に迷ったことは幾度もあったが、我々としては、現代におけるミシュレの存在意義は、むしろ後者（マイナーな歴史）へのまなざしにあったと信じている。

次に「いかに書くか？」という問いに関してだが、とりあえずミシュレの『フランス史（中世）』（原著六巻、一八三三―四七）から幾つかの例を挙げて考えてみたい。

歴史の研究においては、史料があっても、それをよく理解できないことがある。表面的には分かっても完全には出来事を把握できなかったり、あるいは共感できなかったりすることがある。要するに対象である歴史と主体である歴史家とが一体になれないということがある。『フランス史』や『革命史』のような大部の歴史書を読んでいると、所々、ミシュレもまた同じようなとまどいを感じていたのではないかと思わせる箇所に出会う。以下に幾つかの例を挙げる（原著と邦訳の巻数をローマ数字で示す)。

①「芸術の原理としてのキリストの受難」(原著II、邦訳I)

邦訳『フランス史』では初版のテキストを使っているが、このテキストはフラマリオン版の全集には載っていない(補遺として扱われている)。なぜそうなったかといえば、ミシュレは晩年になって若い頃のキリスト教讃美が気になり、これを削除してしまったからだ。歴史家もまた人間であり、成長することもあれば、老いることもある。編者としては初版のテキストをよしとして採用したが、晩年のミシュレはこれを否定し、現代フランスの編者もそれを踏襲している。だが、決定的なテキストなどありうるのだろうか(邦訳『フランス史』IIの編者解説を参照)。

②ランスの大聖堂(一八六九年の序文、邦訳I)

大聖堂の鐘楼の下には、反乱を起こしたために刑に処された中世の市民のリアルな姿が浮き彫りになっている、それを見たミシュレはショックを受けて中世史を続けることを断念し、フランス革命史の執筆にとりかかったというよく知られたエピソードがある(五九―六〇頁)。だが、序文(一八六九)の言うとおりなら、このエピソードは『ルイ一一世』(『フランス史』第六巻、一八四四)執筆の少し前ということになるが、すでに第二巻(一八三三)の最終章でミシュレは短くこれについて触れている(一八三三年の日記にはもっと詳しい記述がある)。一八三三年―一八四四年―一八六九年という時の流れの中で、はじめはただ目にしただけだった「光景」の意味が少しずつ明らかになっていき、最後には決定的な「事件」として叙述されることになったのだろう。

③切断された手首、赤と青の頭巾――マルセルの反乱（原著Ⅲ、邦訳Ⅱ）

何気ない仕草や象徴が隠された真実・本質を語るという例だが、役人を殺害した両替商ペランに対する見せしめの刑罰が、一四世紀のパリを震撼させた大反乱のきっかけとなった。

「王太子の家来たちは……ペランの手首を切った上で、彼を絞首刑にした」
「マルセルはパリの色である赤と青の頭巾を彼ら〔市民たち〕に被らせた」

右のようにミシュレが書いた時、彼には仕草（手首を切る）と象徴（赤と青の頭巾）の意味が分かっていたのに違いないのだが、これは一種の心理学であって、歴史家が常に古い時代の文化的・心理的コードを理解しているとは限らない。前にも言ったとおり、その時代の人間にとって分かり切ったことは年代記作者もそれを説明しないし、それどころか当事者ですらその意味を解さないということがある。次に挙げるのは後者の場合であろう。

④シャルル六世時代の衣装（原著Ⅳ、邦訳Ⅱ）

「人々が恥じらいもなく身にまとったこの時代の奇怪な衣装──不道徳で幻想的な装い」
「一二オーヌ〔約一三メートル〕のガウンを引きずっている女装の男たち」
「獣姿の男たち」
「男たちの靴のつま先は……サソリの尾のようにとがっていた」
「女たちは、角を付けた巨大なエナン〔円錐帽〕を男たちの頭の上に突きたてていた」

フランス王国は当時ヨーロッパ随一の栄華を誇っていた（シャルル六世即位当初）。華美な服装は当然のこととして宮廷の祝宴で受け入れられたのだろうが、それが精神の無秩序に由来するものとは当時は誰も思わなかった。だがそれはまもなくやってくる国王シャルル六世の発狂の予兆であったのだ。

この例は、歴史家（ミシュレ）が記号（奇怪な衣装）の意味をよく理解していて、シャルル六世の発狂の原因を説明する道具として使ったものだが、次の事例については解説（謎解き）なしに投げ出されている感じがする。

⑤オルレアン公の暗殺（原著Ⅳ、邦訳Ⅱ）

シャルル六世の弟オルレアン公は兄シャルルが発狂したために摂政の職にあったが、王妃イザボーとも関係を持っていた。一一月二三日の夜、彼はその愛人の館にいた。そこに王からの使いが来て会いたいと言う。「まだ八時にしかなっていなかった。……この辺鄙な場所〔マレー区〕で、しかも一一月には遅い時刻だった」。彼は数名の家来だけを伴って、夜の街区に出て行く。「公はダマスク織のマントをまとい、家臣を先に立たせて旧テンプル通りを進んだ。陽気であろうとする人らしく、低い声で歌い、手袋を弄んでいた」。

歴史家も読者も、この直後にオルレアン公がブルゴーニュ公の刺客によって待ち伏せされ、殺されることを予知している。政治史的に見るなら、この暗殺事件によってフランスがブルゴーニュ派とオルレアン派に分裂し、その弱体化によってアザンクールの戦い（一四一四）に敗れ、更に一五年後にはジャンヌ・ダルクが現れてフランスを救うという流れになるのだが、ミシュレはなぜあれほどまでに事細かくオルレアン公の悲劇を叙述したのだろうか。パリ生まれのミシュレは事件の舞台となったマレー地区の街路や建物を知りつくしており――勿論一四世紀のパリと一九世紀のパリは同じではなかっただろうが――我々はミシュレの叙述をもとにしてこの事件を空間的にも再現することができる。だが物理的に知ることが可能であるとしても、私がおぼろげに感じつつも完全には理解できなかったのは、パリの夜の暗さにも似たオルレアン公の心の中の闇である。

これは第三巻（一八三七）のフィリップ四世やマルセルには感じられなかったことだ（彼らは国家や階級の象徴であって、個人ではなかった）。だが第四巻（一八四〇）のシャルル六世あたりから変化が生ずる。そして国王の弟だったオルレアン公は、摂政だったためというよりは、むしろ死ぬことによって「たった一人の存在」「かけがえのない個人」に生まれ変わっている。

⑥ジャンヌ・ダルク

この題材については多くの文献、多くの解釈があるので、ここでは簡単に触れるに留める。先に述べたシャルル六世、オルレアン公の流れの中で、ミシュレにはジャンヌの内面にまで入り込んでいく心の用意ができていた。ジャンヌは明らかに「個性的」な女性として描かれており、もはや古いタイプの聖女ではない。だから、ジャンヌの歴史をひとつの小説のように読むこともできる。しかし同時に、彼女の生まれ育ったロレーヌ地方の歴史、ドンレミ村における農民の生活——そして心性——がとても丁寧に書かれているので、それはやはり一つの歴史としても読むことができる。ジャンヌは個人であるとともに集合的な存在、フランス農民の典型でもある。ジャンヌ・ダルクの場合、文学性と歴史性のバランスがとてもよくとれているので、読者はそれを自分の好みや関心に合わせて読むことができる。だが、これはミシュレにとっては例外的な成功だったのではないだろうか？

4　ミシュレの現代性（modernité）

結びにかえて、ロラン・バルトとジャック・ル・ゴフのミシュレ評を取り上げておきたい。

バルトは彼の『ミシュレ』（一九五四）の最後の所で次のように言っている。「彼はおそらく、不可能な言葉で歌うことしかできない近代性（modernité）の作家たちの最初であった[16]」。

ミシュレの場合、「不可能な言語」とは民衆の言語だったが、これは語ろうとしても語ることができなかったとミシュレ自身が告白している。「その言語、民衆の言語はついに私を寄せつけなかった。民衆にその言語を語らせることが私には出来なかったのである」（藤本治訳、二五二頁）。

だがミシュレが語ろうとしたのは、民衆の言語だけだっただろうか。若い頃には、神の言語、教会の言語、騎士の言語を語ろうとしたし、その後、変化が生じて農民の言語、動物の言語を語ろうとした。その他、異端の言語、魔女の言語、鳥、虫、海、山……と数え上げていけばきりがない。ミシュレという主体は、いつしかその対象と一体となり、対象それ自体が一人歩きをし始める。デカルト的なエゴ――近代的自我――はミシュレという歴史家には存在しないのかもしれない。彼自身、歴史家が歴史を作るのではなく、歴史が歴史家を作るのだと言っている（一八六九年の序文、邦訳I、二九頁）。この極端な多重人格――この上なく自己中心的でありながら、ほとんど限りなく没自我的でもある――こそミシュレの素顔であり、P・ノラのいうポリフォニックなフランス Les France のあり方なのではないか？

ペシミズムに陥るのではなく、modernité（近代性もしくは現代性）の肯定的な側面に目を向けることにしたい。ル・ゴフはボードレールやミシュレを念頭に置きながら、次のように書き加えている。「近代性はここでは境界の侵犯、周縁性における冒険であり、もはや……規範への順応、権威への逃避、中心への集合ではない」(『歴史と記憶』、七六頁)[17]。

われわれは、ル・ゴフのコメントによって、フランスの歴史学におけるミシュレの位置を改めて確認することができる。後半の部分(規範への順応…)は、第三共和政下の御用学問となった国民史の特徴であり、P・ノラによる攻撃の標的となったものだ。ル・ゴフがそのあとで引用するアンリ・ルフェーヴルの定式(H. Lefebvre, *Introduction à la modernité*, 1962)も参考になるので挙げておこう。「近代性(modernité)は近代主義(modernisme)とは異なっている。……確信的で尊大な傾向は近代主義に対応する。……問いかけと批判的な考察を伴う傾向は近代性に対応する。これら二つは不可分なもので、近代世界の二つの側面である」(ル・ゴフによる引用、七七頁)。

ボードレールの詩が、ユゴーの詩と同じように「国民詩」になりうるものか私には判断がつかないが、ミシュレの歴史は決して「国民史」と言えるようなものではない。サタンは自由の別名だ、などとうそぶく歴史(『世界史序説』)がどうして国民史になりえよう。それは永遠に国家(cité)の外に留まり続けた異端児の歴史であり、またそういう人々のために書かれた歴史なのだ。

註

序章　「家族劇《ファミリイ・ロマンス》」としての歴史

（1）『フランス革命史』の邦訳としては、桑原武夫編『ミシュレ』（中央公論社、一九六八年）に収録のものがある（中公文庫に『フランス革命史』上・下として再録）が、全体の六分の一ほどの抄訳であり、序文（一八四七年）が省略され、連盟祭の部分が要約だけであったりして使用しにくい。ガリマール版（*Histoire de la Révolution française*, 2 vol, Édition établie et annotée par G. Walter, Gallimard, 1952）は註と索引が付されていて使用には便利だが、原著七巻の出版年月との対応を見るにはやはり不便である。従って、テキストとしては初版（七巻、一八四七―一八五三年）*Histoire de la Révolution française*, 7 vol., Paris, Chamerot, 1847-1853 を使用した。引用文は筆者の訳による。

（2）Jules MICHELET, *Journal*, tome 1 (1828-1848), Texte établi par P. Viallaneix, Gallimard, 1959. 本稿で引用されるミシュレの日記の原文は、青年期の日記（一八二〇―二三年）以外はすべてこの巻に収録されている。

（3）藤本治訳『ミシュレ』みすず書房、一九七四年、三一―三三頁参照。

（4）本稿表題にある「ファミリイ・ロマンス」という表現は、L・ハントの以下の著書にも見られるが、内容的にはむしろA・ミッツマンの研究に示唆されている（註（11）参照）。Lynn HUNT, *The Family Romance of the French Revolution*, University of California Press, 1992.（『フランス革命と家族ロマンス』西川長夫・平野千果子・天野知恵子訳、平凡社、一九九九年）

（5）*L'Histoire de la Révolution française*, par G. Walter, tome 1, p. 1386.

（6）革命祭典で「家族」が主役になるのは、連盟祭よりは共和二年（一七九三―一七九四年）以後と思われるが、ミシュレは連盟祭の中にその萌芽を鋭く読み取っていたのかもしれない。祭典における「家族」のイメージについては、以下を参照。拙稿「革命祭典の儀礼と象徴」『史境』三〇号、一九九五年。

（7）大野一道編訳『世界史入門』藤原書店、一九九三年。篠田浩一郎訳『魔女』上・下、岩波文庫、一九八三年。

（8）*Journal*, tome 1の編者解説を参照。

（9）Jules MICHELET, *Écrits de Jeunesse*, Texte établi par P. Viallaneix, Gallimard, 1959.（J・ミシュレ『全体史の誕生——若き日の日記と書簡』大野一道編訳、藤原書店、二〇一四年）

（10）*Journal* は全四巻の出版が完了し、*Écrits de Jeunesse* を加えれば、ほぼ全生涯にわたる日記が刊行されたことになる。さらに書簡の刊行も開始されている（Jules MICHELET, *Correspondance générale*, tome 1, 1820-1832, Champion, 1994）。

（11）Arthur MITZMAN, *Michelet, Historien, Rebirth and Romanticism in 19th-Century France*, Yale University Press, 1990.

（12）Gabriel MONOD, *La vie et la pensée de Michelet, 1798-1852*, Paris, 1923. ミシュレ研究の古典で、日記、書簡、講義録などの手稿資料も多く引用されている。一九七五年に Slatkine Reprints (Genève) から復刊。

（13）Lucien FEBVRE, *Michelet et la Renaissance*, Flammarion, 1992.（『ミシュレとルネサンス』石川美子訳、藤原書店、一九九六年）ドイツ占領下のコレージュ・ド・フランスで行なわれた講義（一九四二―四三年）。ほぼ一〇〇年前、同じ場所で行なわれたミシュレの「ルネサンス」講義の意味をフェーヴルは強く受け止めていた。一九四〇年代のフランスもまた、ミシュレが通過したのと同じ試練——死と復活——を通過せねばならなかったからである。

第1章　青年ミシュレ　一七九八―一八二四

（1）*Écrits de Jeunesse, op. cit.*, p. 384.

（2）*Histoire de la Révolution française, tome 2* (Livre 4, Chapitre 6), pp. 314-321.

（3）*Ibid.*, p. 345, p. 386.
（4）Gabriel Monod, *La vie et la pensée de Michelet, 1798-1852*, Paris, 1923 (Slatkine Reprints, 1975).
（5）*Ibid.*, p. 35 (*Ma Jeunesse*, pp. 347-384).
（6）*Ibid.*, P. 36.

第2章　歴史家への道――ヴィーコとの出会い　一八二〇―一八二七

（1）Jules Michelet, *Correspondance générale*, 12 vols., Textes réunis, classés et annotés par Louis Le Guillou, en collaboration, pour la partie E. Quinet, avec Simone Bernard-Griffiths et Ceri Grossley, Paris, Libraire Honoré Champion, 1994-2001.
（2）エコール・ノルマル École Normale Supérieure は一八二〇年のベリー公暗殺事件後の反動化の中で王党・カトリックから自由主義の温床とみなされ、教育機関首長フレシヌ猊下によって一八二二年に閉鎖されていたが、一八二六年 École Préparatoire の名称で再開された。École Normale の名称が復活するのは七月革命後の一八三〇年一〇月三〇日からのことだが、本稿では一括してエコール・ノルマルと呼ぶことにする。
（3）*Correspondance générale*, tome I (1820-1832), 1994.
（4）Christien Croisille, « Regards sur la correspondance de Michelet », *Cahier Romanitique*, n°6, *Michelet entre naissance et renaissance (1798-1998)*, Actes du colloque du bicentenaire 1998, Textes réunis et présentés par Simone Bernard-Griffiths avec la collaboration de Christien Croisille, Clermont-Ferrand, 2001, p. 180.
（5）*ibid.*, p. 192.
（6）書簡集に登場する人々
『書簡集』は一八二〇年五月二一日にミシュレが友人ポワンソにあてた手紙から始まっている。ミシュレ二一歳の時である。本章では一八二〇年から一八二七年（ヴィーコ『新しい学』のミシュレ訳が出版された年）までの時期に限定されるが、収録された書簡は三七二通である。手紙の内容に立ち入る前に、ミシュレが手紙を書いた相手と、ミシュレにあてて手紙を書いた人間がどのような人たちであったかを確認しておこう。

書簡の受取人と差出人（1820-27 年）

①友人	ポワンソ	19	
	ポーレ	39	
	キネ	5	
	その他	13	76
②家族（親族）	ポーリーヌ	9	
	父	3	
	セレスティーヌ	9	
	その他	22	43
③恩師・上司（学校）	アンドリュー	4	
	ヴィルマン	2	
	ロワイエ＝コラール	1	
	ニコル兄弟	9	
	フレシヌ猊下	3	
	その他	10	29
④恩師（思想）	クーザン	6	
	ギゾー	3	
	シスモンディ	4	
	コンスタン	2	
	その他	16	31
⑤同僚（ポーレを除く）			85
⑥学生（親を含む）			44
⑦出版関係者			22
⑧その他			42
（ミシュレから 54、ミシュレへ 318）			計 372

ミシュレ自身によって書かれた手紙は五四通、ミシュレにあてて書かれた手紙は三一八通で、その比率は一対六となる。ミシュレは受け取った手紙についてはよく保管していたようだが、残念なことに彼が書き送った手紙はあまり多くは残っていない。一八三〇年から一八五一年までの書簡を検索したクロワジルによれば、ミシュレによって書かれた手紙は一六三〇通、彼が受け取った手紙は三八一〇通で、比率は一対二に近い。

一八二〇年代のミシュレ自身の手紙があまり多く残っていないのは、この時期のミシュレがまだ無名の教師であったこともその理由のひとつであろう。

書簡集の全体像をつかむために、ミシュレの手紙であるかないかは区別せず、三七二通の手紙にかかわる人々をひとまとめにして分類してみた。ミシュレとの関係が明瞭である人々は表のように七つのグループに分けることができる。

①「友人」の筆頭はやはりポワンソ（一七九八―一八二一）であろう。一八二〇年五月に始まった二人の書簡は翌年二月一四日のポワンソの死によって中断しているから、その頻度はきわめて高いと言える。しかもその比率はミシュレから九通、ポワンソから一〇通というように均衡している。これに較べてポーレの三九通はすべてポーレによって書かれたもので、ミシュレによって書かれた手紙は一通も残っていない。ポーレは、ポワンソを失った後のミシュレにとっては第一の友人となるのだが、真の意味でポワンソに代わる心の友ではなかった。彼はむしろ第五のグループ（「同僚」）の筆頭に位置する人であり、その意味では社会人としてのミシュレにとって貴重な同僚だったと言える。後に「盟友」として大きな存在感を示すことになるキネとの間には五通の書簡しか残っていない（ミシュレからは一通のみ）。書簡のやり取りが増えるのは、ドイツのハイデルベルクに留学していたキネをミシュレが訪れる一八二八年以降のことである。

②「家族（親族）」として最も多いのは妻ポーリーヌと従姉セレスティーヌ（一七九六―一八四〇）の各九通である。結婚（一八二四年）以前にはミシュレとポーリーヌの間には手紙のやりとりはな

かったらしい。夫ミシュレが妻に手紙を書いたのは、一方の旅行のため夫婦が別居を余儀なくされた時に、夫がまず妻に手紙を送り、娘アデールの近況を尋ね、妻がそれに答えるというパターンであった。他方、母方の従姉セレスティーヌであるが、彼女は研究者の道を志していたミシュレにとって良き理解者であり、彼の著作に対する鋭い批判者でもあった。ちなみにこのグループで「親族」というのはすべてが母方のミレー家とルフェーヴル家の人々であり、セレスティーヌを加えれば三一通になる。ポーリーヌと結婚する直前にも、ミシュレはミレー家のおばたちに対して長文の手紙を送っている。

③―④「恩師・上司（学校）」と「恩師（思想）」の二グループをはっきり分けるのは難しい。メロー塾のメロー、コレージュ・シャルルマーニュの教授アンドリューはともかく、ヴィルマンは後にソルボンヌの教授となり、ミシュレの昇進に力を貸すことになるし、ロワイエ＝コラールは哲学界のみならず、政治・教育界の大物であり、いわばミシュレのパトロン的存在でもあった。④にその名が出てくる哲学者クーザン、歴史家ギゾーとの関係も、彼らからミシュレが受けた恩恵は純粋に「思想」的なものだけではない。要するに、教育と研究、学問と政治とは、ここに挙げた学者たちにおいては密接に関連していた。

明らかに「上司」と言えるのは、コレージュ・シャルルマーニュの校長であったH・ニコルとその兄でパリ大学区長（Recteur de l'Académie de Paris）のD・ニコル、そして文部大臣（正式には教育機関首長 grand maître de l'université）のフレシヌ猊下の三人であろう。

⑤「同僚」とは言っても、新米教師であったミシュレにとっては、アグレガシオン同期生のポーレだけが気をゆるせる仲間であり、その他の人々は彼より年長の教授たちであった。その中の一人ラゴン（コレージュ・ブルボンの近代史教授）とは教科書出版をめぐって一時悶着を起こしかけたが、シャルルマーニュの中世史教授カイクスらのはからいで和解するという一幕もあった。このようにスリリングなやりとりもあったとはいえ、「同僚」間の手紙は全体としては会議の召集とかカリ

キュラムの調整などの事務的な内容のものが多く、八五通という量の割には刺激に乏しい。⑥「学生」のグループにはその親からの手紙も含めて四四通あるが、一〜二の例外（サン＝プリースト、モンタランベール）を除いて、ミシュレの娘アデールの夫となるA・デュメニルのような深い付き合いはまだ見られない。⑦「出版関係者」との通信は、コレージュの教材『近代史年表』をコラス書店から出版する頃から毎年のように交わされることになるが、「事件」になりかねなかったのは弁護士アリエ氏とのやりとりである（一八二六年）。ヴィーコのフランス語訳の出版をルヌアール書店と交渉していたミシュレは、翻訳権を主張するライバルの出現に驚かされるが、すでに教科書問題（一八二五年）で貴重な体験をしていたミシュレは、ここではほとんど独力で難局を切り抜けることに成功する。もっともミシュレの遅筆に嫌気のさしかかっていたルヌアール書店にはたらきかけ、出版をなしとげさせたのは「大御所」クーザンの一声があったからでもある。

以下本章で引用される書簡はそのすべてがミシュレの『書簡集』第一巻に収録されている。書簡には通し番号が付けられているが、ここでは省略し、年月日のみを記載することとした。ただし、『書簡集』の注の中に掲載されたミシュレの父ジャン・フュルシの手紙については、頁数でその所在を示してある。

（7）*Écrits de Jeunesse*, p. 132.

（8）*Ma Jeunesse.*, pp. 109-110.

（9）*Correspondance générale*, tome I, p. 64 n.

（10）*ibid.*, p. 71 n.

（11）*ibid.*, p. 72.

（12）一八二八年から一八二九年にかけてクーザンが行なった講義は第一シリーズが「哲学史叙説」（一八二八）、第二シリーズが「一八世紀哲学の歴史」（一八二九）と題されているが、クーザンは以下のような表題の下にその改訂版を出版している。V. Cousin, *Cours de l'histoire de philosophie moderne*, 2 vols., Paris, Didier, Ladrange, 1847.

(13) テキストは以下を使用。Victor Cousin, « De la philosophie de l'histoire（1823）», in *Philosophie des Sciences historiques*, textes réunis et présentés par Marcel Gauchet, Presses Universitaires de Lille, 1988, pp. 159-163.

(14) Tableau chronologique de l'historie moderne, *Œuvres complètes de Michelet*, tome I (1798-1827), éditées par Paul Viallaneix, Paris, Flammarion, 1971, pp. 71-165.

(15) Discours sur l'unité de la science, in *ibid.*, pp. 249-255.

(16) 青年ミシュレの中で「歴史」と「哲学」のどちらがより重い意味をもっていたかは、にわかには決めがたい問題である。G・モノーによれば、「歴史」の選択はミシュレがサント＝バルブ校の歴史学教授に任命されたことによって生じたのであり、一八二七年にエコール・ノルマルの「歴史と哲学」の教授に採用された時には、歴史よりも哲学の方にシフトを置こうとしたこともあったという（G. Monod, *op. cit.*, tome I, chapître X: « L'École Normale—Le cours de philosophie », pp. 118-138）。一八三八年にコレージュ・ド・フランスの教授になった時も、彼の称号は「歴史と道徳」の教授だったのであり、ミシュレはその教師生活を通して狭い意味での「歴史学教授」であったことはなかった。「文学」や「哲学」、そして晩年に加わってくる「自然史」への傾倒をも含めて、ミシュレの「歴史」はより広い視野の中で理解されるべきものである。

第3章　『世界史序説』から『フランス史』へ　一八二八—一八三二

(1) 一八二八年から一八三八年までの往復書簡（合計一三四九通）の差し出し人と受取人はどのような人たちだったのか。そのすべてについて特定し、分類することは困難なので、書簡集（第一巻と第二巻）の索引を下に、原則として頻度一〇以上の人名を抽出したが、重要と思われる人物についてはそれ以下でも表に加えた。従って表に示された書簡集は総数より少ない七四八通である。

書簡の受取人と差出人（1828-38 年）

①**親族**		108
Lefebvre-Millet	27	
Millet	23	
Pauline	58	
②**友人**		107
Poret	18	
Quinet	89	
③—1 **弟子**		85
Cheruel	37	
Durruy	5	
Mourrier	24	
Nicolas	12	
Müntz（秘書）	7	
③—2 **王室**		90
Clémentine d'Orléans	3	
Louise d'Orléans	1	
Louise de Berry	2	
Angelet（世話係）	33	
Eichhoff（家庭教師）	21	
Latour（家庭教師）	30	
④**学者・作家**（10 回以上）		155
Ampère（コレージュ・ド・フランス）	13	
Burnouf（コレージュ・ド・フランス）	19	
Edward（人類学協会）	12	
Grimm	15	
Guizot	13	
Lamartine	10	
Mignet	12	
Montgolfier（作家）	10	
R. Saint-Hilaire（ソルボンヌ大学）	16	
Schmidt（神学者）	13	
Villemain	22	
学者・作家（10 回以下）		48
Blanqui（経済学者）	3	
Chateaubriand	2	
Cousin	7	
Daunou	4	
Heine	2	
Hugo	7	
Lamenais	3	
Royer-Collard	7	
Sismondi	9	
Thierry	1	
Tocqueville	3	
⑤**ジャーナリスト**		155
Buloz（*Revue des Deux Mondes*）	14	
Chambole（*National*）	9	
Dargaud（*Bien public de Mâcon*）	13	
Eckstein（*Avenir*）	12	
François（*Revue des Débats*）	5	
Guéroult（*Journal des Débats*）	5	
Granier（*Revue de Paris*）	7	
Husson（*Constitutionnel*）	10	
Magnin（*National*）	11	
Montalembert（*Avenir*）	22	
Nettement（*Universel*）	6	
Nisard（*Journal des Débats*）	11	
Sainte-Beuve（*Globe*）	21	
Schnitzler（*Revue Encyclopéidique*）	9	
	計 748通	

表に示された書簡の相手を一瞥するならば、一八三〇年代におけるミシュレの交際相手には少なからぬ変化が生じていることに気づく。一八二〇―一八二七年に交わされた書簡三七二通の内訳は以下のようになっていた（詳細は第2章を参照）。

親族	43
友人	76
恩師・上司（学校）	29
恩師（思想）	31
同僚	85
学生	44
出版関係者	22
その他	42
計	372通

①一八二八年以降でも変化がないのは「親族」で、妻のポーリーヌと従姉のセレスティーヌ（ルフェーヴル・ミレー）とグザヴィエ（ミレー）が主たる相手である。ポーリーヌの割合が増えているのは、一八二八年のドイツ旅行以来、ミシュレが調査のためイタリアやイギリスなどに一カ月以上の旅行に出ることが多くなり、その期間、夫婦の間で頻繁に書簡のやりとりがなされたためである。ミレー家の人々との交信が絶えないのは、母の出身地ランヴェ Renwez がパリ生まれのミシュレにとって一種の「故郷」の役割を帯びていたためかもしれない。

②「友人」関係には重大な変化が生じている。「盟友」キネの登場である。コレージュ以来の旧友ポーレは相変わらずパリにあって、ミシュレの良き友人・同僚だったが、一八二八年以来急速に数を増すキネとの書簡はその質においてもポーレのそれを凌駕する。キネこそ若死にしたポワンソに

代わる「心の友」であったと言える。

③しかし、ミシュレはもはや二〇歳の若者ではない。サント＝バルブ校（一八二二―二七年）とエコール・ノルマル（一八二七―三八年）における一六年間の教師生活は多くの弟子を生み出した。とりわけエコール・ノルマルの出身者はその多くが教師になったから、卒業後も師との関係が継続し、シェリュエルやデュリュイのように「助手」としてミシュレの研究を側面から支える研究者も出てくる。ただしミュンツは厳密には弟子ではなく、ドイツ語のための秘書である。また王家の令嬢たちを「弟子」と呼ぶことはできないが、ルイーズ・ド・ベリーはシャルル一〇世の孫、クレマンティーヌ・ドルレアンはルイ＝フィリップの第五子である。いずれも政界に顔のきく歴史家ギゾーの推薦によるものだが、王家の家庭教師であることは、その報酬もさることながら、社会的な栄誉を若い歴史家に与えることになる。

④「学者・作家」のグループは、前回の表（一八二〇―二七年）では「恩師」「同僚」のグループに相当するが、今回の表（一八二八―三八年）では上下の区別を設けなかった。一八三〇年代において急速な「社会的上昇」をなしとげたミシュレは社会的地位と学術研究の両面において多くの先輩を追い抜いていったので、もはや固定した上下関係の枠にあてはめることは難しい。従って様々なレベルの学者や作家たちをひとまとめにすることにした。ただしユゴーやラマルティーヌについては説明を要しないが、大学やコレージュ・ド・フランスの教授などは、当時は著名人であったとしても、現在ではほとんど忘れられていることも少なくない。一八三〇年代のミシュレが頻繁に手紙を交わしたのは、こうしたパリの学者たちだった。

⑤最後のグループの「ジャーナリスト」との関係もそれに劣らず重要である。出版業者との付き合いが一八二八年以前にもなかったわけではない（「出版関係者」の中に加えてある）が、一八三〇年あたりからジャーナリストとのコンタクトが増え始めている。一八三〇年はフランスにとっても、ミシュレにとっても大きな転期だった。七月革命後のジャーナリズムの台頭は、ミシュレにより広

い読者層を提供し、「著作家」として成長するチャンスを与えたのだった。
書簡の内訳は下記のとおりである（Jules Michelet, *Correspondance Générale*, tome I et tome II, 1994）。
第一巻　一八二八―一八三二年　n°554～n°866　［三一三通］
第二巻　一八三三―一八三八年　n°867～n°1902　［一〇三六通］
参照された書簡の合計は一三四九通となるが、第二巻の大部分は主として数量的処理の対象となっているだけで、詳しい分析は一八二八年から一八三二年の時期に集中している。一八三二年以降の書簡の詳しい内容については別の機会に論ずることにしたい。なお、本稿で引用した書簡には、日付だけでなく、書簡集の通しナンバーも付してある。

（2）ミシュレとドイツとの関わりについては以下を参照。W・ケーギ『ミシュレとグリム』西澤龍生訳、論創社、二〇〇四年。同書には付録としてミシュレとヤーコプ・グリムの往復書簡一五通が収められている。

（3）Georg Friedrich Creuzer（1771-1856）. ハイデルベルグ大学の文献学と古代史の教授。主著に『古代諸民族、特にギリシア人における象徴学と神話学』（*Symbolik und Mythologie der alten Völker, besonders der Griechen*, 1810-1812, 1820-1823）。

（4）W・ケーギ、前掲書、二七―二八頁。

（5）一八二九年六月二一日にミシュレがグリムに書き送った書簡はケーギの著作には収録されていない。ケーギは一八二八年のドイツ旅行においてミシュレがゲッティンゲンのグリムを訪れる計画があったように書いているが、キネとの書簡の中でグリムの名前が出るのは一八二九年の手紙が最初であり、一八三六年の旅行計画――これもミシュレの病気のため実現せず――との混同ではないかと思われる。少なくとも、一八二九年の手紙の以下のような書き出しから判断して、二人の間にそれまで文通のなかったことは確かである。「あなたの素晴らしい著作のいくつかを介してしかあなたを存じ上げていないにもかかわらず、こうして筆をとり、助言を求める外国人の無礼をお許し下さい」。ミシュレはグリムの

『古代職匠歌論』*Über den altdeutschen Meistergesang*（1811）のフランス語訳を企てているが、フランス人にとっては全く未知の分野なので解説のための序章を書く必要がある、そのためにはフランス語に翻訳しやすいドイツの歌謡をいくつか推薦してほしい、というのがグリムへの要望だった。

（6）宮廷から月々支払われる金額は、エコール・ノルマルの給料の倍近くだった。ミシュレの出納帳によれば、一八三〇年一月にはエコール・ノルマルの二五〇フランに対して、テュイルリー宮からは四一六フランが支払われている（*Correspondance*, tome I, p. 718）。

（7）この書簡は以下に引用。Paul Viallaneix, *La voie royale*, Flammarion, 1971, p. 29.

（8）Edgar Quinet, *Lettres à sa mère*, Textes réunis, classés et annotés par Simone Bernard-Griffiths et Gérard Peylet, tome III, Honoré Champion, 2003, p. 156.

（9）*ibid.*, p. 165.

（10）『世界史序説』がかなり短期間の中に書かれ、一八三一年四月に出版された背景にはコレージュ・ド・フランスの教授選考があったとA・ミッツマンは推測している（Arthur Mitzman, *Michelet ou la subversion du passé, Quatre leçons au Collège de France*, La Boutique de l'Histoire, 1999）。

（11）J・ミシュレ『世界史入門』大野一道編訳、藤原書店、一九九三年、四一頁。

（12）書評は一八三一年五月八日の『ル・ジュルナル・デ・デバ』に掲載された。以下に収録。Michelet, *Œuvres Complètes*, tome II, pp. 307-310.

（13）書評は以下に収録。*ibid.*, pp. 310-313.

（14）二人は共にエコール・ノルマルの卒業生（一八二八年入学）であるが、とりわけシェリュエルはミシュレの信頼が厚く、イギリス旅行（一八三三年）にも同行している。彼はルーアンの王立コレージュの歴史学教師（一八三〇年）になったあと、エコール・ノルマルの古代史教授（一八四九年）を経て、パリ大学区長 Recteur de l'Académie de Paris（一八六五年）に就任している。

第4章 『フランス史』の誕生 一八三三

(1)『フランス史』第一巻と第二巻のテキストとしては、初版(一八三三年)のほかに、下記の全集版を使用した。本稿での引用は、第四節以外は主としてこの全集版を下にしている。Histoire de France (Livres I-IV), *Œuvres complètes*, tome IV, éditées par Paul Viallaneix, Flammarion, 1974. なお、本章執筆後に原著二〇巻(『フランス史』及び『十九世紀史』)を六巻にまとめた抄訳が藤原書店から出版されている(大野一道・立川孝一監修『フランス史』全六巻、藤原書店、二〇一〇―二〇一一年)。

(2) J. Le Goff, Michelet et Moyen Age, Aujourd'hui, Histoire de France, *Œuvres complètes*, tome IV, pp. 45-63.

(3)「自然」や「物質」のほかに「女性」もまたこの系統に加える必要があるだろう。ミシュレの著作を精神分析の視点から分析したA・ミッツマンは、「自然」や「女性」に対するミシュレの敵意(もしくは恐怖)が彼の母親コンプレックスに由来すると推測し、もう一人の女性――最初の妻ポーリーヌ――の死(一八三九年)によって引き起こされた「精神の危機」を克服することによって、はじめてミシュレは「女性」や「自然」と和解することができたと言っている。A. Mitzman, *Michelet, Historian, Rebirth and Romanticism in 19th Century France*, Yale University Press, 1990. たしかにミッツマンの解釈はミシュレ後半期における創作活動の変化をうまく説明している(特に女性については)。だがその反面、ミシュレ前半期における反自然=反女性的な傾向を強調しすぎているようにも思われる。ミシュレの「中世史」(『フランス史』第一巻~第六巻)に目を通すなら、われわれは「自然」や「女性」に対するミシュレの態度はアンビヴァレントであり、単純な図式に当てはめられたものではないことに気づくはずである。

(4)「野蛮人」への共感は青年ミシュレがヴィーコの作品に出会った一八二四年頃にまで遡ることができる。とりわけ『新しい学』*La Scienza Nuova* の第三篇「真のホメロスの発見」において、ヴィーコは文明化されたギリシア人ではなく、「野蛮きわまる状態にあったギリシアの諸民族」の習俗を生き生きと描き出しており、青年ミシュレを魅了した。一八二七年に出版された『新しい学』のフランス語訳『歴史哲学原理』に付けられた解説(「ヴィーコの学説と生涯についての序説」)の中で、ミシュレはホメロスの時代を人類の幼年期として位置づけ、若さこそが、粗暴であっても同時に詩を生み出す想像力の源泉なのだと語っている。Discours sur le système et la vie de Vico, *Œuvres complètes*, tome I, pp. 283-301.

（5）L'héroïsme de l'esprit (1869), *Œuvres complètes*, tome IV, pp. 31-42（「雄々しい心」『現代思想』真崎隆治訳、一九七九年五月、vol. 7, 四〇—五六頁）

（6）Krzysztof Pomian, Francs et Gaulois, *Les lieux de mémoire*, tome III-1, sous la direction de P. Nora, Gallimard, pp. 40-105（クシシトフ・ポミアン「フランク人とガリア人」上垣豊訳、ピエール・ノラ編『記憶の場』第一巻、谷川稔監訳、岩波書店、二〇〇二年、五九—一二五頁）。

（7）このテーマに関するティエリ兄弟の主たる著書は以下のとおりである。

Augustin Thierry（兄 一七九五—一八五六）

1825 *Histoire de la conquête de l'Angleterre par les Normands*

1827 *Lettres sur l'histoire de France*

1834 *Dix ans d'études historiques*

1853 *Histoire de la formation et des progrès du Tiers-État*

Amadée Thierry（弟 一七九七—一八七三）

1828 *Histoire des Gaulois*, 3 vol.

（8）Préface de 1869, *Œuvres complètes*, tome IV, pp. 11-27（大野一道・立川孝一監修『フランス史』I（『中世』上）、藤原書店、二〇一〇年に収録）。

（9）このテーマ（「フランス化作用」）は『フランス史』第二巻（一八三三年）の「フランスの景観」Tableau de la France において更に展開される（藤原書店『フランス史』Iでは「タブロー・ド・パリ」として収録）。

（10）Histoire de France, *Œuvres complètes*, tome IV, p. 182.

（11）Tableau de la France, *ibid.*, p. 331.

（12） P. Viallaneix, Introduction à *l'Histoire de France, ibid.*, p. 70.

（13） Michelet, *Correspondance générale* , tome II, 1994, p. 294.

（14） Paul Vidal de la Blache, *Principes de Géographie humaine,* 1992.（ブラーシュ『人文地理学原理』上下、飯塚浩二訳、岩波文庫、一九七〇年）

Lucien Febvre, *La Terre et l'évolution humaine,* 1992.（フェーヴル『大地と人類の進化』上下、飯塚浩二訳、岩波文庫、一九七一年）

（15） ミッツマンについては註（3）以外にも左記の書がある。

A. Mitzman, *Michelet ou la subversion du passé,* Quatre leçons au Collège de France, La Boutique de l'Histoire, 1999.

（16） J. Le Goff, *op. cit.*, pp. 59-60.

（17） Histoire de France, *Œuvres complètes,* tome IV, p. 334.

（18） *ibid.*, p. 355.

（19） *ibid.*, pp. 363-364.

（20） 初めてのドイツ旅行（一八二八年）からパリに戻ったミシュレは、ハイデルベルクにいる友人キネに向けて次のような手紙を送っている。「私はもう一度、あなたとハイデルベルクを見たいと思います。私はそこに私自身の何かを残してきました。それは青春と詩の最後の思い出です」。第3章を参照。

（21） Histoire de France, *Œuvres complètes,* tome IV, p. 381.

（22） *ibid.*, p. 383.

（23） *ibid.*, p. 383.

（24） Paule Petitier, *La Géographie de Michelet, Territoire et modèles naturels dans les premières œuvres de Michelet,* L'Harmattan, 1997.

（25） *ibid.*, pp. 75-76.

（26） Robert Casanova, Examen des remaniements du texte original de 1833 à travers les éditions de l'*Histoire de France,*

Œuvres complètes, tome IV, pp. 615-727.

（27）この章は Flammarion 版（1974）にも補遺として収録されているが、左記のように第八章とあるのは誤りであろう。Version primitive du chapitre VIII et de l'éclaircissement du Livre IV (Édition de 1833), *ibid.*, pp. 696-727.

ただし第四節に関しては Hachette 版（1833）を使用したので、引用文の頁は Hachette 版（『フランス史』第二巻）のものである。*Histoire de France*, tome II, Hachette, 1833, chapitre IX, pp. 624-696. 藤原書店『フランス史』I（二〇一〇年）では初版（一八三三年）がテキストとして採用されている。

（28）ミシュレは、この光景を見たことにより、王政の歴史を書くことに疑問を感じるようになり、『フランス史』の執筆を一八四四年で中断することになったと言っている（『フランス史』序文、一八六九年）。だが、このような言い方は誤解を招くのではないだろうか。何故なら『フランス史』第六巻の執筆時期は一八四二―一八四四年だから、ランス訪問もその時期だったと言わんばかりである。ところが、すでに見たように、「奇妙な光景」は『フランス史』第二巻（一八三三）でも描かれている。ミシュレが彼の日記の中にこのことを書きとめたのは一八三三年七月二一日のことだ（*Journal*, tome I (1828-1848), Gallimard, 1959, p. 111)。「事件」それ自体は一八三三年に起こったのだとしても、ミシュレがその「意味」を理解するようになったのは一八四三年以降だということなのだろうか。少なくとも一八六九年のミシュレは過去をそのように「記憶」していたのかもしれない。

（29）Hayden White, *Meta-history, The historical Imagination in Nineteenth-Century Europe*, The Johns Hopkins University Press, 1973.

（30）Lucien Refort, *L'art de Michelet dans son œuvre historique (jusqu'en 1867)*, *Librairie ancienne Édouard Champion, 1923.*

（31）『フランス史』第一巻と第二巻（一八三三年）についての書評はミシュレ全集第四巻に収録されている。*Œuvres complètes*, tome IV, éditées par Paul Viallaneix, Flammarion, 1974.

書簡については往復書簡集の第二巻を利用した。Michelet, *Correspondance générale,* tome II（1833-1838）, textes réunis, classés et annotés par Louis Le Guillou, Honoré Champion, 1994.

書評および書簡の引用に際しては、その部分を《　》でくくり、書簡の場合は通し番号を（　）で示した。

（32）*Œuvres complètes,* tome IV, pp. 736-738.

（33）*ibid.*, pp. 738-742, pp. 742-747, pp. 747-752.

（34）*Correspondance générale,* tome I, pp. 356-357.

（35）*Œuvres complètes,* IV, pp. 756-778, pp. 778-789, pp. 791-802, pp. 805-819, pp. 834-844.

（36）*ibid.*, pp. 789-791.

（37）*Histoire de France,* tome II, p. 684.

（38）Paule Petitier, *Jules Michelet, l'homme histoire,* Grasset, 2006, pp. 105-106.

（39）*Correspondance générale,* tome VIII, n°6939.

第５章　一四世紀から近代が始まる――『フランス史』第三巻を読む

（１）Michelet, *Œuvres Complètes,* tome V（Histoire de France II）, éditées par Paul Viallaneix, Flammarion, 1975.

（２）Michelet, *Histoire de France,* tome III, Hachette, 1838.

（３）一八三四年一月一九日に行なわれたソルボンヌの開講講義は以下に収録。Discours d'ouverture à la Faculté des lettres, le 9 janvier 1834, *Œuvres complètes,* tome III, pp. 209-223.

ソルボンヌでの講義は一四世紀と一五世紀を扱い、全部で一七回に及んだようだが、上にあげた開講講義以外は草稿が残っていない。ただしその内容については一八三四―一八三五年にエコール・ノルマルで行なわれた以下の講義から推察することができる。Jules Michelet, *Leçons inédites de l'École Normale*（*Histoire des XIVe, XVe, XVIe, siècles*）, Texte établi et présenté par François Berriot, Cerf, 1987, pp. 169-315.

（4）例えば最終章（第四篇第九章）におけるランスの大聖堂の件など（本書第四章を参照）。
（5）*Œuvres complètes*, tome III, p. 218.
（6）ここで取り上げたエコール・ノルマルにおける講義（一八三四～一八三五年）――「労働による人間の解放」「商業と産業」「金について」「フランス」「フィリップ美王とボニファティウス八世」――は以下に収録されている。*Leçons inédites de l'École Normale*, pp. 177-238.
（7）以下『フランス史』第三巻からの引用は「 」に括り、（ ）で頁数を示している。テキストは初版の *Histoire de France*, tome III, Hachette, 1837 である（大野一道・立川孝一監修『フランス史』に邦訳がある）。
（8）Guillaume de Nogaret, v. 1260-1270-1313. モンペリエ大学の法学博士を経て、フィリップ四世の役人となり、大法官（chancelier）をつとめる（一三〇二～一三一三）。
（9）テンプル騎士団の裁判記録はミシュレ自身の手によって刊行された（*Le Procès des Templiers*, tome 1, 1842, tome 2, 1851）が、近年になって再刊されている（Préface de Jean Favier, Éditions du Comité des Travaux historiques et scientifiques, 2 vols., 1987）。
（10）*Histoire de France*, tome II, Hachette, 1833, pp. 654-660.（第四篇第九章）
（11）Continuateur de Guillaume de Nangis からの引用（原文はラテン語）。赤いフードの着用は顔を隠すためだろうか。マルセルは王太子に会う以前から、側近たちの殺害を計画していたように思われる。
（12）*Chronique de Saint-Denis* からの引用。
（13）L'héroïsme de l'esprit, *Œuvres complètes*, tome IV, pp. 31-42（真崎隆治訳「雄々しい心」『現代思想』特集ミシュレ――歴史への新しい目、vol. 7 (6)、一九七九年）。
（14）Lucien Refort, *L'art de Michelet*, p. 154.
（15）エドマンド・ウィルソン「歴史を生きるミシュレ」『フィンランド駅へ』上、岡田正明訳、みすず書房、一九九九年、三二頁。

(16)「彼は死を生きなければならない、言いかえれば彼は死を愛さなければならないのだ。(…)死と近づき親しむこの礼法、これがミシュレの全歴史なのである」「そしてこの死への接近は一種の悪魔祓いでもある。(…)ミシュレは死者たちを貪り食う」(R・バルト『ミシュレ』藤本治訳、みすず書房、一九七四年、一〇九―一一〇頁)。

第6章　歴史上の個人をどう描くか――『フランス史』第四巻を読む

(1) Jules Michelet, *Cours au Collège de France, tome I, 1838-1844*, Gallimard, 1995.

(2) 一八三九年七月二四日にミシュレの妻ポーリーヌが病死する(この年の六月六日に入院していた)。彼女の死がミシュレの「歴史」に大きな変化をもたらしたことについては、本章の第二節「オルレアン公の暗殺」で詳しく述べることにするが、文献については以下を参照。大野一道『ミシュレ伝――自然と歴史への愛』藤原書店、一九九八年(第六章「栄光への道の陰で」)、及び拙稿「ファミリイ・ロマンスとしての革命史――ミシュレ『フランス革命史』の誕生」『思想』八五三号、一九九五年七月(本書の序章)。

(3) 筆者が参照している『フランス史』第四巻のテキストは以下の四つである(刊行年代順)。
①*Histoire de France*, tome IV, Hachette, 1840.
②*Histoire de France* (Livres V-IX), *Œuvres complètes de Michelet*, tome V, Flammarion, 1975.
③*Histoire de France*, tome IV, Équateurs, 2008.
④『フランス史』Ⅱ(『中世』下)、立川孝一・真野倫平監訳、藤原書店、二〇一〇年。
テキストの引用については、藤原書店版『フランス史』を使用することにした。ただし邦訳されていない部分については主に③でその所在を示した。

(4) Paule Petitier, « Présentation », *Histoire de France*, tome IV, Équateurs, 2008.

(5) 真野倫平『死の歴史学――ミシュレ『フランス史』を読む』藤原書店、二〇〇八年(第三章「英雄の死と聖人の死」を参照)。

(6) *Histoire de France*, tome I (Équateurs), p. 224.

(7) 一八一二年一〇月(ミシュレ一四歳)、ミシュレはパリの名門校コレージュ・シャルルマーニュに三年次編入している。この歳になるまでミシュレには正規の教育(学歴)はない。一二歳から私塾に入り、ラテン語やデッサンなどの基礎訓練を受けてはいたものの、富裕市民の息子たちが通うコレージュ(リセ)の生徒との学力差は大きかった。しかし、それ以上にミシュレを苦しめたのは「良家の子弟」が集まる当時のコレージュの社会的雰囲気である。ミシュレはその時はじめて「貧乏」の意味を理解する。青年期に書かれた『メモリアル』(一八二〇)は登校初日の不安な気持を次のように回想している。《ついに入学の日がやってきた。僕はノートル=ダム・ド・ナザレ通りの家を出て、ヴァンドーム、テュレンヌ、サント=カトリーヌの通りを抜け、リセ・シャルルマーニュに辿り着いた。胸はドキドキしていた。……自分はオドオドした様子をしているのではないか。何か馬鹿げたことをしでかすのではないか》(« Mémorial », *Ecrits de Jeunesse*, Texte intégral, établi et publié par Paul Viallaneix, Gallimard, 1959, pp. 201-202)。

ちなみにミシュレの誕生(一七九八)からエコール・ノルマル就職(一八二七)までの住所は以下の通りである。

1798 : 16 rue de Tracy
1800-02 : Rue Montmartre, rue du Tour
1808 : Rue des Sainte-Pères
1809 : Boulevard Saint-Martin
1811 : Rue N-D de Nazareth
1812[1813] : Rue Carême-Prenant, cul de sac de Saint-Louis
1814-15 : Rue de Périgueux

1815　　：7 rue de Buffon
1818-27：Rue de la Roquette
1827　　：Rue de l'Arbalète

(G. Monod, *La vie et la pensée de Jules Michelet* (*1798-1852*), tome I, Hononé Champion, 1923, p. 2)

(8) Froissart, *Les Chroniques* (Bibliothèque de la Pléiade, Gallimard, 1952), pp. 895-899.
Michelet, *Histoire de France*, tome IV (Hachette, 1840), pp. 60-61.

(9) Hachette, tome IV, pp. 62-65. (1840)
Équateurs, tome IV, pp. 49-51. (2008)

(10) *Froissart, op. cit.*, pp. 905-906.
Chronique du règne de Charles VI, 1380-1422, tome II, pp. 163-166, Paleo, 2007.

(11) Paule Petitier, *op. cit.*, p. VIII.

(12) Jules Michelet, *Leçons inédites de l'École Normale, Histoire des XIV*^{e}*, XV*^{e}*, XVI*^{e} *siècles*, Texte établi et présenté par François Berriot, Cerf, 1987, pp. 282-297.

(13) Jules Michelet, *Journal*, tome I (1828-1848), Texte intégral, établi...par Paul Viallaneix, Gallimard, 1959, pp. 304-325. (一八三九年七月—一〇月)

終章　現代に影響を及ぼすミシュレ

(1)『アナール』創立者L・フェーヴルとM・ブロックの論文集が近年、新たな編者たちによって刊行された。

L. Febvre, *Vivre l'histoire*, Édition établie par Brigitte Mazon et préfacée par Bertrand Müller, Robert Laffont/Armand Colin, 2009.

M. Bloch, *L'Histoire, la Guerre, la Résistance*, Édition établie par Annette Becker et Etienne Bloch, Gallimard, 2006.

ともに地味な装訂のペーパーバックではあるが、それぞれ一〇〇〇頁を越す大冊で、現在では入手困難な書評や小論も収録されており、索引も付いている。筆者はこの索引を手がかりに、二人の歴史家のミシュレに対する評価について検証してみた。ただし引用にあたっては、邦訳がある場合はそちらを採用し、訳者の名と訳書の頁を（ ）で示した（以下、他の文献についても同様の表記法を取っている）。

また、ミシュレについては『フランス史』全六巻（大野一道・立川孝一監修、藤原書店、二〇一〇―二〇一一年）の刊行が終了した。ただし、これは抄訳で、原著は『フランス史』（一七巻）と『一九世紀史』（三巻）の計二〇巻である。念のために、邦訳と原著との対応関係を示しておく。

〈原著『フランス史』〉

序文（一八六九）
一巻（一八三三）
二巻（一八三三）
三巻（一八三七）
四巻（一八四〇）
五巻（一八四一）
六巻（一八四四）
七巻（一八五五）ルネサンス
八巻（一八五五）宗教革命
九巻（一八五六）
一〇巻（一八五六）
一一巻（一八五七）
一二巻（一八五八）

〈邦訳『フランス史』〉

Ⅰ（中世上）

Ⅱ（中世下）

Ⅲ（一六世紀）

Ⅳ（一七世紀）

一三巻（一八六〇）
一四巻（一八六二）
V（一八世紀）　一五巻（一八六三）
一六巻（一八六三）
一七巻（一八六六）
Ⅵ（一九世紀）『一九世紀史』　一巻（一八七二）
二巻（一八七五）
三巻（一八七五）

（2）L. Febvre, *Michelet*, Les classiques de la liberté, Édition des Trois Collines, Genèves-Paris, 1946. フェーヴルの序文の邦訳は以下に収録。J・ミシュレ『世界史入門――ヴィーコから「アナール」へ』大野一道編訳、藤原書店、一九九三年。
（3）L. Febvre, *Michelet et la Renaissance*, Flammarion, 1992.（石川美子訳『ミシュレとルネサンス』藤原書店、一九九六年）
（4）L. Febvre, *La Terre et l'évolution humaine*, 1922.（飯塚浩二訳『大地と人類の進化』上、岩波文庫、一九七一年）
（5）共に邦訳『フランス史』Ⅰに収録。
（6）L. Febvre, *Vivre l'histoire*, p. 28.（長谷川輝夫訳『歴史のための闘い』創文社、一九八一年、三七頁）
（7）*Ibid.*, p. 752, et p. 763.（二宮敬訳『フランス・ルネサンスの文明』創文社、一九八一年、七、二九頁）
（8）*Ibid.*, pp. 800-801.（二宮敬訳、一一一―一一三頁）
（9）M. Bloch, *L'Histoire, la Guerre, la Résistance*, p. 480.
（10）*Ibid.*, p. 879.（讃井鉄男訳『歴史のための弁明』岩波書店、一九五六年、二五―二六頁）
（11）L. Febvre, p. 25.（長谷川輝夫訳『歴史のための闘い』三〇―三一頁）

（12） *Ibid.*, pp. 33-34.（長谷川輝夫訳、四六頁）

（13） A. Aulard, « Leçon d'ouverture du cours d'histoire de la Révolution Française à la Faculté des letters de Paris », *Études et Leçons sur la Révolution Française*, Première série, Troisième édition, Paris, Flix Alcan, 1901.

（14） F. Furet, *Penser la Révolution Française*, Gallimard, 1978.（大津真作訳『フランス革命を考える』岩波書店、一九八九年）

（15） P. Nora (sous la direction de), *Les lieux de Mémoire*, 7vols, Gallimard, 1984-92.（谷川稔監訳『記憶の場』三巻、岩波書店、二〇〇二―二〇〇三年）

（16） R. Barthes, *Michelet*, Seuil, 1954, p. 161.（藤本治訳『ミシュレ』みすず書房、一九七四年、二三五頁）

（17） J. Le Goff, *Histoire et Mémoire*, Gallimard, 1988, p. 89.（立川孝一訳『歴史と記憶』法政大学出版局、一九九九年、七六頁）

あとがき

「まえがき」で、私は「ミシュレはなぜ、もっと若い時期に『革命史』を書かなかったのか」という問いを発し、「序章」ではその理由について詳しく解説した。ここでは、その時にはっきりとは語られなかった、もうひとつの問いに答えておきたい。

私はこの本の中ではミシュレの『革命史』について――「序章」を除けば――ほとんど言及しなかった。私の関心はむしろ、ミシュレの青年期と初期の著作（『世界史序説』や『フランス史（中世）』）に向けられていた。ミシュレが「なぜ『革命史』を書かなかったのか」と問いながら、私自身も『革命史』からは遠ざかりつつあったのだ。それはなぜか？

実のところ、『フランス革命と祭り』（一九八八）、『フランス革命――祭典の図像学』（一九八九）を書いたあと、フランス革命への熱意は冷めつつあった。「まえがき」でも触れた父の死（一九八九年七月）も少しは関係しているのかもしれない。

私はその年の末に、ある読書新聞から「私の一九八九年」という題で何か書けという依頼を受けた。以下はその時の記事からの抜粋である。

七月、ぼくはパリに行くはずだった。フランス革命二〇〇周年行事の組織委員長がたまたま恩師のヴォヴェル教授であった関係で、ぼくにも〔シンポジウムへの〕出席の誘いがあった。『ベルサイユのばら』を素材に、日本におけるフランス革命受容の問題を論じてみようと考えたのがまちがいのもとだった。

「ベルばら論」をフランス語で書き始めた矢先に、父が病いに倒れた。一瞬ぼくは計算をした。パリでの報告をすませてすぐに帰国すれば、父の最期には間に合うのではないか。だがすぐに、そうした自分に対する嫌悪感が襲ってきた。ぼくはヴォヴェル先生に手紙を書き、シンポジウムへの出席を辞退する旨を伝え、父のいる札幌へ行く準備を始めた。

ベッドに横たわった父はすでに死人のようだった。

けれども、管を何本も巻きつけられた父の肉体は、近代医学のおかげでなお生命を保ち続けていた。苦痛のためか、無意識に管を払いのけようとする父の手を押さえながら、こんな状態が幾日続くのだろうかとぼくは自問した。（中略）

それは醜悪で崇高な儀式だった。

父の葬儀のあと、ぼくはある人にあてて次のように書いた。「パリへは行きませんでした。二〇〇周年は終りました」。ぼくの「ベルばら論」が世に出ることは決してないだろう。

フランス革命史から距離を措くようになる一方で、ミシュレへの関心は日毎に強まっていった。しかしそれは、『革命史』以前のミシュレ、『フランス史（中世）』のミシュレだった。ただしその時は、青年ミシュレのエゴイズム、出世主義、西洋中心主義など、彼の負の面を暴き出すことに自虐的な快楽を味わっていたのかもしれない、と今では思う。だからこそ、第五章に登場する「民衆の世界」、そして第六章におけるシャルル六世の狂気とオルレアン公の死に捧げられた渾身の歴史叙述に出会えたことは望外の喜びだった。

本書は、大学での勤務のかたわら、ぽつぽつと書きためていた論文を一冊にまとめたもので、発表年代には――一九九五年から二〇一三年まで――二〇年近い間隔がある。その間には、ミシュレ研究の第一人者である大野一道氏からの誘いでミシュレの『フランス史』の翻訳刊行に参加することになり、中世の二巻では気鋭の研究者である真野倫平氏と一緒に仕事するなど、貴重な体験をさせてもらった（二〇〇六―一〇年）。

ただし本書をまとめるにあたっては技術上の問題があった。私の論文の大部分は日本語版『フランス史』の刊行以前に執筆されていて、日本語訳を引用できたのは、第六章と終章のみである。ミシュレのテキストは、第五章まではフランス語版を用い、第六章からは日本語版も参照するといった具合で、一種のねじれ現象が生じてしまった。本来ならば、はじめから書き直し、全体を統一すべきなのだろうが、さすがにその気力はなく、ほぼ原形のままとした。ミシュレの若い頃の日記なども今は邦訳されている（J・ミシュレ『全体史の誕生――若き日の日記と書簡』大野一道編訳、藤原書店、二〇一四年）が、引用することはできなかった。

論文の初出は左記の通りである。

序　章「ファミリイ・ロマンスとしての革命史――ミシュレ『フランス革命史』の誕生」『思想』八五三号（一九九五年七月）

第1章「ミシュレの青春時代（一七九八―一八二四）」『歴史人類』第二五号（一九九七年三月）

第2章「ミシュレの書簡――歴史哲学への道（一八二〇―一八二七）」『歴史人類』第三一号（二〇〇三年三月）

第3章「ミシュレの往復書簡（2）――七月革命の前後（一八二八―一八三八）」『歴史人類』第三三号（二〇〇五年三月）

第4章「ミシュレと中世――人種・地理・キリスト教」『歴史人類』第三四号（二〇〇六年三月）

第5章「ミシュレにおける象徴の歴史学――ボニファティウス八世からエティエンヌ・マルセルまで（『フランス史』第三巻）」『歴史人類』第三五号（二〇〇七年三月）

第6章「歴史における《個人》の描き方――シャルル六世とオルレアン公ルイ（ミシュレ『フランス史』第四巻）」『歴史人類』第三八号（二〇一〇年三月）

終　章「ミシュレと現代歴史学」『歴史人類』第四一号（二〇一三年三月）

私は二〇一三年の三月に筑波大学を退職し、自由の身となったので、ミシュレについての著作、それに加えて恩師M・ヴォヴェルの主著である『死と西欧』(『死とは何か』という邦題で藤原書店から二〇一九年二月に刊行された)の翻訳に時間をあてることができるようになった。ただし、パソコンを使わない(使えない)私は、いつも誰かの助けを必要としていて、論文執筆当時は筑波大学の学生たちに手伝ってもらっていたのだが、退職後は札幌に住まいしている筑波大学院生(当時)の小野寺華子さんに論文をすべてデータ化してもらい、それを藤原書店に送ることとした(彼女のスペイン留学後は、札幌在住の旧友、立松久佳氏の手をわずらわせた)。二人の協力に感謝するとともに、本書の刊行を快く引き受けてくれた藤原書店社主の藤原良雄氏と、校正において細やかな目配りをしてくださった編集部の山﨑優子さんに御礼を申し上げるのは当然のことだが、加えて藤原さんから、図版を載せるようにとのアドバイスがあり、何冊か文献も貸していただいた。真面目すぎた拙著にも幾分の華やかさが加わったように思えるのは望外の幸せというもので、重ねて御礼を申し上げたい。

二〇一九年五月　札幌にて

立川孝一

[ミシュレ 家系図]

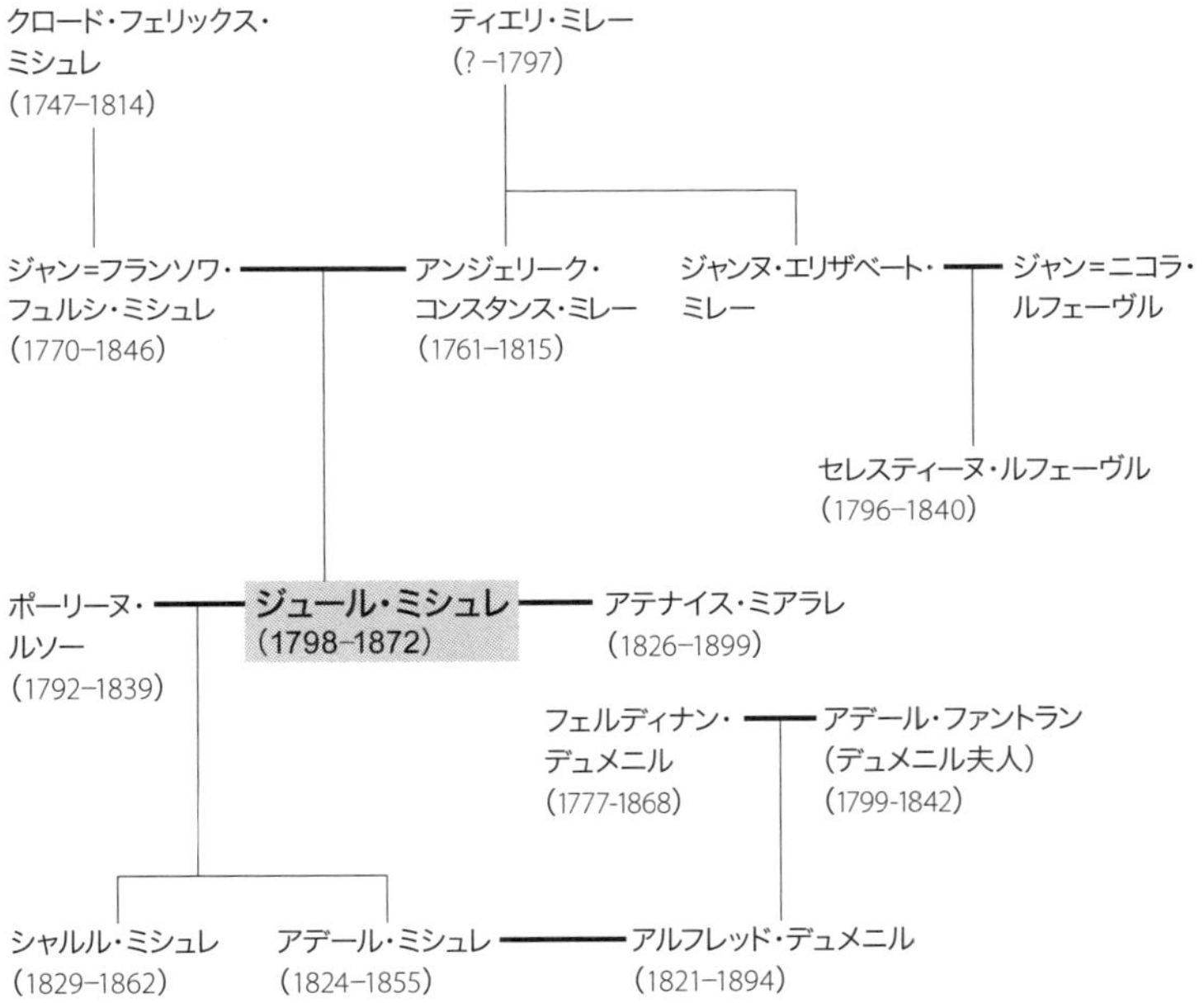
クロード・フェリックス・ミシュレ
(1747–1814)
ティエリ・ミレー
(? –1797)
ジャン=フランソワ・フュルシ・ミシュレ
(1770–1846)
アンジェリーク・コンスタンス・ミレー
(1761–1815)
ジャンヌ・エリザベート・ミレー
ジャン=ニコラ・ルフェーヴル
セレスティーヌ・ルフェーヴル
(1796–1840)
ポーリーヌ・ルソー
(1792–1839)
ジュール・ミシュレ
(1798–1872)
アテナイス・ミアラレ
(1826–1899)
フェルディナン・デュメニル
(1777-1868)
アデール・ファントラン
(デュメニル夫人)
(1799-1842)
シャルル・ミシュレ
(1829–1862)
アデール・ミシュレ
(1824–1855)
アルフレッド・デュメニル
(1821–1894)

1847	49	『フランス革命史』第1巻，第2巻刊行 アテナイス・ミアラレから最初の手紙が来る（12月13日） コレージュ・ド・フランスで「社会革新と革命」という題で講演（12月16日）
1848	50	講義中止命令を受ける（1月2日） キネとともに講義再開（3月6日），学生から熱狂的に迎えられる パリまでやって来たアテナイス・ミアラレと初めて会う（11月8日）
1849	51	アテナイスと宗教儀式なしの結婚（3月12日）
1851	53	ルイ・ナポレオンに反対しているとして講義中止処分を受ける（3月）
1852	54	ミシュレ，キネ，ミツキェヴィチ，コレージュ・ド・フランスを罷免（4月） 皇帝への宣誓を拒否し，国立古文書館の職も辞任（6月）。パリを去ってナントに移住
1853	55	『フランス革命史』第6巻，第7巻同時刊行
1855	57	『フランス史』第7巻（ルネサンス）刊行 『フランス史』第8巻（宗教改革）刊行 娘アデール死去（7月15日）
1856	58	『鳥』刊行
1862	64	ダントゥ社から『魔女』少部数出版 ブリュッセルのラクロワ社，『魔女』刊行を受諾（11月22日），翌年2月出版
1867	69	『フランス史』第17巻（最終巻）刊行
1869	71	『フランス史』完成を機に全体への序文を書く
1870	72	「ラペル」紙に対プロシア戦を憂えた「平和の旗を立てよう」というミシュレの呼びかけが載る（7月12日）
1871	73	『ヨーロッパを前にしたフランス』刊行 コミューン壊滅の知らせを聞き，二度目の卒中を起こす（5月22日）
1872	74	『19世紀史』第1巻刊行
1874	75	心臓発作により死去（2月9日）
1875		『19世紀史』第2巻，第3巻刊行

（大野一道『ミシュレ伝』より本書関連事項を中心に作成）

1828	30	ドイツ旅行（8～9月） シャルル10世の孫娘ルイーズ＝マリー＝テレーズ（9歳）の歴史担当家庭教師となる
1829	31	息子シャルル誕生（11月17日）
1830	32	ルイ＝フィリップの娘クレマンティーヌ王女（13歳）の歴史担当家庭教師となる 国立古文書館歴史部主任となる
1831	33	『世界史序説』刊行 『ローマ史』刊行
1833	35	『フランス史』第1巻，第2巻刊行
1834	36	ソルボンヌでギゾーの代講として近代史を担当
1835	37	『ルター自身によるルター回想録』刊行
1837	39	『フランス史』第3巻刊行 『フランス法の起源』刊行
1838	40	コレージュ・ド・フランスの歴史・道徳担当教授となる アカデミー・フランセーズ道徳・政治部門会員に選ばれる
1839	41	妻ポーリーヌ死去（7月24日） ペール＝ラシェーズで妻の遺骸を発掘，埋葬し直す（9月4日） コレージュ・ド・フランスでルネサンスについて開講
1840	42	『フランス史』第4巻刊行 コレージュの教え子アルフレッド・デュメニルの母アデール・デュメニル夫人の訪問を受け，急速に親しくなる
1841	43	デュメニル夫人，病いに倒れ，ミシュレ家に移り住む 『テンプル騎士団裁判』（史料集）刊行 『フランス史』第5巻（ジャンヌ・ダルクを扱う）刊行
1842	44	デュメニル夫人死去（5月31日）
1843	45	『イエズス会士たち』（キネとの共著）刊行 娘アデールとアルフレッド・デュメニル結婚
1844	46	『フランス史』第6巻刊行（「中世」終了）
1845	47	『司祭，女，家庭について』刊行
1846	48	『民衆』刊行 父フュルシ死去（11月18日）

ミシュレ略年譜(1798-1875)

西暦	年齢	事　項
1798		ジュール・ミシュレ，パリで生まれる（8月21日）
1808	10	父フュルシ，借金のために収監される
1810	12	メロー塾に通い始め，ポール・ポワンソと親友になる
1812	14	コレージュ・シャルルマーニュの第三学年に編入 父，印刷業を廃業
1813	15	第三学年に留年。エクトール・ポーレと級友になる
1814	16	父，デュシュマン博士の療養院に勤務
1815	17	母コンスタンス死去（2月9日） 父，ジュールとともにデュシュマン博士の療養院に移り住む
1816	18	療養院の管理人フルシ夫人と親しくなり，その影響のもと洗礼を受ける
1817	19	ポーリーヌ・ルソー（25歳），療養院に看護婦として住み込む 大学入学資格試験に合格
1819	21	ソルボンヌで文学博士号を授与される
1820	22	ポワンソ，パリを去る。それを機に日記を書き始める（5月4日）
1821	23	親友ポワンソ死去（2月14日） 大学教授資格（文学）試験に三位の成績で合格 コレージュ・シャルルマーニュの代用教官となる
1822	24	コレージュ・サント＝バルブの正教員となり歴史を担当
1824	26	ポーレの仲立ちでヴィクトール・クーザンを知る ポーリーヌと結婚（5月20日） ヴィーコ『新しい学』の翻訳を計画 娘アデール誕生（8月28日）
1825	27	クーザンのところでエドガール・キネと知り合う 『近代史年表』刊行
1826	28	『近代史対照年表』刊行
1827	29	エコール・ノルマルの哲学・歴史担当教授となる ヴィーコ『歴史哲学の原理』(『新しい学』をかなり自由な形で翻訳）刊行 『近代史概要』第一部刊行

1302	フィリップ4世，最初の三部会を開催
1303	アナーニ事件：ギヨーム・ド・ノガレ，教皇ボニファティウス8世を逮捕。教皇は憤死
1307	フィリップ4世，テンプル騎士団員を逮捕
1309	クレメンス5世，アヴィニョンに教皇庁移転（「教皇のバビロン捕囚」 ～1377）
1328	カペー朝断絶。フィリップ6世即位（在位～1350），ヴァロワ朝を創始
1337	英王エドワード3世，フランス王位継承権を要求
1339	英軍，カンブレーを攻撃：百年戦争始まる
1346	クレシーの戦い：フランス騎士軍，英軍に大敗
1348	黒死病大流行
1350	ジャン2世即位（在位～1364）
1356	ポワティエの戦い：ジャン2世，捕虜となる
1358	エティエンヌ・マルセルの乱。ジャクリーの乱
1363	ジャン2世の王子フィリップ大胆公，ブルゴーニュ公となる（在位～1404）
1364	シャルル5世即位（在位～1380）
1380	シャルル6世即位（在位～1422）
1392	シャルル6世発狂
1404	ブルゴーニュ公フィリップ大胆公没：ジャン無畏公継承（在位～1419）
1407	王弟ルイ・ドルレアン暗殺。アルマニャック派とブルゴーニュ派の内戦始まる
1415	アザンクールの戦い：英王ヘンリー5世，仏軍に大勝
1419	モントローの会見：ブルゴーニュ公ジャン無畏公，暗殺される。フィリップ善良公継承（在位～1467）
1422	ヘンリー5世，シャルル6世没。ヘンリー6世，シャルル7世（在位～1461），ともに仏王即位を宣言
1429	ジャンヌ・ダルク，オルレアンを解放。シャルル7世，ランスで戴冠
1431	ジャンヌ，ルーアンで火刑となる
1461	ルイ11世即位（在位～1483）

（ミシュレ『フランス史』藤原書店，I・IIより本書関連事項を中心に作成）

『フランス史』関連年表(〜1483年)

前1200頃	ケルト人，ガリアに移住
前58	カエサル，ガリア遠征を開始
前52	ウェルキンゲトリクスによる全ガリアの反乱起こる。カエサル，アレシア包囲戦に勝利し反乱を鎮圧。カエサル『ガリア戦記』
375	ゲルマン民族の大移動始まる
476	ゲルマン人傭兵隊長オドアケル，西ローマ皇帝を廃位。西ローマ帝国滅亡
482	クローヴィス，フランク王に即位（在位〜511），メロヴィング朝を創始
732	トゥール・ポワティエ間の戦い：カール・マルテル，アラブ軍を撃破
751	小ピピン，フランク王に即位（在位〜768），カロリング朝を創始
800	カール（シャルルマーニュ），教皇レオ3世により西ローマ皇帝に戴冠
814	ルートヴィヒ（ルイ）1世即位（在位〜840）
987	カロリング朝断絶。パリ伯ユーグ・カペー即位（在位〜996），カペー朝を創始
1077	カノッサの屈辱：皇帝ハインリヒ4世，教皇グレゴリウス7世に屈服
1095	クレルモン公会議：教皇ウルバヌス2世，十字軍を宣言
1180	フィリップ2世（オーギュスト）即位（在位〜1223）
1208	アルビジョワ十字軍始まる（〜1229）：教皇インノケンティウス3世，南仏のカタリ派を弾圧
1226	ルイ9世即位（在位〜1270）
1248	第6回十字軍出発
1250	ルイ9世，マンスーラの戦いに敗れ捕虜となる
1270	第7回十字軍出発：ルイ9世，チュニスで病死。フィリップ3世即位（在位〜1285）
1285	フィリップ4世即位（在位〜1314）

organisé à la Bibliothèque historique de la Ville de Paris, Mars-Mai 1975, Imprimerie municipale, Hôtel de Ville, Paris, 1975. ………図 5, 7, 13

PRIEUR, *Les tableaux historiques de la Révolution*, Paris, Musée Carnavalet, 2006.

Paul VIALLANEIX, *Michelet, les travaux et les jours, 1798-1874*, Paris, Gallimard, 1998. ………図 8(ポワンソ, キネ), 9

Michel VOVELLE, *La Révolution française, Images et Récit*, 5 vols, Paris, Éditions Messidor / Livre Club Diderot, 1986.

ジョルジュ・デュビィ編『女のイマージュ――図像が語る女の歴史』杉村和子・志賀亮一訳，藤原書店，1994 年。 ………図 4, 11

ジャン・マルレ『タブロー・ド・パリ』鹿島茂訳，藤原書店，1993 年。 ………図 2, 6, 10, 12

専修大学図書館監修『銅版画フランス革命史』瓜生洋一・森山軍治郎解説，読売新聞社，1989 年。 ………図 1

ミシュレ『フランス史』 I ～VI，藤原書店，2010 ～ 11 年。

——, « Les principaux aspects d'une civilisation : la première Renaissance française ; quatre prises de vues », *Pour une Histoire à part entière*, Paris, École des Hautes Études en sciences sociales, 1982（リュシアン・フェーヴル『フランス・ルネサンスの文明——人間と社会の基本像』二宮敬訳，創文社，1981 年）.
——, *Vivre l'histoire*, Édition établie par Brigitte Mazon et préfacée par Bertrand Müller, Paris, Robert Laffont, Armand Collin, 2009.
François FURET, *Penser la Révolution française*, Paris, Gallimard, 1978（フランソワ・フュレ『フランス革命を考える』大津真作訳，岩波書店，1989 年）.
Lynn HUNT, *The Family Romance of the French Revolution*, Berkley, Los Angels, University of California Press, 1992（リン・ハント『フランス革命と家族ロマンス』西川長夫・平野千果子・天野知恵子訳，平凡社，1999 年）.
Jacques LE GOFF, *Histoire et Mémoire,* Paris, Gallimard, 1988（ジャック・ル・ゴフ『歴史と記憶』立川孝一訳，法政大学出版局，1999 年）.
Pierre NORA (sous la direction), *Les lieux de mémoire*, 7 vol., Paris, Gallimard, 1984-1992（ピエール・ノラ編『記憶の場——フランス国民意識の文化＝社会史』全 3 巻，谷川稔監訳，岩波書店，2002-2003 年）.
Hayden WHITE, *Meta-history. The historical Imagination in Nineteenth-Century Europe*, Baltimore, London, The Johns Hopkins University Press, 1973（ヘイドン・ホワイト『メタヒストリー——19 世紀ヨーロッパにおける歴史的想像力』岩崎稔監訳，作品社，2017 年）.
Edmund WILSON, *To the Finland Station. A Study in the Writing and Acting of History*, First published by Farrar, Straus and Giroux, New York, 1940, Introduction added 1972, The Noonday Press（エドマンド・ウィルソン『フィンランド駅へ——革命の世紀の群像』上・下，岡本正明訳，みすず書房，1999 年）.

Ⅳ　図像資料

Roland AUGUET, *Fêtes et spectacles populaires*, Paris, Flammarion, 1974.
………図 19
Eric FAUQUET, *Michelet ou la gloire du professeur d'histoire*, Paris, Les Éditions du Cerf, 1990.
LESUEUR, *Gouaches révolutionnaires*, Paris, Musée Carnavalet, 2005.　………図 3
Jules MICHELET, *Histoire de France*, 19 vols., Avec illustrations par Vierge, Paris, C.Marpon et E.Flammarion, sans date [1879].
………図 14，15，16，17，18，20，21
"*MOI-PARIS*", *Centenaire de la mort de Jules Michelet*, Catalogue de l'exposition

Paule PETITIER, *La Géographie de Michelet. Territoire et modèles naturels dans les premiers œuvres de Michelet*, Paris, L'Harmattan, 1997.
――, *Jules Michelet. L'homme histoire*, Paris, Grasset, 2006.
Paul VIALLANEIX, *La Voie royale. Essai sur l'idée de peuple dans l'œuvre de Michelet*, Paris, Flammarion, 1971.
――, *Michelet, les travaux et les jours, 1798-1874*, Paris, Gallimard, 1998.
大野一道『ミシュレ伝 1798-1874――自然と歴史への愛』藤原書店，1998年。
――『「民衆」の発見――ミシュレからペギーへ』藤原書店，2011 年。
真野倫平『死の歴史学――ミシュレ『フランス史』を読む』藤原書店, 2008年。
『現代思想　特集：ミシュレ』青土社，1979 年 5 月号。

III　歴史論

Alphonse AULARD, « Leçon d'ouverture du cours d'histoire de la Révolution française à la Faculté des lettres à Paris », *Études et Leçons sur la Révolution française, Première série*, Troisième édition, pp. 3-40, Paris, Félix Alcan, 1901.
Marc BLOCH, *Apologie pour l'histoire ou Métier d'historien*, Paris, Armand Colin, Cahiers des Annales, n°3, 1949（マルク・ブロック『歴史のための弁明――歴史家の仕事』讃井鉄男訳，岩波書店，1956 年；マルク・ブロック『新版 歴史のための弁明――歴史家の仕事』松村剛訳，岩波書店，2004 年）.
――, *L'Histoire, la Guerre, la Résistance*, Édition établie par Annette Becker et Étienne Bloch, Paris, Gallimard, 2006.
Victor COUSIN, *Cours de l'histoire de la philosophie moderne*, 2 vol., Paris, Didier, Ladrange, 1847.
――, « De la philosophie de l'histoire (1823) », *Philosophie des sciences historiques*, Textes de P. Barente, V. Cousin, F. Guizot, J. Michelet, F. Mignet, E. Quinet, A. Thierry, Réunis et présentés par Marcel Gauchet, pp. 159-163, Presses universitaires de Lille, 1988.
Lucien FEBVRE, *La Terre et l'évolution humaine, introduction géographique à l'histoire*, Paris, La Renaissance du Livre, 1922（リュシアン・フェーヴル『大地と人類の進化――歴史への地理学的序論』上・下，飯塚浩二訳，岩波文庫，1971 年）.
――, *Combats pour l'histoire*, Paris, Armand Colin, 1953, rééd. Armand Colin, 1992（リュシアン・フェーヴル『歴史のための闘い』長谷川輝夫訳，創文社，1977 年）.

文庫，1983 年）.

D　日記・書簡・講義

Écrits de Jeunesse. Journal, 1820-1823, Mémorial, Journal des idées, édités par Paul Viallaneix, Paris, Gallimard, 1959（『全体史の誕生——若き日の日記と書簡』大野一道編訳，藤原書店，2014 年）.

Journal, 4 vol., édité par Paul Viallaneix (tome I et II) et Claude Digeon (tome III et IV), Paris, Gallimard, 1959-1976.（藤原書店より近刊予定）

Correspondance générale, 12 vol., éditée par Louis Le Guillou, Paris, Librairie Honoré Champion, 1994-2001.

Leçons inédites de l'École normale. Histoire des XIVe, XVe, XVIe siècles, Texte établi et présenté par François Berriot, Paris, Les Éditions du Cerf, 1987.

Cours au Collège de France, 2 vol., Publié par Paul Viallaneix, Paris, Gallimard, 1995.

II　ミシュレ研究

Roland BARTHES, *Michelet par lui-même*, Paris, Éditions du Seuil, 1954（ロラン・バルト『ミシュレ』藤本治訳，みすず書房，1974 年）.

Lucien FEBVRE, *Michelet*, Éditions des Trois Collines, « Les classiques de la liberté », Genève-Paris, 1946（序章は以下に邦訳。ミシュレ『世界史入門』大野一道編訳，藤原書店，1993 年）

——, *Michelet et la Renaissance*, Paris, Flammarion, 1992（リュシアン・フェーヴル『ミシュレとルネサンス——「歴史」の創始者についての講義録』石川美子訳，藤原書店，1996 年）.

——, *Michelet. Créateur de l'histoire de France, Cours au Collège de France, 1943-1944*, Édition établie par Brigitte Mazon et Yann Potin, Paris, Librairie Vuibert, 2014.

Werner KAEGI, *Michelet und Deutschland*, Basel, B. Schwabe, 1936（ヴェルナー・ケーギ『ミシュレとグリム』西澤龍生訳，論創社，2004 年）.

Jacques LE GOFF, « Michelet et le Moyen Age, aujourd'hui », *Œuvres complètes de Michelet*, tome IV, pp. 45-63, Paris, Flammarion, 1974.

Arthur MITZMAN, *Michelet historian. Rebirth and Romanticism in Nineteenth Century*, New Haven and London, Yale University Press, 1990.

——, *Michelet ou la subversion du passé. Quatre leçons au Collège de France*, Paris, La Boutique de l'histoire, 1999.

Gabriel MONOD, *La vie et la pensée de Jules Michelet (1798-1852)*, 2 vol., Paris, Honoré Champion, 1923, réimp. Genève, Slatkine Reprints, 1975.

参考文献

Ⅰ　ミシュレの著作

A　フランス史（中世）

［初版］*Histoire de France*, 6 vol., Paris, Hachette, 1833-1844.

［全集版（フラマリオン）］*Œuvres Complètes*, tome IV-VI, éditées par Paul Viallaneix, Paris, Flammarion, 1974-1978.

［普及版（エカトゥール）］*Histoire de France*, Présentations de Paul Viallaneix et Paule Petitier, tome I-VI, Paris, Éditions des Équateurs, 2008.

［邦訳］『フランス史』Ⅰ・Ⅱ，大野一道・立川孝一監修，藤原書店，2010年。

B　フランス革命史

［初版］*Histoire de la Révolution française*, 7 vol., Paris, Chamerot, 1847-1853.

［ガリマール版］*Histoire de la Révolution française*, 2 vol., éditée par Gérard Walter, Gallimard, « Bibliothèque de la Pléiade », 1939.

［邦訳］『フランス革命史』上・下，桑原武夫・多田道太郎・樋口謹一訳，中公文庫，2006年。

C　その他の著作

Tableau chronologique de l'histoire moderne, Paris, L. Colas, 1825.

Tableaux synchroniques d'histoire moderne, Paris, L. Colas, 1826.

Principes de la philosophie de l'histoire, traduits de la Scienza Nuova de J. B. Vico et précédés d'un Discours sur le système et la vie de l'auteur, Paris, Renouard, 1827.

Introduction à l'histoire universelle, Paris, Hachette, 1831（『世界史入門――ヴィーコから「アナール」へ』大野一道編訳，藤原書店，1993年）.

Origines du droit français cherchées dans les symboles et formules du droit universel, Paris, Hachette, 1837.

Des Jésuites, par MM. Michelet et Quinet, Paris, Hachette et Paulin, 1843.

Du Prêtre, de la femme, de la famille, Paris, Hachette et Paulin, 1845.

Le Peuple, Paris, Hachette et Paulin, 1846（『民衆』大野一道訳，みすず書房，1977年）.

La Sorcière, Paris, Dentu et Hetzel, 1862（『魔女』上・下，篠田浩一郎訳，岩波

ヤ　行

ラ　行

マ　行

ナ 行

ハ 行

タ　行

カ　行

サ　行

主要人名索引

＊参考文献は除き，註，年表，年譜を含む本文から，主要な人名を抽出し，50 音順に配列した。

ア 行

図版一覧

著者紹介

立川孝一（たちかわ・こういち）

1948年生。プロヴァンス大学博士課程修了（文学博士）。現在，筑波大学名誉教授。専攻は歴史学。著書に『フランス革命』（中公新書），『フランス革命と祭り』（筑摩書房）等，訳書にル・ゴフ『歴史と記憶』（法政大学出版局），オズーフ『革命祭典』（岩波書店），ヴォヴェル『フランス革命の心性』（共訳，岩波書店）『死とは何か』上・下（共訳，藤原書店）等。ミシュレ『フランス史』全6巻を監修・共編・共訳（藤原書店）。

歴史家《れきしか》ミシュレの誕生《たんじょう》
——歴史学徒《いちれきしがくと》がミシュレから何《なに》を学《まな》んだか

2019年 6月10日　初版第1刷発行©

著　者　立川孝一
発行者　藤原良雄
発行所　株式会社 藤原書店

〒162-0041　東京都新宿区早稲田鶴巻町523
電　話　03（5272）0301
FAX　03（5272）0450
振　替　00160-4-17013
info@fujiwara-shoten.co.jp

印刷・製本　中央精版印刷

落丁本・乱丁本はお取替えいたします
定価はカバーに表示してあります

Printed in Japan
ISBN978-4-86578-227-1

ミシュレの歴史観の全貌

世界史入門

（ヴィーコから「アナール」へ）

J・ミシュレ
大野一道編訳

「異端」の思想家ヴィーコを発見し、初めて世に知らしめた、「アナール」の母J・ミシュレ。本書は初期の『世界史入門』から『フランス史』『十九世紀史』までの著作群より、ミシュレの歴史認識を伝える名作を本邦初訳で編集。**L・フェーヴル**のミシュレ論も初訳出、併録。

四六上製　二六四頁　**二七一八円**
（一九九三年五月刊）
在庫僅少◇978-4-938661-72-4

陸中心の歴史観を覆す

海

J・ミシュレ
加賀野井秀一訳

ブローデルをはじめアナール派やフーコー、バルトらに多大な影響を与えてきた大歴史家ミシュレが、万物の創造者たる海の視点から、海と生物（および人間）との関係を壮大なスケールで描く。陸中心史観を根底から覆す大博物誌、本邦初訳。

A5上製　三六〇頁　**四七〇〇円**
（一九九四年一一月刊）
◇978-4-89434-001-5

LA MER　Jules MICHELET

「自然の歴史」の集大成

山

J・ミシュレ
大野一道訳

高くそびえていたものを全て平らにし、平原が主人となった十九、二十世紀。この衰弱の二世紀を大歴史家が再生させる自然の歴史（ナチュラル・ヒストリー）。山を愛する全ての人のための「山岳文学」の古典的名著、ミシュレ博物誌シリーズの掉尾、本邦初訳。

A5上製　二七二頁　**三八〇〇円**
（一九九七年二月刊）
在庫僅少◇978-4-89434-060-2

LA MONTAGNE　Jules MICHELET

全人類の心性史の壮大な試み

人類の聖書

（多神教的世界観の探求）

J・ミシュレ
大野一道訳

大歴史家が呈示する、闘争的一神教をこえる視点。古代インドからペルシア、エジプト、ギリシア、ローマにおける民衆の心性・神話を壮大なスケールで総合。キリスト教の『聖書』を越えて「人類の聖書」へ。本邦初訳。

A5上製　四三二頁　**四八〇〇円**
（二〇〇一年一一月刊）
◇978-4-89434-260-6

LA BIBLE DE L'HUMANITÉ　Jules MICHELET

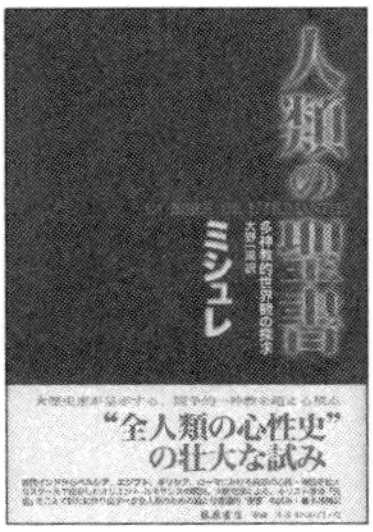

「歴史は復活である」（ミシュレ）

死の歴史学

〈ミシュレ『フランス史』を読む〉

真野倫平

フランス近代歴史学の礎を築いたジュール・ミシュレ。死を歴史における最重要概念としたミシュレの『フランス史』を、人物の誕生と死を単位に時代を描くその物語手法に着想を得て、いくつもの〝死の物語〟が織りなすテクストとして読み解く、気鋭による斬新な試み。

四六上製　五三六頁　**四八〇〇円**
（二〇〇八年二月刊）
◇978-4-89434-613-0

キリスト教的世界観を超えて

「民衆」の発見

〈ミシュレからペギーへ〉

大野一道

ミシュレからキネ、ラマルチーヌ、ルルー、ラムネー、ペギーに至る六人の思想家を通して、キリスト教的世界観を超える世界観――「世界は皆同じ源から生じ、あらゆる存在は一つである」を提示する問題の書。「驕る心よ、さらば。最もとるに足りない動物でさえも、人間のいとこ、あるいは先祖なのだ。」（ミシュレ）

四六上製　四〇〇頁　**三八〇〇円**
（二〇一一年一二月刊）
◇978-4-89434-836-3

全体を俯瞰する百年物語

「アナール」とは何か

〈進化しつづける「アナール」の一〇〇年〉

I・フランドロワ編
尾河直哉訳

十三人の巨匠の「肉声」で綴る世界初の画期的企画、日仏協力で実現。アナールの歴史をその方法論から捉え直す。**グベール／ショーニュ／フェロー／ル＝ゴフ／ル＝ロワ＝ラデュリ／コルバン／シャルチエ／ペーテル／バルデ／ラコスト／ベルセ／フォワジル／ファルジュ**

四六上製　三六八頁　**三三〇〇円**
（二〇〇三年六月刊）
◇978-4-89434-345-0

歴史学は、社会の諸現象を理解する全体の知

歴史の仕事場《アトリエ》

F・フュレ

浜田道夫・木下誠訳

家族・犯罪・信仰・書物・衣食住……アナール派第三世代において多様な広がりをもつに至った歴史学は、一方で細分化されすぎてしまった。「歴史学はそれでも社会諸現象を最大限理解できる諸条件を一つにまとめる包括的で全般的な知であり続ける」として、〝社会科学としての歴史学〟を追究したフュレの画期的論文集。

四六上製　三八四頁　**三八〇〇円**
（二〇一五年六月刊）
◇978-4-86578-025-3

L'ATELIER DE L'HISTOIRE　François FURET